Fru Marie Grubbe, Interieurer
Fra Det Syttende Aarhundrede

Jens Peter Jacobsen

RU MARIE GRUBBE.

INTERIEURER FRA DET SYTTENDE
AARHUNDREDE.

AF

J. P. JACOBSEN.

ANDET OPLAG.

KJØBENHAVN.

GYLDENDALSKE BOGHANDELS FORLAG.

GRÆBES BOGTRYKKERI.

1877.

Paa den **Gyldendalske Boghandels** Fo ...
nylig udkommet:

Livs Erindringer og Resultater.

Af

M. Goldschmidt.

Indhold af 1ste Del:

Indledning. Hvorledes dette Skrift blev til. — I. Det Tidligste med Hensyn til Slægten her i Landet. Familien paa mødrene og fædrene Side. Dansk Barndom i Vordingborg. — II. I Onkels Hus i Kjøbenhavn. Jødedom. — III. I Valby. Svag Kollision med Jødedommen. Barndomssyn paa Frederik d. 6te og Prins Christian. Gaardens Fred og Skjønhed. Vi forlade Gaarden. — IV. Opvæxt under skiftende Omstændigheder. Kollision til to Sider: jødisk og kristen. Jødisk Konfirmation. — V. I det v. Westenske Institut. Skolens Humanisme; Religiøsitet og Poesi. Store Forventninger. — VI. Examen Artium og dens Følger. Thomsen, Forelskelse og Noveller. Første Møde med Søren Kierkegaard. Skudet i Kallundborg. Nestved Ugeblad. Anledninger til „Corsaren"s Tilblivelse. — VII. „Corsaren" særlig dens to første Aar. — VIII. P. L. Møller. — IX. Den nationale Sag. Upsalatoget. Højesteretsdommen. Rejse til Paris. — X. Skamlingsbanke. „En Jøde". Episode: Jødedom, Danskhed og et Tredje i afgjørende Kamp og Forsoning. — XI. Gjenoptagelse af Skildringen. Æsthetiske Tider. S. Kierkegaard og P. L. Møller. Striden. Slutning. Møllers Død. Noter.

Indhold af 2den Del:

Nemesis.

Pris for begge Dele 10 Kr. 50 Øre.

FRU MARIE GRUBBE.

INTERIEURER FRA DET SYTTENDE AARHUNDREDE.

AF

J. P. JACOBSEN.

ANDET OPLAG.

KJØBENHAVN.

GYLDENDALSKE BOGHANDELS FORLAG (F. HEGEL & SØN).

GRÆBES BOGTRYKKERI.

1877.

Scan 6651.35

I.

Den Luft, der laa under Lindetræernes Kroner,
havde vugget sig frem over den brune Hede og
de tørstige Marker; den var bleven baget af Solen
og støvet af Vejene, men nu var den renset af
det tætte Løvhang, svalet af de kjølige Lindeblade,
og Duften af Lindens gule Bloster havde gjort
den fugtig og givet den Fylde. Nu laa den og
blinkede stille og saligt op i det lysegrønne Hvalv,
kjærtegnet af sagte dirrende Blade og af hvidgule
Sommerfugles flimrende Vingeslag.

De Menneskelæber, som aandede denne Luft,
vare svulmende og friske, den Barm, den højnede,
var ung og spæd. Barmen var spæd og Foden
var spæd, Midjen smal, Væksten slank, og der var
en vis mager Styrke i den hele Skikkelse. Fro-
digt var kun det stærke, dunkeltgyldne Haar, der
halvt var bundet og halvt hang løst; for den lille,
mørkeblaa Fløjelshue var gleden af og hang om
Halsen i sine knyttede Hagebaand ned paa Ryggen
som en lille Munkehætte. Ellers var der intet
Klosterligt ved Dragten; en bred og ligeskaaren
Lærredskrave slog ned over en lavendelblaa Hver-

garnskjole med korte og vide, opskaarne Ærmer;
ud af dem brusede et Par store Poseærmer af fint,
hollandsk Lin. En højrød Sløjfe sad paa Brystet
og højrøde Sløjfer paa Skoene.

Hun gik med Hænderne paa Ryggen og med
foroverbøjet Hoved. Med legende, sirlige Skridt
gik hun langsomt op ad Gangen; men ikke lige-
frem; hun gik i Bugter; snart var hun ved at
støde imod et Træ paa den ene Side, snart var
hun ved at komme ud mellem Træerne paa den
anden Side. En Gang imellem standsede hun,
rystede Haaret fra Kinderne og saae op mod Lyset.
Det dæmpede Skjær gav hendes barnehvide Ansigt
en matgylden Lød, der gjorde de blaaladne Skyg-
ger under Øjnene mindre synlige; de røde Læber
blev purpurbrune og de store, blaa Øjne blev næ-
sten sorte. Hun var nydelig var hun: lige Pande,
svagt kroget Næse, kort, skarpskaaren Underlæbe
og stærk, rund Hage og fint rundet Kind og gan-
ske smaa Øren og rent og skarpt tegnede Bryn...
Hun gik og smilte, let og tankeløst, tænkte paa
Ingenting og smilte i Harmoni med Alt omkring
hende. Hun kom til Ende med Gangen, standsede
og gav sig til at svinge rundt paa Hælen, halvt
til højre og halvt til venstre, stadigt med Hæn-
derne paa Ryggen, med Hovedet lige, Blikket
opad, og hun nynnede monotont og afbrudt i Takt
med sin Svingen.

Der laa to Graastensfliser og var Trappetrin
ned til Haven, til Haven og det skarpe, hvide

Sollys. Den skyfri, blaahvidste Himmel saae lige ned i den, og den Smule Skygge, der var, holdt sig tæt ind til Foden af de klippede Buksbomhække. Det skar i Øjnene, selv Hækken stod og gnistrede Lyset fra sine blanke Blade i skarpe, hvide Blink. Ambraen slæbte sig i hvide Snirkler ud og ind, frem og tilbage, om tørstige Balsaminer, Boboreller, Gyldenlakker og Nelliker, der stod og stak Hoverne sammen ligesom Faar paa aaben Mark. Ærterne og Bønnerne henne ved Lavendelrækken vare ved at falde fra Stængerne af Varme, Morgenfruerne havde opgivet det Hele og stod og saae Solen lige op i Ansigtet, men Valmuerne havde kastet deres store, røde Blomsterblade og stod i de bare Stilke.

Barnet i Lindealleen sprang ned over Trinene, løb gjennem den solhede Have, med bøjet Hoved, som man løber over en Gaard i Regnvejr. Hun styrede hen imod en Trekant af dunkle Takstræer, smuttede om bagved dem og gik saa ind i den store Løvstue, der var en Levning fra de Belowers Tid. En vid Rundkreds af Ælmetræer havde de flettet sammen foroven, saavidt Grenene kunde naa, og det runde Hul i Midten havde de gitret til med Lægter og Rafter. Slyngende Roser og valske Kaprifolier groede stærkt op i Ælmeløvet og tættede godt, men til den ene Side var de slaaet fejl, og Humlen, der var plantet efter med, havde forknyttet Ælmekvistene og magtede ikke selv at lukke for Hullet.

For Indgangen til Stuen laa der to hvidmalede Havheste; derinde stod der en lang Træbænk og et Bord; Pladen til Bordet var af Sten; stor og oval havde den været, men det Meste af den laa paa Jorden i tre Stykker, kun et lille fjerde laa løst over det ene Hjørne af Bordrammen. Ved det satte Barnet sig, tog Benene op paa Bænken, lænede sig tilbage og lagde Armene over Kors. Hun lukkede sine Øjne og sad ganske stille; der kom et Par smaa Rynker i Panden, en Gang imellem bevægede hun Øjenbrynene og smilte let:

«I Stuen med de røde Purpurtæpper og den forgyldte Alkove ligger Griseldis for Margrevens Fødder, men han støder hende bort; nys har han revet hende op fra det lune Leje, nu aabner han den smalle, rundbuede Dør, og den kolde Luft strømmer ind paa den stakkels Griseldis, der ligger paa Gulvet og græder, og der er intet Andet mellem det kolde Nattepust og hendes varme, hvide Legeme end det tynde, tynde Lin. Men han jager hende ud og laaser Døren efter hende. Og hun trykker den nøgne Skulder op til den kolde, glatte Dør og hulker og hører ham gaa blødt inde paa Gulvets Tæpper, og gjennem Nøglehullet kommer Lyset fra den duftende Kjærte og sætter sig som en lille, rund Sol paa hendes blottede Bryst. Og hun lister sig bort og gaar ned ad den mørke Marmeltrappe og der er ganske stille, hun hører ikke andet end den bløde, klappende Lyd af sine nøgne Fødder paa de isnende Stentrin. Saa kom-

mer hun udenfor. Sneen . . . nej, det regner, det
skylregner, og det tunge, kolde Vand plasker ned
paa hendes Skuldre; Linet klæber fast til hendes
Legeme, og Vandet driver ned ad hendes bare Ben,
og hun træder med de skære Fødder i det bløde,
kolde Dynd, der glider glat ud til Siden under
Fodbladet. Og Vinden . . . Buskene river hende
og flænger hendes Kjole,. nej, hun har jo ingen
Kjole paa . . . som det flængede mit brune Skjørt!
— der maa vist allerede være Nødder i Fastrup-
lund, alle de Nødder, der var paa Viborg Mar-
ked . . . Gud veed, om Ane har faaet Ro i sine
Tænder . . . Nej! Bruhnhylde! — den vilde Hest
sprænger afsted . . . Bruhnhylde og Grimmild —
Dronning Grimmild vinker ad Mændene, vender
sig og gaar bort. Og de slæber Dronning Bruhn-
hylde frem, og en lav, sort Karl med svære, lange
Arme, En som Bertel i Bomhuset, tager i hendes
Bælte og rykker det over, og han smøger hendes
Kittel og hendes Underkjortel af hende, og med
sine sorte Næver stryger han Guldringene af de
hvide, myge Arme, og en stor, halvnøgen, brun
og laadden Karl lægger sin haarede Arm om hen-
des Liv, og med sine plumpe, brede Fødder træder
han Sandalerne af hende, og Bertel vikler hendes
lange, sorte Lokker om sin Haand og trækker
bort med hende, og hun følger ham med forover-
bøjet Krop, og den Store lægger sine svedige
Haandflader paa hendes nøgne Ryg og skubber
hende fremad, fremad hen til den sorte, fnysende

Hingst, og de slænger hende ned i det graa Støv
paa Vejen og de knytter Hestens lange Hale om
hendes Ankler . . . »

Saa kom Rynkerne igjen og blev der længe,
hun rystede paa Hovedet og saae mere og mere
fortrædelig ud, endelig slog hun Øjnene op, rejste
sig halvt og saae sig træt og misfornøjet omkring.

Myggene dansede henne for Aabningen mellem
Humlerankerne, og det drev paa derude fra Haven
stødvis med Duft af Mynte og Hjærtensfryd og
imellem med Duft af Dild og Anniskaal. En lille,
tummelumsk, gul Edderkop løb kildrende hen over
hendes Haand og fik hende til at springe op fra
Bænken. Hun gik hen mod Indgangen og rakte
efter en Rose, der sad oppe i Løvet, men hun
kunde ikke naa den. Saa gik hun udenfor og pluk-
kede af Slyngroserne; jo mere hun plukkede, jo
ivrigere blev hun, og snart havde hun Skjørtet
fuldt. Hun bar dem ind i Løvstuen og satte sig
ved Bordet. Een for een tog hun dem op af Skjø-
det og lagde dem paa Stenpladen tæt op til hin-
anden, og snart var Stenen skjult under et bleg-
rødt, duftende Svær.

Den sidste Rose var tagen, hun glattede
Skjørtets Folder og de løse Blomsterblade og de
grønne Blade, der havde sat sig fast i Kjolens
Luv, strøg hun af, og blev saa siddende med
Hænderne i Skjødet og saae paa Rosenfloret.

Denne Blomsterløb, der krusede sig i Skjær
og Skygger, fra Hvidt, der rødmer, til Rødt, der

blaaner, fra fugtig Rosa, der næsten er tung, til
et Lilla saa let, at det kommer og gaar som om
det drev i Luften —. Hvert enkelt, rundet Blom-
sterblad, yndigt hvælvet, blødt i Skyggen, men
i Lyset med tusinde neppe synlige Gnister og
Blink; med alt sit favre Rosenblod samlet i Aarer
og spredt i Huden . . . og saa den tunge, søde
Duft, den drivende Em af den røde Nektar, som
koger i Blomsterets Bund.

Hurtigt strøg hun sine Ærmer op og lagde
de nøgne Arme ned i Rosernes milde, fugtige Kjø-
lighed. Hun vred dem rundt i Roserne, der med
løste Blade flagrede mod Jorden, saa sprang hun
op og fejede med eet Strøg Alt det bort, der var
paa Bordet, og gik ud i Haven, rettende paa sine
Ærmer. Med blussende Kinder og hastige Skridt
gik hun ned gjennem Gangene og ud, og fulgte
saa langsomt Havediget op mod Kjørevejen. Paa
den var der kort før Indkjørslen til Gaarden et
Læs Hø væltet; flere Læs holdt bagved og kunde
ikke komme frem. Ladefogden pryglede Kusken
med en brun Stok, hvis Politur glimtede i Solén.

Lyden af Slagene gjorde et uhyggeligt Indtryk
paa Barnet, hun holdt sig for Ørerne og gik ha-
stigt op mod Gaarden. Kjælderdøren ned til Bryg-
gerset stod aaben; hun smuttede derned og slog
Døren i efter sig.

Det var den fjortenaarige Marie Grubbe, Dat-
ter af Hr. Erik Grubbe til Tjele Hovedgaard.

*   *   *

Skumringens blaa Skjær laa over Tjele. Duggen var falden og havde gjort Ende paa Høkjørslen. Gaardens Piger var i Stalden og malkede; Karlene rumsterede omkring i Agerum og Selekammer; Hovbønderne stode i Flok uden Porten og ventede paa at blive ringet til Nadvre.

I det aabne Vindue stod Erik Grubbe og saae ud over Gaardspladsen: langsomt og een for een kom Hestene helt fri for Seler og Grime udad Stalddøren og gik hen til Vandingstruget; midt i Gaarden stod en Dreng med rød Hue ved en af Bindestenene og satte nye Tænder i sin Rive, og henne i et Hjørne legede to unge Mynder Tagfat mellem Træhesten og den store Slibesten.

Som Tiden led kom Karlene tiere og tiere frem i Stalddørene, saae sig om og trak sig fløjtende eller trallende tilbage; en Pige med fyldt Malkespand kom i hurtig, smaatrinet Trampen over Gaarden, og Hovbønderne begyndte at trække sig inden Porten som for at skynde paa Nadverklokken. Nede i Kjøkkenet blev der stærkere Tumlen og Raslen med Spande, Fade og Brikker, saa blev der taget et Par stærke Tag i Klokken, og den rystede to Hold rustne Toner af sig, der snart døde hen i Træskoklampren og Lyden af Døre, der skurede mod Fældingen. Saa var Gaarden tom, kun de to Hunde stod og gjøede om Kap ud ad Porten.

Erik Grubbe trak Vinduet til og satte sig

betænksomt ned. Det var i Vinterstuen han sad.
De brugte den baade Vinter og Sommer, baade til
Dagligstue og Spisestue, de opholdt sig næsten
aldrig i andre Stuer end den. Det var et rumme-
ligt tofags Værelse med højt Brystpanel af mørkt
Egetræ, Væggene vare beklædte med et Tavl af
hollandske Stentøjsfliser, de vare glasserede, hvide
i Bunden og malede med store, blaa Roser. Ka-
minen var sat med brændte Mursten, en Dragkiste
var stillet foran Aabningen, ellers vilde det trække
naar der blev gaaet med Dørene. Et poleret Ege-
træsbord med to store, halvrunde Klapper, der
næsten hang ned til Jorden, nogle højryggede Stole
med Sæder af haardt, blankslidt Læder og et lille,
grønmalet Skab, der hang højt oppe paa Væggen,
andet var der ikke derinde.

Som Erik Grubbe nu sidder der i Mørkningen,
kommer hans Husholderske, Ane Jensdatter, ind
med et Lys i den ene Haand og en Stob pattevarm
Mælk i den anden. Stoben sætter hun for ham,
selv sætter hun sig ved Bordet og Lyset foran
sig, dog giver hun ikke Slip paa Stagen, men
sidder og drejer den rundt med sin store, røde
Haand, der glimter af mange Ringe og store Stene.

«Aaja saamænd ja!» sagde hun som hun
satte sig.

«Hvad er det?» spurgte Erik Grubbe og saae
hen paa hende.

«Aa, En kan da nok give sig, naar En har
støjet om til En hverken aarker eller sanser!»

«Ja! — travle Tider! — Folk faar de Sommerdage rende den Varme op, de om Vinteren skal sidde i.»

«Ja! — I snakker! — der er Maade med Alting, men Hyvl i Grob og Hamler i Gras det er en lied Kongkyren. Jenne er En om Alting; de indenoms Piger er Trallier tilhobe, Kjærrestsladder og Byssens Nyt, det kan de nok kom' igjennem; gjør de Nøj, saa gjø' di ed skidt, aa gyres skal ed aa det te Gavns; men hvem der kommer te ed, de æ misæl A. Wulborg æ syg aa Stine aa Buel, de Malosier, de staar og bødler te di sveder ve ed, men li vidt kommer de. En ku' da osse ha' nøj Hjælp a' Mari naar I vild' tal' henne te', men hun fo' da hverken Lov te' aa rør' sæ te' de' jen heller de aant.»

«Naa, naa! du snakker dig jo baade fra Vejr og Aande og fra Landsens Maal tillige. Klag ikke mig Noget paa, forklag dig selv; havde du havt Taalmod med Marie i Vinter og lært hende lempelig op og viist hende ret Haandelag paa Alting, saa havde du nu havt Gavn af hende; men du havde intet Taalmod, du var hidsig og hun blev trodsig, I var jo ved at splitte hinanden levende ad. Det er saamænd mere end Tak værd, at det blev forbi.»

Hyvl i Grob o. s. v. = Det er en daarlig Kongekjørsel at kjøre Hjulene i Grøften og Vognhamlerne itu.
Malosie = stort, klodset Fruentimmer.

«Ja vist saa! værg I kuns Mari, I er saa
nærmest til det; men værger I Jeres, saa værger
A min, og enten I tager det til Fortrydelse eller
hvad I gjør, saa faar I vide, at der er mere Sind i
Mari end hun kan komme gjennem Verden med.
Men det fik nu være den Fejler det er, men hun
er ond — ja! I siger nej, men hun er ond; aldrig
kan hun lade bitte Ane gaa i Fred, aldrig! hun
ligger over hende med Pluk og Nap og lede Ord
saa lang Dagen er; det sølle Barn maatte ønske
det aldrig var bleven til og det maatte A og, og
A ønsker det, saa travrig som det er. Aa! Gud
inderlig se i Naade til os! I er ikke ens Fader
for de to Børn; men det forstaar sig, det er som
ret er, Fædrenes Synder skulle hjemsøges paa Bør-
nene i tredje, ja i fjerde Led, og Moderens Synd
ligesaadan, og bitte Ane er kuns en Horeunge, —
jo! jeg siger det rent ud, hun er en Horeunge,
en Horeunge baade for Gud og Mennesker! —
men I! I, hendes Fader! I maatte skamme Jer,
maatte I, — ja, det siger A om I saa lægger
Haand paa mig for det, som den Mikkelsdagsaften
for to Aar siden, I maatte skamme Jer, æ tvi
maatte I saa; for at lade Jert eget Barn mærke,
at det er undfangen udi Synd, og I lader hende
formærke det, baade I og Mari lader hende og
mig mærke det, ja, om I saa slaar mig lader I
hende det mærke . . .»

Erik Grubbe sprang op og trampede haardt
i Gulvet.

«Stejler og Hjul! siger jeg, er du da spitals-
tosset Kvind? — du er drukken er du, ind og
læg dig paa din Seng og sov dig Rusen og Galden
væk! du fortjente jeg slog dig under dine Øren,
galsindede Kvind! — nej, ikke et Ord til! —
Marie skal bort, hun skal herfra den Dag imor-
gen, — Fred vil jeg have i Fredsens Tid.»

Ane hulkede højt.

»Aa Gud, aa Gud! at det skulde times! —
en Verdens Skam! — lægge mig ud for Drik! —
har jeg nogentid den Tid vi har kjendt til hin-
anden og al den Tid der forved gaaet i Stegers
med en ruset Pande? har I hørt mig snakke over
mig? hvor er den Plet, I har seet mig ligge men-
drukken? Det er den Tak, En faar! Sove min
Rus væk! — ja, give til Gud A maatte sove hen,
give til Gud A maatte synke død ned for Jer,
som I bær Spot og Spe ind paa mig . . .»

Hundene glammede op derude i Gaarden, og
der lød Hovslag under Vinduerne.

Ane tørrede hastigt sine Øjne, og Erik Grubbe
aabnede Vinduet og spurgte hvem det var.

«Ridende Bud fra Fovsing», svarede en af
Husets Karle.

«Saa tag hans Hest og lad ham komme her-
ind.» og dermed blev Vinduet lukket.

Ane satte sig til Rette i Stolen og skyggede
med Haanden for de rødgrædte Øjne.

Saa kom Budet ind og bragte Hilsen og Ven-
skab fra Stiftsbefalingsmand Christian Skeel til

Fovsing og Odden, som lod formelde, at han idag havde faaet Stafet om at Krigen var erklæret under første Juni; af den Grund var det nødvendigt at han for flere Aarsagers Skyld tog til Aars og derfra mulig til Kjøbenhavn og lod nu derfor spørge, om Erik Grubbe vilde slaa Følge, saalangt Omstændighederne vilde Vejen gjøre, de kunde da i alt Fald faa endt den Sag, de havde sammen med somme Aarhusfolk, og anlangende Kjøbenhavn saa vidste Stiftsbefalingsmanden, at Erik Grubbe didhen havde mere Ærinde end nok var. I alle Fald vilde Christian Skeel være paa Tjelè henad fire Slæt over Middag.

Erik Grubbe sagde dertil, at han skulde være rede til Rejsen.

Med den Besked red saa Budet hjem.

Nu talte Ane og Erik Grubbe længe om hvad der skulde gjøres medens han var borte, og det blev da ogsaa bestemt, at Marie skulde rejse med til Kjøbenhavn og blive hos sin Faster Rigitze et Aarstid eller to.

Den nær forestaaende Afsked havde gjort dem begge roligere, men den gamle Tvist var nærved at flamme op igjen, da de kom til at tale om, hvilke af sin salig Moders Smykker og Klæder Marie skulde føre med; det blev dog afgjort i Mindelighed, og Ane gik for at lægge sig tidligt, da det nok kunde behøves, at den Dag imorgen blev gjort saa lang som muligt var.

Lidt efter meldte Hundene nye Fremmede.

Denne Gang var det dog ikke andre end Sognepræsten for Tjele og Vinge, Hr. Jens Jensen Paludan.

Med et: «God Kvæld i Stuen!» traadte han ind.

Det var en bredskuldret, knokkelstærk Mand med lange Lemmer og ludende Hoved; rundrygget var han ogsaa, og hans Haar var stort som en Kragerede, graasprængt og filtret, og hans Ansigt havde en underlig stærk, jævn og tillige ren, blegrød Farve, der ikke passede godt til de grove, knortede Ansigtstræk og de buskede Bryn.

Erik Grubbe bad ham sidde ned og spurgte ham, hvorledes det gik med hans Høbjergning. Talen drejede sig saa en Stund om Aarstidens vigtigste Markarbejder og døde hen i Suk over det forgangne Aars daarlige Kornavl.

Præsten sad og skelede paaskjøns over til Stoben og sagde saa: «Velbyrdighed altid synderlig maadeholden! holder sig altid til naturlig Drikke. — Det er og det sundeste! nysmalket Mælk er en Himmerigs velsignet Ting, det er det, baade for ond Mave og æng Bryst.»

«Jamænd! Guds Gaver er alle gode saa enten de malkes eller tappes os til. — I faar nu sætte Smag paa en Tønde ægte Mumme, vi forgangen fik hentet hjem fra Viborrig; hun er baade god og tysk endda jeg ikke kan skjønne at Tolderen har mærket hende.»

Ølkruse og en stor Tudekande af Ibentræ og siret med Sølvringe blev sat frem.

Saa drak de hinanden til.

Heydenkamper! ægte, adelig Heydenkamper!» udbrød Præsten med en Stemme, der skjalv af Begejstring og Rørelse, og da han salig lagde sig tilbage i Stolen, havde han næsten Taarer i Øjnene.

«I er en Kjendere, Hr. Jens!» smiskede Erik Grubbe.

«Ak, hvad Kjendere! vi ere fra igaar og vide Intet,» mumlede Præsten aandsfraværende, «ellers tænker jeg paa,» fortsatte han med hævet Røst, «om det skulde have sin Rigtighed med det, jeg har ladet mig fortælle om de Heydenkampers Bryghus. — Det var en Frimestere, der fortalte mig det, en Gang deroppe i Hannover, den Tid, jeg rejste med Junker Jørgen. — Se! han sagde, at de begyndte altid deres Brygning en Fredag Nat, men inden Nogen fik Lov at røre sin Haand til Nogenting, maatte han gaa hen til Oldgesellen og lægge sine Hænder paa den store Vægt og sværge ved Ild og Blod og Vand, at han ingen hadske og onde Tanker gik og bar paa, for det vilde gjøre Øllet Skade. Han fortalte ogsaa, at Søndag Morgen naar Kirkeklokkerne begyndte at gaa, saa slog de alle Døre og Vinduer og Lemme op for at det kunde ringe ind over Øllet; men det Fornemste det blev gjort naar Øllet var sat hen for at gjæres, saa kom Mesteren selv med en prægtig Lade, deden op han drog baade svære Guldringe

og Kjæder og kostelige Stene, som der var sære
Tegn paa, og det blev tilhobe lagt ned i Øllet,
og det kan En da nok tænke, at saadan ædle Rig-
domme maa give Drikken Lod og Andel i de hem-
melige Krafter, der er i dem fra Naturen af.»

«Ja, det er ikke godt at vide Noget om,»
mente Erik Grubbe, «jeg har nu mere Tro til den
Brunsviger-Humle og den anden Urtesaad, de sæt-
ter til.»

«Jo!» sagde Præsten alvorligt og rystede paa
Hovedet, «det maa vi ikke sige, der er meget
Fordækt i Naturens Rige, det er sikkert nok.
Hver en Ting baade død og levendes har sit Mi-
raculum i sig, det er kuns om at gjøre at have
Taalmod til at søge og opladte Øjne til at finde,
— ak, i gamle Dage, da det ikke var saa lange
Tider siden at Gud Herren havde taget sine Hæn-
der af Jorden, da var hver en Ting saa bespændt
med Guds Kraft, at der sprang ud af dem Læge-
dom og alt Godt, evigt og timeligt, men nu Jorde-
rig hverken er fin eller ny længer og vanhelliget
af mangfoldige Slægters Synder, nu er det kuns
ved besynderlige Lejligheder at de lade sig for-
mærke, til visse Timer og paa visse Steder, naar
mærkelige Himmeltegn er oppe; det sagde jeg
nyssens nu til Smeden, vi stod og taltes ved om
det gruelig flammendes Skjær, der i de sidste Næt-
ter har været at se den halve Himmel rundt. —
Ellers kom der den Gang en ridendes Stafet forbi
os — herop til, jeg tror?»

«Det var saa, Hr. Jens.»

«Han red vel intet med Andet end som godt
var?»

«Han red med det at Krigen er nu erklæret.»

«Herre Jesus, nej da! — ja, ja, en Gang
maatte det jo komme.»

«Ja, men har de biet saa længe, skulde de
biet til Folk havde deres Avl inde.»

«Det er de Skaaninger, der har drevet det
frem, sagtens; de formærker endnu den sure Svie
af sidste Krig og venter at komme efter den søde
Kløe i denne.»

«Aa! det er intet Skaaningerne ene, Sjællands-
farerne vil altid Krig, de veed jo vel, at dem
gaar den immer udenom, — ja, det er gode Tider
for Nøvter og Tosser, naar Rigens Raader ere
galne tilhobe . . . .»

«De siger ellers, at Marsken vilde nok nødig
til det.»

«Ja, Fanden tro det! — kan jo dog nok
være, men det kjendes kun lidtagtig at prædike
Rolighed i en Myretue, — naa, Krig har vi, og
nu gjælder det om at hver hytter sit. Der er
nok at tage sig til i alle Maader.»

Talen faldt saa paa den forestaaende Rejse
og gik nu en Tid om de slette Veje, vendte til-
bage til Tjele, til Fedekvæg og Staldfodring og
gik igjen paa Rejse. De havde imens ingenlunde
forsømt Kanden, Øllet var steget dem svært til
Hovedet, og Erik Grubbe, der just fortalte om sin

Rejse til Ceylon og Ostindien med «Perlen», havde
ondt ved at komme frem igjennem sin egen Latter,
hver Gang en ny Pudserlighed randt ham i Minde.

Præsten blev jo længer jo alvorligere; han
laa sammensunken ned i Stolen, men en Gang
imellem virrede han med Hovedet, saae bistert ud
for sig og bevægede Læberne som om han talte ;
gestikulerede derhos med den ene Haand, ivrigere
og ivrigere, indtil han kom til at trumfe i Bor-
det; saa faldt han sammen igjen med et forskrækket
Blik over paa Erik Grubbe. Endelig da denne
var kjørt aldeles fast i Skildringen af en over al
Maade enfoldig Kokkedreng, fik Præsten sig rejst
op og tog paa at tale med en dump, højtidelig
Røst.

«Sandelig,» sagde han, «sandelig! jeg skal
vidne med min Mund — med min Mund — at I
er en Forargelse og en Forargelsens Gjenstand —
det var Jer bedre, I blev kastet i Havet — san-
delig! med en Møllesten og to Tønder Malt, —
to Tønder Malt dem skylder I mig, det vidner
jeg højtideligen og med min Mund, — to topfulde
Tønder Malt i mine egne nye Sække, — for det
var ikke mine Sække, — aldrig i Evighedens Rige,
— det var Jeres egne gamle Sække og mine nye,
dem beholdt I — og det var bedærvet Malt, —
sandelig! se Ødelæggelsens Vederstyggelighed og
Sækkene høre mig til og jeg vil betale, — Dom-
men hører mig til, siger jeg. — Skjælver I ikke
i Eders gamle Ben — I gamle Skjørlevnere! —

kristeligen skulde I leve, — er det kristelig at leve med Ane Jensdatter og lade hende snyde en kristelig Sognepræst? — I er en — I er en — kristelig Skjørlevnere — ja —.»

Erik Grubbe havde ved Begyndelsen af Præstens Tale smilet over hele Ansigtet og venskabeligt rakt sin Haand ud imod ham over Bordet, senere stødte han ud med Albuen som for at puffe en usynlig Tilhører i Siden, at han skulde se, hvor ubetalelig drukken Præsten var, men omsider maa han have faaet et Slags Forstaaelse af Talen; thi han blev med Et kridhvid i Ansigtet og tog Tudekanden og slængte mod Præsten, der tumlede baglæns over i Stolen og fra den gled ned paa Gulvet. Det var dog kun af Forskrækkelse, han faldt, thi Kanden naaede ham ikke, den blev liggende ved Randen af Bordpladen; Indholdet drev over hele Bordet og randt i smaa Strømme ned paa Gulvet og paa Præsten.

Lyset var brændt ned i Stagen og flakkede, saa der snart var lyst i Værelset, snart saa mørkt, at den blaa Dagning saae ind igjennem Vinduerne.

Endnu talte Præsten. Det ene Øjeblik var hans Røst dyb og truende, det andet pibende og næsten klynkende.

»Der sidder I i Guld og Purpur og jeg ligger her og Hundene slikke mine Saar — og hvad lagde I i Abrahams Skjød? — hvad Offer gav I? — I lagde ikke en Sølvotteskilling i den kriste-

2*

lige Abrahams Skjød. — Og nu pines I svarligen
— men Ingen skal dyppe sin Finger i Vand for
Jer,» og han slog med Haanden i det spildte Øl,
«men jeg vasker mine Hænder, — begge to, —
jeg har advaret Jer, — hi, — der gaar I, —
ja, der gaar I i Sæk og Aske, — i mine to nye
Sække — Malt . . .»

Han mumlede endnu en Stund, saa faldt han
i Søvn, men Erik Grubbe gjorde imens Forsøg
paa at komme til at hævne sig; han tog haardt
fast i Stolearmen, gjorde sig lang og anstrengte
sig med at sparke Bordbenet eftertrykkeligt i det
Haab, at det var Præsten.

Snart rørte sig Intet mere, der hørtes kun
de to gamle Herrers Snorken og den ensformige
Plasken af Øllet, der blev ved at dryppe ned fra
Bordpladen.

II.

Sal. Hans Ulrik Gyldenløves Enke, Fru Ri-
gitze Grubbe havde sin Gaard liggende paa Hjør-
net af Østergade og Pilestræde.

Paa den Tid var Østergade et temmelig ari-
stokratisk Opholdssted; her boede Medlemmer af
Familierne Trolle, Sehested, Rosenkrantz og Krag;
Joachim Gersdorff boede ved Siden af Fru Rigitze,
og i Carl van Manderns nye, røde Gaard logerede
som oftest to eller flere udenlandske Residenter.
Dog var det kun den ene Side af Gaden, der var
saa fint befolket; paa Nikolaj-Siden vare Husene
lave og her boede mest Haandværkere, Kræmmere
og Skipperfolk. Et Par Værtshuse var der ogsaa.

Det var en Søndag Formiddag i Begyndelsen
af September.

I Kvistvinduet paa Fru Rigitzes Gaard stod
Marie Grubbe og saae ud: ikke en Vogn. Ingen
Travlhed, lutter adstadige Fodtrin og en enkelt
Østersraabers drævende Sang. Solskinnet sitrede
ned over Tage og Brosten, og alle Skygger stode
skarpt og kraftigt, vare næsten firskaarne. Alt
Fjærnt laa i en let, røgblaa Varmedis.

«Passt au . . . f!» raabtes der bagved hende med en Kvindestemme, der heldigt efterlignede et af megen Kommanderen hæst Organ.

Marie vendte sig om.

Det var Kammerpigen Lucie, der raabte. Hun havde en Tidlang siddet stille oppe paa et Bord og betragtet sine temmelig velformede Ben med et kritisk Blik. Omsider var hun bleven kjed deraf og havde raabt, og nu sad hun og lo af alle Kræfter og svingede overgivent frem og tilbage med Benene.

Marie trak paa Skuldrene og vilde med et halvt gnavent Smil vende sig om til Vinduet igjen, men Lucie sprang ned fra Bordet, tog hende om Livet og tvang hende til at sætte sig paa en lille Halmstol, der stod derhos.

«Hør, Jomfru!» sagde hun, «veed hun Noget?»

«Naa!»

«Hun glemmer at faa sit Brevskab skrevet og halvgaaen to har vi de Fremmede, saa hun har knappe fire Timer. Veed hun, hvad de skal have? Gyldensuppe, Flyndere og saadan anden bred Fisk, stegte Høns udi Trisanet og Mansfelder Kage med sød Spillinge-Moes. Fint er det, fedt er det sku ikke. Jomfruens Kjæreste kommer da ogsaa!»

«Aa Snak om en Ting,» udbrød Marie ærgerligt.

«Gud Fader bevar os! det er da hverken Lysning eller Trolovelse, fordi jeg siger det. —

Jeg kan nu ikke forstaa, Jomfru, at hun ikke gjør mere ud ad sin Fætter! Det er det dej— ligste, lysteligste Mandfolk, jeg veed. De Fødder han har! — Og kongeligt Blod er der i ham; En kan se det paa hans Hænder alene, saa bitte smaa de er! — aa. og saa ligesom de var støbte, — bare hans Negle, de er ikke større end Halv- syslinger og saa røde og runde. — Hvad! han kan mønstre et Par Ben? det er ligesom Staal- fjedre, naar han kommer gaaendes, — hu hej! og hans Øjne de blistrer og blinker . . .»

Hun· slog Armene om Marie og kyssede hende paa Halsen saa hæftigt og sugende stærkt, at Barnet rødmede og vred sig ud af hendes Favntag.

Lucie kastede sig paa Sengen og lo som en Besat.

«Som du gjør dig til idag!» udbrød Marie, «farer Du fort med det, saa gaar jeg nedenunder.»

»Men hvad i Alverden? En faar da have Lov til lidt Lystighed iblandt. Der er saamænd Be- drøvelse nok her i Verden. Jeg har da mere, end jeg kan komme afsted med. Er nu intet min Kjæreste i Krigen og ligger og døjer baade ondt og værre? Det er den rene Ynk at tænke paa. Om de nu har skudt ham enten død eller gebræk- lig! Gud naade mig arme Pige, jeg blev da al- drig til Menneske mere.»

Hun skjulte sit Ansigt i Sengeklæderne og hulkede: «aa nej, nej, nej, min egen, egen Lorens, — jeg skal være dig saa tro, saa tro, bare Vor-

herre vil lade mig faa dig hjem hel — aa, Jom-
fru, Jomfru! det er aldrig til at udholde!»

Marie søgte at berolige hende med Ord og
med Kjærtegn. Omsider kom hun saa vidt, at
Lucie satte sig op og tørrede sine Øjne.

«Ja, Jomfru,» sagde hun, «Ingen veed, hvad
jeg har det slemt med mig selv. En kan jo umu-
ligen immer være som En skulde. Og det hjælper
intet at jeg sætter mig for at bryde mig fejl om
alle unge Karle; kommer de med Lystighed og
Komplimenter, om det saa var mit Liv om at
gjøre, kunde jeg ikke bide dem af og · sippe fra
dem; det klør mig paa Tungen for at svare dem
igjen og saa bliver det jo let til mere Ganteras,
end jeg strængeligen kan forsvare for Lorens.
Men naar jeg saa tænker paa, hvor farligt han er
stedt, aa! saa fortryder jeg det mere end tænkelig
er for nogen levende Sjæl. For jeg elsker ham,
Jomfru, og ingen andre end ham, det maa hun
tro. Aa! naar jeg er kommen i Seng og Maanen
skinner ret der ind paa Gulvet, saa bliver jeg et
helt andet Menneske; det kommer mig saa sørge-
lig for og saa græder jeg og græder og det tryk-
ker her oppe i Halsen, som jeg skulde kvæles —
aa, det er saa pinagtig; jeg ligger og slænger
mig i Sengen og beder til Vorherre og veed knap,
hvad det er jeg beder om, og sommetider er jeg
helt fra mig selv og saa sætter jeg mig op i Sen-
gen og holder paa mit Hoved og bliver saa for-
skrækkelig bange for at jeg skal gaa fra min

Forstand af at længes. — Men Herre Gud, Jom-
fru! hun græder jo; hun gaar da intet hemmelig
og længes efter Nogen, saa ung hun er?»

Marie rødmede og smilte svagt; der var noget
Smigrende for hende i den Tanke, at hun kunde
være forelsket og gaa og længes.

«Nej, nej!» sagde hun, «men det er saa sør-
geligt, det du siger, det er ligesom Alting var
ene Kummerlighed og Fortræd.»

«Vist ikke saa! der er Andet iblandt,» sagde
Lucie og rejste sig, da de kaldte paa hende der-
nede, og saa gik hun med et skjælmsk Nik til
Marie.

Marie sukkede, gik hen til Vinduet og saae
ud, ned paa St. Nikolaj grønne, kjølige Kirke-
gaard, paa Kirkens rølige Mure, henimod Slottet
med det irrede Kobbertag, udover Holmen og
Reberbanen, rundt til Østerport med det spidse
Spir og til Hallandsaas med dens Haver og Træ-
skure og med det blaalige Sund udenfor, der gik
i Et med den blaa Himmel, hen under hvilken
hvide, blødtformede Skymasser langsomt drev over
mod den skaanske Kyst.

Tre Maaneder havde hun nu været i Kjøben-
havn. Dengang hun rejste hjemmefra havde hun
troet, at det at leve i Residentsstaden var Noget
vidt forskjelligt fra det, hun nu vidste, det var.
Det var aldrig faldet hende ind, at der kunde
være mere ensomt der, end paa Tjele Hoved-
gaard, hvor hun dog havde havt det ensomt nok.

Sin Fader havde hun intet Selskab af, han
var altid saa ganske sig selv, at han aldrig kunde
være Noget for Andre; han blev ikke fjorten Aar,
naar han talte med en Fjortenaarig, og han blev
ikke Kvinde, fordi han talte med en lille Pige;
han var altid paa den anden Side de Halvtreds
og han var altid Erik Grubbe.

Faderens Frille, der herskede, som var hun
Hjemmets Frue, kunde Marie ikke se uden at
Alt, hvad der var i hende af Stolt og Besk, straks
blev vakt. Dette grove, magtglade Bondefruen-
timmer havde saaret og pint hende saa ofte, at
Marie end ikke kunde høre Lyden af hendes Trin,
uden at hun straks og næsten ubevidst gjorde sig
haard, blev trodsig og hadsk. Halvsøsteren, den
lille Ane, var sygelig og forkjælet, Omstændig-
heder, der ingenlunde gjorde hende omgængelig,
og nu kom hertil, at Moderen overfor Erik
Grubbe altid søgte at komme Marie tillivs igjen-
nem hende.

Hvad Selskab hun da havde?

Ja, hun kjendte hver en Sti og Vej i Bigum
Skov, hver en Ko, der græssede i Engen, hver
en Fugl i Hønsegaarden. Og i Tjenestefolkenes
og Bøndernes venlige Hilsen, naar hun gik forbi
dem, blev der sagt: Jomfruen lider Uskæl og vi
seer det, vi ere bedrøvede over det og vi har det
samme Sind til Kvinden deroppe som I.

Men i Kjøbenhavn?

Her havde hun Lucie og hun holdt meget af

Lucie, men det var jo dog et Tyende; hun havde
Lucies hele Fortrolighed og var glad ved den og
taknemmelig for den, men Lucie havde ikke hendes
Fortrolighed. Hun kunde ikke give sine Klager
Luft overfor hende, hun vilde ikke have det sagt
til sig at det var sørgeligt, saadan som hun var
stillet, og hun kunde ingenlunde taale, at et
Tyende talte om hendes ulykkelige Familieforhold;
end ikke om Fasteren vilde kun høre et Ord. Og
dog holdt hun slet ikke af Fasteren, havde heller
ingen Grund til det.

Rigitze Grubbe havde Tidens meget strænge
Anskuelser om det Gavnlige ved en haard og lidet
lempelig Optugtelse, og hun tog sig for at opdrage
Marie derefter. Hun havde ingen Børn, havde
heller ingen havt, hun var derfor en yderst utaal-
modig Plejemoder, dertil meget ubehjælpsom, da
Moderkjærligheden aldrig havde lært hende de
smaa og saare nyttige Kunstgreb, der gjør det
saa meget lettere for Barn og Læremester at
komme Vejen frem. Og dog — en saadan barsk
Opdragelse havde maaske været Marie mest tjenlig.
Hun, hvis Sind og Tanke, paa den ene Side, næsten
var bleven forvokset af Mangel paa aarvaagent og
fast Tilsyn og paa den anden Side, halvvejs lem-
læstet af urimelig og lunefuld Grusomhed, maatte
næsten have følt det som Fred og Lindring at
blive styret støt og haardhændet den Vej, hun
skulde, af En, der fornuftigvis ikke kunde ville
hende andet end Godt.

Men hun blev ikke styret paa denne Maade.

Fru Rigitze havde saa meget at tage Vare i Politik og Intriger, levede saa meget sammen med Hofkredsene, at hun i hele og halve Dage var hjemmefra, eller hjemme var saa beskjæftiget, at Marie kunde gjøre med sig selv og sin Tid, hvad hun vilde. — Fik Fru Rigitze saa endelig et Øjeblik tilovers for Barnet, saa gjorde hendes egen Forsømmelighed hende dobbelt utaalmodig og dobbelt skrap. Det hele Forhold maatte derfor for Marie komme til at tage sig ud som den rene, skære Urimelighed og var nærved at bibringe hende den Forestilling, at hun var èt Skumpelskud, som Alle hadede og Ingen elskede.

Som hun nu stod der ved Vinduet og saae ud over Byen, kom denne Følelse af Forladthed og Ensomhed over hende; hun lænede sit Hoved mod Vindueskarmen og stirrede fortabt op paa de langsomt glidende Skyer.

Hun forstod saa godt det Sørgelige, Lucie havde sagt om at længes; det var ligesom det brændte inden i En, og der var ikke Andet at gjøre end at lade det brænde som det vilde, — hun kjendte det saa godt. — Hvad skulde det blive til? — den ene Dag ligesom den anden — Ingenting, ingenting, — aldrig Noget at glæde sig til; kunde det blive ved? — Ja! længe endnu; — ogsaa naar En var bleven seksten Aar? — Det blev da ikke saadan ved for alle Mennesker; — det var da umuligt hun kunde blive ved at gaa med

Barnehue naar hun var seksten Aar! — Det havde
Søster Ane Marie da ikke gjort; — hun var nu
gift. — Hun kunde saa tydelig huske al den
Larm og Lystighed, der var ved Bryllupet, længe
efter at hun var bleven sendt i Seng, — og Mu-
siken. — Hun kunde da ogsaa gjerne blive gift.
— Med hvem skulde det være? maaske med sin
Svogers Broder. — Han var jo rigtignok forfær-
delig grim; men naar det skulde være . . . .
Det kunde hun umulig glæde sig til. Hvad var
der egenlig at glæde sig til her i Verden? Var
der Noget? — ikke det hun kunde se.

Hun gik fra Vinduet, satte sig betænksomt
ved Bordet og gav sig til at skrive:

«Min ganske venlig Hilsen altid forsendt
med Vorherre, kjære Ane Marie, gode Søster
og Ven, Gud bevare dig al Tid og have megen
Tak for alt Godt. Jeg haver taget til at skrive
pour vous congratuler, saasom din Nedkomst
haver været lykkelig og du nu er frisk og ved
godt Helsen. Kjære Søster, jeg haver det godt
og er baade frisk og rask. Faster lever jo i
megen Storhed, og er her tidt mange Gjæster,
de fleste ere Cavaliers fra Hove, og foruden
nogle gamle Fruer kommer her ikkuns Mands-
personer. Der er mange af dem, som have
kjendt vor sal. Moder og berømme hende for
hendes Dejlighed og mere. Jeg sidder al Tid
tilbords med de Fremmede, men Ingen taler mig
noget til uden Ulrik Frederik, det jeg helst var

uden, eftersom han immer er mere for Chicane og Raillerie end for fornumftig Konversation. Han er kuns meget ung og haver ikke det bedste Lov paa sig og ganger nok baade paa Herberger og Ølstuer og disligeste. Nu veed jeg knap andet Nyt end at vi idag have Forsamling og at han er deri. Hver Gang jeg tal' Franzøsisk da ler han meget og siger det er hundrede Aar gammel, som jo nok kan hænde, saasom Hr. Jens var pur ung den Tid han var paa Rejser, ellers giver han mig godt Lov, formedelst jeg kan saa vel sætte det sammen, han siger ingen Hofdame kan det bedre, men, det tror jeg er Komplimenter og bryder mig intet om. Paa nogen Tid haver jeg fra Tjele Intet fornummet. Faster sværger og lader ilde hver den Gang hun taler om den Enormität det er vor kjære Fader lever den han lever med et Fruentimmer af saa nedrig Ekstraktion. Jeg sørger tidt derover, som dog intet baader. Du lade nu intet Stycho se dette Brev, men hilse ham af Hjærte. September 1657.

Din kjære Søster
Marie Grubbe.

Velbyrdige Frue, Fru Ane Marie Grubbe, Stycho Høeghs til Gjordslev, min gode Ven og Søster venligen tilskreven.»

*   *
*

Man havde rejst sig fra Bordet og var gaaet ind i Storstuen, hvor Lucie bød Gyldenvandet omkring. Marie var tyet hen i en Vinduesfordybning og skjultes halvt af det folderige Gardin. Ulrik Frederik gik hen til hende, bukkede overdreven ærbødigt for hende og sagde med et yderst alvorligt Ansigt, at det gjorde ham ondt at han ved Bordet havde siddet saa langt fra Mademoiselle. Som han saaledes talte, lagde han sin lille, brune Haand i Vindueskarmen. Marie saae paa den og blev rød som et dryppende Blod.

«Pardon Mademoiselle! jeg seer I bliver ganske rød af Vrede, at jeg tillader mig at gjøre Eder min skyldigst underdanige Reverens. Det er nu vel og for dristigen at spørge, hvormed jeg har været saa jammerlig at fortørne Eder?»

«Jeg er saavist hverken vred eller rød.»

«Det gefaller Eder at kalde den Kulør for hvid? Bien! Det skulde kun forlange mig at vide, hvorlunde I benævner den Kulør, den sogenannte røde Rose har?»

«Men kan I da aldrigen sige et fornumftigt Ord?»

«Ja — lad mig se! — jo, jeg maa bekjende, at det virkeligen er hændtes mig — men ikkuns sjældent —

Doch Cloë, Chloë zürne nicht!
Toll brennet deiner Augen Licht
Mich wie das Hundsgestirn die Hunde
Und Worte schäumen mir vom Munde
Dem Geifer gleich der Wasserscheu ...»

«Ja, det maa I nok sige!»

«Ach Mademoiselle, I kjender kuns lidet til Amorns Magt! — Skulde I tro det? der gives Nætter, da jeg elskovskrank sniger mig ned til Silkegaarden, svinger mig over Ramperterne til Christen Skeel sin Have, og da stander jeg som en Statu mellem duftige Roser og Filitter og stirrer til Vindvet i Jert Kammers til den smægtige Aurora løber sine rosige Fingre gjennem mine Lokker.»

«Ah, Monsieur! jeg formener I greb fejl af Navnet, der I nævnte Amor; Evan skulde I visseligen sagt — og maa hænde En let gaar vilse, naar En støjer om ved Nattetider, for intet har I staaet i Skeels Have, I har været hos «Mogens i Cappadocia» mellem Rømere og Bouteiller, og har I intet kunnet røre Jer og været stille som en Statu, da har det aldrig været Elskovstanker, der har udvirket, at I intet kunde flytte Jeres Ben.»

«I gjør mig storligen Uret; falder det sig saa ibland at jeg kommer i Vinkyperes Huse, da er det intet for Plaser eller Lystighed, det er aleneste at forgjætte den nagendes Kummer, der kvæler mig.»

«Aa!»

«I lider intet paa mig, I har ingen Tro til min Amours Bestandighed — Himmel! seer I det østre Glamhul paa St. Nikolaj? trende Dage tilende har jeg siddet der og stirret paa Eders yndelige Aasyn, som I sad ved Jer Syramme.»

«Hvad I dog er uheldig! I kan fast aldrig lukke Jer Mund op, En kan jo gribe Jer i løs Tale; aldrig har jeg siddet ved min Syramme ud til Nikolaj. — Kjender I den Ramse:

„Det var svart Nat,
Mand fik i Trold fat,
Mand sa' til Trold:
„Vil du ud af min Vold,
Vil du hjem i Nat,
Saa lær mig brat
Uden List eller Svige
Det Sandeste du veed af at sige."
„Hør!" sagde Trold og mælte ej Ord.
Mand slap og Trold foer,
Ingen paa Jord
Sige Trold paa, han med Løgn foer.""

Ulrik Frederik bukkede ærbødigt for hende og gik uden at sige et Ord.

Hun saae efter ham som han gik hen over Gulvet; den var smuk hans Gang; hans Silkestrømper var saa skinnende hvide og de sad saa stramt, der var hverken Læg eller Eold paa dem; det var saa kjønt det dernede ved Anklen! og den lange, smalle Sko — det var saa morsomt at se paa ham — hun havde aldrig før lagt Mærke til, at han havde et lille rosenrødt Ar i Panden.

Hun kigede stjaalent ned paa sine Hænder, trak lidt paa Munden, — hun syntes de var for korte i Fingrene.

———

III.

Vinteren kom. Det blev haarde Tider for
Skovens Dyr og Markens Fugle; det blev fattig
Jul inden lerklinte Vægge og Skudernes Spanter.
Vesterstranden stod tæt med Vrag; der var isede
Skrog, splintrede Master, braadne Baade og døde
Skibe. Rigdom laa der og rullede i Havstokken,
sledes og knustes til gavnløse Billinger, sank, drev
af eller skjultes i Sandet; thi det stod paa med
Storm og slemt Hav og dræbende Kulde, saa der
ikke var Tag at faa for Menneskehænder. Him-
mel og Jord stod i Et af den fygende Frostsne;
den vældede ind over Armod og Pjalter, gjennem
utætte Lemme og sprukne Luger, pinte sig ind
under Tagskjæg og Døre til Velstand og bræm-
mede Kapper. Tiggere og vildfarent Folk frøs
ihjel i Ly af Grøfter og Diger, Fattigmand døde
af Kulde paa sit Straaleje og Rigmandens Kvæg
gik det lidet bedre.

Saa lagde Stormen sig og det blev stille,
skingrende Frost. Det blev dyre Tider for Riger
og Lande, der faldt Vinterbøde for Sommerdaar-

skab — den svenske Hær gik over de danske Vande.

Saa kom Freden. Saa kom Vaaren med lyst Løv og lyst Vejr, men de sjællandske Knøse red ingen Maj i By det Aar; der var fuldt af Svenskens Soldater allevegne; der var Fred, men der var Krigens Byrder alligevel, og Freden saae ikke ud til at leve længe.

Den gjorde det ikke heller.

Da Majløvet var blevet mørkt og stivt under Midsommersolens Brand gik Svensken mod Kjøbenhavns Volde.

Den anden Søndag i Avgust udbredte der sig under Eftermiddagstjenesten pludselig det Rygte, at Svensken var landet i Korsør.

Der blev straks fuldt i alle Gader. Folk gik roligt og astadigt omkring, men de talte meget; de talte Allesammen, og Lyden af deres Stemmer og deres Fodtrin samledes til en stærk, blandet, summende Lyd, der aldrig blev stærkere, aldrig svagere, heller ikke holdt op, men blev ved — blev ved med en underlig tung Ensformighed.

Rygtet kom ind i Kirkerne midt under Prædikenen. I hurtig, stakaandet Hvisken sprang det fra nederste Stolestade til En, der sad i det andet, til Tre i tredje, forbi en enlig Olding i fjerde, til dem i femte og videre, helt op. Folk midt i vendte sig om mod dem bagved og nikkede betydningsfuldt; øverst oppe var der enkelte, der rejste sig og

saae spejdende mod Udgangen. — Lidt efter var
der ikke et Ansigt, der saae paa Præsten; Alle
sade med bøjet Hoved som for at samle Tankerne
om Prædikenens Ord, men de hviskede til hin-
anden, holdt en Gang imellem op, lyttede et Øje-
blik spændt paa Præsten, som for at skjønne hvor
langt der var til Enden, — saa hviskede de videre.
Den dumpe Lyd fra Menneskemassen derude paa
Gaden var tydelig at høre, blev utaalelig at høre;
Kirkefolkene fik hemmelig travlt med at stikke
Psalmebogen i Lommen.

«Amen!»

Alle Ansigter saae op paa Præsten.

Under den almindelige Del af Bønnen tænkte
Alle paa om Præsten vidste Noget. Saa bades
der for Kongehuset, for Rigens Raad og den me-
nige Adel, for Alle, som havde nogen høj Bestilling
eller Embede at forestaa og da var der mange,
der havde Taarer i Øjnene; men da den næste
Part af Bønnen kom, begyndte Nogle at hulke,
og sagte, men dog hørligt lød det fra hundrede
Læber: «Gud mildeligen afvende endnu fra disse
Lande og Riger, Krig og Blodstyrtning, Pesti-
lentse og Braddød, Hunger og Dyrtid, Storm og
Uvejr, Vandflod og Ildsvaade, at vi og for saa-
dan faderlig Naade maa love og prise hans hellige
Navn.»

Før Psalmen var tilende var Kirken tom,
kun Orglets Toner sang derinde.

Den næste Dag havde de Folkemasser, der igjen vare paa Benene, faaet et bestemt Maal at gaa efter; thi den svenske Flaade havde om Natten kastet Anker udfor Dragør. Der var dog mindre Uro over Folk den Dag, sagtens fordi det var almindelig bekjendt, at to af Rigens Raader vare tagne afsted for at underhandle med Fjenden og det hed sig: med saa vid Fuldmagt at det maatte føre til Fred. Men da Raaderne om Tirsdagen vare vendte tilbage med den Besked, at Fred ikke var til at faa, skete der et brat og voldsomt Omslag.

Det var ikke længer Flokke af astadige Borgere, der vare blevne rastløse ved store og farlige Tidender. Det var en hel Malstrøm af sælsomme Skikkelser, hvis Lige aldrig var seet inden Byens Volde og som slet ikke saae ud som de boede i disse rolige, ædruelige Huse med deres mange Tegn paa al mulig jævn og dagligdags Gjerning. Denne Lidenskabelighed i Flasketrøjer og Skjødefrakker! Denne Helvedeslarm fra disse alvorlige Læber, og slige voldsomme Gestus med disse Arme i disse snævre Frakkeærmer! Ingen vil være ene, Ingen vil være inde, der staa de midt paa Gaden med deres Angst og Fortvivlelse, med deres Jamren og deres Taarer.

Se den statelige, gamle Mand med det blottede Hoved og de blodskudte Øjne; han vender sit askegraa Ansigt mod Muren og hamrer paa den med de knyttede Næver. Hør den tykke Skinders Forbandelser over Rigens Raad og denne usalige Krig! Føl hvor Blodet brænder i hine unge Kinder af Had til den Fjende, der vil føre alle de Rædsler med sig, han allerede nu har gjennemlidt i sin Fantasi!

Hvor de brøle af Raseri over at de er saa afmægtige som de tror, og Gud i Himlen, hvilke Bønner, hvilke vanvittige Bønner!

Vognene holde stille midt paa Gaden, Tjenestefolk sætte deres Kurve og Spande fra sig i Bislag og Porte og hist og her komme Enkelte hastigt ud af Husene, iførte deres bedste Klæder, røde i Ansigtet af Anstrængelse og de se sig forbavsede omkring, se nedad dem selv, fare omkring blandt Folk og snakke ivrigt for at lede Opmærksomheden bort fra deres pyntede Udseende. Hvad tænke de paa? og hvorfra komme alle disse lurvede, drukne Mandfolk? Det vrimler af dem, de rave og raabe, kjævles og falde, de sidde paa Trappestenene og er syge, de skoggerle, jage efter Fruentimmerne og vil slaaes med Mændene.

Det var den første Rædsel — Instinktets Rædsel. Over Middag var den forbi. Man var bleven kaldt til Voldene, havde arbejdet med Helligdagskræfter, havde seet Grøfter dybes og Brystværn højnes under sin Spade; Soldater vare trukne forbi, Haandværkssvende, Studenter og Adelstjenere holdt Vagt med alskens sære Vaaben, Kanoner var kjørt op, Kongen var reden over Volden og

man vidste han vilde blive — der var Rimelighed
i Tingene, man blev rimelig selv.

Dagen efter blev der hen paa Eftermiddagen
sat Ild paa Forstaden udenfor Vesterport. Brand-
lugten drev ind over Staden og gjorde Folk urolige,
og da det i Skumringen, mens Ilden kastede sit
røde Skjær over Fruetaarns vejrgraa Mure og
spillede i de gyldne Kugler paa Petri Kirkes Spir,
hed sig, at Fjenden kom ned over Valdbybakke,
gik der som et bange Suk gjennem den ganske
By. Gjennem alle Gader, Gænger og Gyder lød
det angst og beklemt: «Svenskerne, Svenskerne!»
Drenge løb gjennem Staden og raabte det ud med
skingrende Stemmer, Folk foer til Dørene og stirrede
ængsteligt vesterud, Boderne lukkedes, Jernkræm-
merne samlede skyndsomt deres Skrammel ind; det
var som ventede de skikkelige Folk at Fjendens
vældige Hær straks vilde skylle hen over Staden.

Langs Volden og i de tilstødende Gader var
der sort af Folk, der stirrede efter Ilden; dog
var der ogsaa mange samlede paa Steder, hvor man
ikke kunde se noget til Branden, saaledes udfor
Løngangen og Vandkunsten. Der var mange Ting
paa Tale der: først og fremmest naar Svenskerne
vilde begynde deres Angreb; nu i Nat eller først
imorgen?

Gert Pyper, Farveren henne paa Vandkunsten,
mente nu det vilde gaa an, straks de vare komne
i Orden efter Marschen. Hvad skulde de bie efter?

Islandsk Kjøbmand, Erik Lauritzen omme fra Farvergade mente det var saa en vovsom Sag i Nat og Mørke at gribe en fremmed By an hvor En knap vidste hvad der var Landjord og hvad der var Vand.

«Vand!» sagde Gert Farver, «giveste Gud vi vidste selv kuns halv saa god Besked med vore Anstalter som Svensken han veed det! Tal aldrig om det! Han har sine Spioner, har han, der En mindst skulde tro det. Jo! — det veed Borgermester og Raad ogsaa hjærtelig vel, for fra Morgenstunden af har Rodemestrene været rundt i alle Steder og Bebyggelser for at finde hans Spionerere frem; men lur ham om I kan! Svensken er habil, er han, synderlig i den Commerce; det er en naturlig Gave; jeg veed det jo fra mig selv — det er vel nu en halv Snes Aar siden; jeg glemmer ham det aldrig af det Spøgelse . . . Indigofarve ser I, hun gjør sort og hun gjør mørkeblaa og hun gjør mellemblaa, ene efter som Bejtsen er; det er Bejtsningen det kommer an paa. Skolde og rette Løddegryden til, det kan hver en Bursch, det er kuns Haandelag om at gjøre, men bejtse! — retteligen — det er en Kunstighed. Bejtser En for stærkt, saa brænder En Garnet eller Tøjet eller hvad det nu er, saa det gaar hen og skjørner i alle Traaderne, og bejtser En for knapt, saa kan Farven a—ldrigen holde, om En saa farvede med det allerdyrbarste Blaatræ. Se, derfor er Bejtsningen ogsaa en lukt

Geheimniss, En intet lærer fra sig — til Ens
Søn nok, men aldrig til Gesellerne. Nej, ...»

«Javel Mester Gert», sagde Kjøbmanden,
«vel saa, vel saa!»

«Naa,» fortsatte Farveren, «som jeg skulde
fortælle, saa havde jeg en halv Snes Aar forleden
en Bursch, som havde et svensk Kvindfolk til
Moder, og han havde nu sat sig fore, han vilde
makke ud hvad det var for en Bejtse jeg brugte
til Kanelenbrunt. Men der jeg immer vejer af
til Bejtsen for lukte Døre, var den Ting jo intet
saa bekvem at gribe an. Hvad hitter mig saa
det Skarnsmenneske paa I tror? Hør nu kuns!
Der er nu saa slemt med store Dyr derhenne paa
Kunsten, de skjærer os baade Uld og Tvist, og
desformedelst hænger vi immer det, der er flyet
til Farvning op under Loftet i store Sejldugs-
sækker. Faar han saa ikke det Djævels Gesinde-
ken en af Drengerne til at klynge ham op i en
de der Sækker og — jeg kommer ind og vejer og
blander og retter til og er halv ved at være til
Ende med det, saa skikker det sig saa kunstigen
at Krampen tager hans ene Ben der oppe i Sækken
og han tager paa at stime og raabe jeg skulde
forhjælpe ham ned . . . og om jeg hjalp ham! —
Død og Verden! men det var og en ret Karnaillen-
streg han skrev mig der, ja, ja, ja! og saadan er
de tilhobe de Svenskere, En kan aldrigen tro dem
over et Dørtrin.»

«Nej, det har I saa Ret i; det er nogle
grimme Folk de Svenske,» talte Erik Lauritzen,
«Ingenting har de at sætte Tænder i naar de er
hjemme, og kommer de saa en Gang udenværts,
saa helmer de aldrig med Bælgen og Svælgen; de
er ligesom Fattighusbørn er, de æder baade for
nærværendes Sult og for kommendes og forbigangen
tillige. Stjæle og rappe til sig, det kan de værre
end Ravnefugle og Rakkerfolk; — og saa morde-
riske de er! det er intet for Ingenting En siger:
han har nemt til Kniven som svenske Lasse.»

»Og saa løsagtige!» faldt Farveren ind, «det
skal jo aldrigen passere at Rakkeren pidsker en
Kvind af By og En spørger sig for, hvad det
mon er for en Kreatur, En jo faar til Svar, at
det er en svenska Dulle.»

«Ja, Menneskens Blod er saa forskjellig, og
Dyrenes ogsaa. Svensken han er nu iblandt Folk,
hvad Marekattern' er iblandt de uvittige Bæster;
der er saadan uterlig Brynde og hastig Ild i hans
Livsvædsker, at den naturlig' Fornumstighed, som
Gud jo har beskjænket alle Mennesken' med, intet
kan raade med hans arge Drifter og syndige Be-
gjæringer.»

Farveren nikkede nogle Gange ad det, Kjøb-
manden fremsatte og sagde saa: «Rigtig, Erik
Lauritzen, rigtig; Svensken er af en sær og syn-
derlig Natur, anderlund end som andre Mennesker.
Jeg kan immer lugte, naar der triner en uden-
landsk Person ind til mig i min Bod, om han er

en Svensker eller et andet Slags Folk. Svensken har saa en ram Lugt ved sig, som Geddebukker eller Fiskelud. Jeg har saa tidt havt mine egne Betænkninger ved den Ting, men det er som I lægger det ud, det er Dunster af hans hidsige og bestialske Vædsker, er det.»

«Det er da ingen Jærtegn,» henkastede en gammel Kone, der stod hos, «om Svensker og Tyrker lugter anderlund end som Kristenfolk gjør.»

«Aa, som hun snakker da, Mette Sennopskvind,» afbrød Farveren hende, «tror hun Svensken ikke er Kristenfolk?»

«I kan jo kalde dem Kristen, Gert Farver, om Jer det gefaller, men Finner og Hedninger og Troldkarle det har aldrig været Kristenfolk efter min Postillebog, og det er da saa sandt som Guld, at det gik saadan til i højsalig Kong Kristians Levetid, den Sinde Svensken laa i Jylland, at et helt Regiment en Nymaanenat, der de allersombedst kom gangendes og det lige blev Midnat, rendte fra hverandre som ene Varulver og andet Djævelskab og bissed tudendes omkring, alle Lunder og Moser igjennem og gjorde Ulykke baade paa Folk og Fæmon.»

«Men de søger da Kirke om Søndag, veed jeg, og har Præster og Degner ligesom vi har.»

«Jo vist! kunde I kuns faa mig det bildt ind! det søger Kirke det Djævelens Pak iligemaade som Hekser de far' til Aftensang naar den Lede holder St. Hans-Messe i Hekkenfjeld. Nej, og de er

forgjorte er de og kugelfaste; paa dem bider hver-
ken Lod eller Krud og de har et ondt Øjesyn de
halve af dem, eller hvadfor tror I Smaapockern'
har grasseret hver den Gang de Helvedes Kum-
paner har havt deres forbandede Fødder her i
Landet? Svar mig til paa det, Mester Farver!
ᐧSvar mig til paa det, om I kan!»

Farveren skulde just til at svare, da Erik
Lauritzen, som i nogen Tid havde staaet og seet
sig urolig omkring, udbrød: «Tys, tys, Gert Pyper,
hvad er vel den for en Person, som tal' saa
prækendes histhenne og Folken' staar saa digt
omkring?»

De skyndte sig hen til Hoben og imens be-
rettede Gert Farver, at han skjønnede det var en
vis Jesper Kiim, som havde holdt Prædiken i
Helliggejstes, men som han havde hørt vellærde
Folk sige ikke var saa ret i sin Tro som det hans
Salighed og gejstlige Karriere tjenligt var.

Det var en doggeagtig, lille Mand paa en
tredive Aar med et langt, glat og sort Haar,
bredt Ansigt, tyk, lille Næse, spillende, brune
Øjne og røde Læber. Han stod oppe paa en Gade-
dørstrappe, gestikulerede stærkt og talte hurtigt og
fyrigt, men temmelig tykt og læspende:

. . . . «I det seksogtyvende Kapitel,» sagde
han, «skriver Evangelisten Matthæus 51—54 saa-
lunde: Og se, een af dem, som vare med Jesu,
rakte Haanden ud, og slog den ypperste Præstes
Svend, og hug et Øre af hannem. Da sagde

Jesus til hannem, stik dit Sværd i sin Sted. Thi hvo som tager Sværdet, han skal omkomme med Sværd. Eller ment' du, at jeg ikke kunde bede min Fader, at han tilskikkede mig mere end tolv Skok Engle? Men hvorlunde skulde Skriften fuldkommes? Det skal Alt saa gaa til.»

«Ja, kjære Landsmænd! det skal Alt saa gaa til. — Nu ligger uden denne Bys ringe Volde og svage Befæstning en almægtig Hob af velberuste Stridsmænd, og deres Konge og Krigsøverste haver opladt sin Mund og ladet udgaa Ordre og Befaling til dem, at de med Ild og Sværd, med Paarend og Belejring gjøre sig denne Stad og hvem som er deri, underdan og ganske deres egen.»

«Og de, som ere i Staden og se deres Velfart truet og deres Ruin umenneskeligen besluttet, de føre sig i Vaaben, de bringe Fyrmørsere og anden skadelig Krigsgeraad til Voldene og de tiltale sig selver, sigendes: bør det os ikke med brændendes Lue og blanke Sværde at gaa den Fredsforstyrrere paa Huden, som plat vil lægge os øde? hvortil haver vel Gud i Himlen opvakt Koradtsighed og Ufrygtagtighed i Mennesken's Bryst om ikke til slig en Fjende at modstaa og fordærve? Og som Peter den Apostle drage de deres Glavind og ville pludseligen afhugge Malcho hannem hans Øre. Men Jesus siger: stik dit Sværd i sin Sted, thi hvo som tager Sværdet, han skal omkomme med Sværd. Vel maa dette

lyde som en underlig Tale for den Vredagtiges
Ufornumftstighed og synes en Daarskab for den
Hadefuldes useendes Blindhed. Men Ordet er ikke
som en Lyd af en Trompete, blot at høre; —
ligervis som et Skiberum, der er ladet med mange
gavnlige Ting, saaledes er Ordet ladet med For-
numstighed og Betænkning, thi Ordet er en Mening
til Opfattelse og Forstændighed. Derfor lader os
udgrandske Ordet og successive fremfinde, hvor-
lunde det retteligen bør udlægges. — Af hvad
Aarsage skal da Sværdet blive i sin Sted og den,
der tager Sværdet omkomme med Sværd? Dette
er for os at betænke udi trende Poster:

«Denne er da den første Post, at Mennesket
er en viselig og over al Maade herligen indrettet
Mikrokosmos eller, som det kan udlægges: en
Jordlille, en Verden baade af Godt og Ondt; thi
er, som Jacob den Apostle siger, alene Tungen
en Verden udaf Uret, hvormeget mere er da ikke
det ganske Legem' en Verden! baade de begjæ-
rendes Øjne, de hastige Fødder og de gribendes
Hænder; baade den umættelig' Bug de bedendes
Knæ og de vagtsomme Øren? Og er Legemet en
Verden, hvormeget mere er da ikke vor dyr'bare
og udødelig' Sjæl en Verden, ja, som en Have
fuld af søde og bitre Urter, fuld af de onde
Drifters glubendes Vilddyr og af Dydernes hvide
Lam? Og er da den, som lægger en saadan Ver-
den øde, at agte bedre end en Ildstiftere eller en

Voldsmand eller en Marktyv? og I vide, hvad
Straf det bør sig en Saadan at lide og udstaa.»

Det var nu bleven ganske mørkt og Folke-
skaren omkring Prædikanten saaes kun som en
stor, sort, sagte bevæget og stadig voksende Masse.

«Den anden Post er denne, at Mennesket er
en Mikrotheos, det er: en Afspejlning eller Lig-
nelse af Gud den Almægtigste. Og er den, der
forgriber sig paa Guds Afbillede, ikke at agte
slemmer' end den, der stjæl' Kirkens hellige Kar
eller Klæder eller øver Vold mod et Kirkehus? og
I vide, hvad Straf det bør sig en Saadan at lide
og udstaa.»

«Den sidste og tredie Post er denne, at først
haver Mennesket Pligter imod sin Gud og er skyl-
dig for hannem ideligen at kæmpe og stride, iført
et rent Levnets skinnendes blanke Rustning og
omgjordet med Sandhedens skjærendes Glavind.
Saadan berust falder det hannem til at stride, en
Herrens Stridsmand, sønderrivendes Helvedes Strube
og søndertrædendes Helvedes Bug. Derfor bør
det os at lade den legemlig' Sværd blive i sin
Sted, thi visseligen, vi have nok at bemøde os med
den aandelig!»

Fra begge Ender af Gaden saaes nu og da
Folk komme, der lyste sig hjem med smaa Haand-
lygter. Efterhaanden som de stødte paa Forsam-
lingen, stillede de sig op blandt de Yderste, saa
der snart var dannet en bugtet Halvkreds af blin-
kende Smaalys, der sluktes og lyste op, alt som

Folk bevægede sig, og nu og da løftedes ogsaa en Lygte i Vejret og lod sit Skjær flakke søgende om paa Husenes hvidtede Mure og mørke Ruder, indtil det fandt Hvile paa Prædikantens alvorlige Ansigt.

«Men hvorledes! tale I i Eders Hjærter, sigendes: skulle vi da overantvorde os selv, bunden paa Hænder og Fødder, til vor Fjende, til Trældommens og Fornedrelsens bitre Sørgestand? — O! mine Elskelige, I tale ikke saa! thi da er I at regne som dem der men', at Jesus ikke kunde bede sin Fader at han tilskikkede hannem mere end tolv Skok Engle. O! falder ikke udi Mishaab, knurrer ikke i Eders Hjærter mod Herrens Raadslagning og gjører ikke Eders Lever sort imod hans Vilje! Thi den, Herren vil nedslaa, den knuses, den Herren vil oprejse, lever i Tryghed. Og han er den, som haver mange Veje at føre os ud af Farlighedens Ørker og Vildnisse; eller kan han ikke vende Fjendens Hjærte, eller lod han ikke den Dødsengle gaa gjennem Sancheribs Lejr, eller have I forgjæt' det røde Havs svælgende Vande eller Kong Pharaos hastige Undergang? . . . .»

Her blev Jesper Kiim afbrudt,

Hoben havde hørt temmelig roligt paa ham; kun ude fra de yderste Rækker havde der nu og da lydt en dæmpet, truende Mumlen. Saa var det Mette Sennopskvindes skarpe Røst skingrede ind imod ham: «Hu, din Helvedesgast! vil du tie

den sorte Hund du er! — hør intet paa ham, det
er svenske Penge, der tal' udaf hans Mund.»

Der blev et Øjeblik ganske stille, men saa
brød Larmen løs; Haansord, Eder og Forbandelser
skyllede ned over ham. Han forsøgte at tale,
men da blev Raabene endnu stærkere og de nær-
mest ved Trappen trængte truende op imod ham.
En hvidhaaret, lille Mand, lige foran, der hele
Tiden havde grædt under Talen, stak nu rasende
efter ham med sin lange, sølvknappede Stok.

«Ned med ham!» raabtes der, «ned med ham!
han skal kalde igjen hvad han har sagt, han skal
tilstaa hvad han har faaet for at beføre os. Ned
med ham! lad os faa ham her ned til Geständniss!
vi skal nok plukke det ud af ham.»

«Han skal i Kjælderen, skal han,» raabte
andre, «han skal i Raadstukjælderen. Lang ham
ned! lang ham ned!»

Et Par stærke Karle havde allerede Tag i
ham. Den Ulykkelige klamrede sig fast til Trap-
pens Trærækværk; saa spændte de baade det og
ham ned paa Gaden, ned blandt Mængden. Han
blev modtaget med Spark og Næveslag. Kær-
linger rev ham i Haar og Klæder, saa smaa Drenge,
der stode med deres Fader i Haanden og saae til,
hoppede af Fornøjelse.

«Lad Mette komme frem!» raabtes der bag-
ved, «gaa tilside; tilside! Mette skal tage ham i
Forhør.»

Fru Marie Grubbe.   4

Mette kom frem. «Vil han tage sin Djævels-Præk i sig igjen? vil han Mester Lurifas?»

«Aldrig, aldrig! En skal adlyde Gud mer' end som Mennesken', som skreven staar.»

«Skal En det!» sagde Mette og tog sin Træ-tøffel af og truede ham med, «men Mennesken' har Trætøfler, har de, og du est en Satans Soldknægt og intet Vorherres; jeg skal slaa dig, skal jeg, saa din Hjærne skal sidde paa Muren næst herved;» og hun slog ham med Tøffelen.

«Forsynd Jer intet, Mette!» stønnede Ma-gisteren.

«Saa skal da ogsaa den Slemme!» hvinede hun.

«Tys, tys,» raabtes der, «var Jer, var Jer, og stim ikke saa, her kommer Gyldenløv', General-lieutenanten!»

En høj Skikkelse red forbi.

«Længe leve Gyldenløv'! den tapre Gylden-løv',» brølede Hoben.

Der svingedes med Hatte og Huer og Raabene vilde aldrig faa Ende. Saa red Skikkelsen bort ad Volden.

Det var Generallieutenant over Militsen, Oberst tilhest og tilfods, Ulrik Christian Gyldenløve, Kon-gens Halvbroder.

Mængden spredtes, der blev færre og færre, snart kun nogle faa.

«Det er ligegodt kurieus nok,» sagde Gert Farver, «her slaar vi Hovedet i Bræk paa den,

som tal' om Fredelighed og raaber os hæse for
den, som mest er Skyld i Krigen.»

«Gud i Vold, Gert Pyper, Gud i Vold og
en ønskelig Godnat,» sagde Kjøbmanden afbrydende
og skyndte sig fra ham.

«Han tænker paa Mettes Tøffel,» mumlede
Farveren; saa gik ogsaa han.

Henne paa Trappen sad Jesper Kiim alene
tilbage og holdt paa sit værkende Hoved, og oppe
paa Volden gik Vagterne langsomt frem og til-
bage, stirrende ud over det mørke Land, hvor
Alt var stille, ganske stille, skjøndt Tusinder af
Fjender laa derude.

IV.

Gulrøde Lysflager skjøde op over den havgraa Taagebanke i Horizonten og de tændte Luften over sig saa den brændte i en mild, rosengylden Flamme, der bredte sig videre og videre, blegere og blegere, op til en lang, smal Sky, tog fat i dens bølgede Rand, gjorde den glødende, gylden, blændende. Over Kallebodstrand var der lyst af violet og rødligt Gjenskin fra Solhjørnets Skyer. Duggen tindrede paa Vestervolds høje Græs og Spurvene kvidrede paa Tagene bagved og i Haverne foran, saa at Luften stod i eet skjælvende Skinger. Fra Haverne drev en let, fin Damp i smalle Striber, og Træerne bøjede langsomt de frugttunge Grene for Luftningen ude fra Sundet.

Et langtrukkent, tre Gange gjentaget Hornsignal lød fra Vesterport og blev besvaret fra de andre Byhjørner. De ensomme Vagter langs ad Volden begyndte at gaa livligere frem og tilbage paa deres Poster, rystede Kapperne og rettede ved deres Hovedtøj: nu kom jo Afløsningen.

Ude paa Bastionen nærmest nord for Vesterport, stod Ulrik Frederik Gyldenløve og saae paa de hvide Maager, der i sejlende Flugt strøg op og ned over Voldgravens blanke Vandflade.

Flygtige og lette, snart matte og taageagtige, snart farverigt stærke, brandlevende og klare jog hans tyveaarige Minder forbi hans Sjæl. De kom i Duft af stærke Roser og Duft af friske, grønne Skove, de kom i Klang af Jægerhallo, til Gigers Lyd og i Brus af knitrende Silke. Barndomslivet dernede i den holstenske By med de røde Tage drog fjernt, men solbelyst forbi: han saae sin Moders, Fru Margrethe Pappens høje Skikkelse, hendes sorte Psalmebog og hvide Hænder; den. fregnede Kammerpige med de tynde Ankler saae han og den bulne Fægtemester med det rødblaa Ansigt og de skjæve Ben. Gottorps Have drog forbi og Engene med de friske Høstakke nede ved Fjorden og der stod Jægerens kluntede Heinrich, der kunde gale som en Hane og slaa saa mageløst Smut. Kirken kom med sit sære Halvmørke, sit stønnende Orgel, med Kapellets hemmelighedsfulde Jerngitter og den magre Kristus, der havde den røde Fane i Haanden.

Fra Vesterport lød der atter et Hornsignal, og Sollyset brød frem i det samme, skarpt og varmt og forjog alle Taager og disede Toner.

Saa var der Jagten, hvor han skød sin første Hjort og gamle von Dettmer tegned ham i Panden med Dyrets Blod, mens de stakkede Jægerdrenge blæste vildsomt skrattende Fanfarer. Saa var der Bouketten til Slotsfogedens Malene og den alvor-

lige Scene med Hovmesteren, og saa var der Uden-
landsrejsen med den første Duel i den dugfriske
Morgen, med Anettes Kaskader af klingrende Latter,
med Ballet hos Kurfyrsten og den ensomme Tour
uden Byens Porte, da hans Hoved værked af den
første Rus. Saa kom der en gylden Taage med
Klang af Bægre og Duft af Vin, og der var Lies-
chen og der var Lotte og der var Marthas hvide
Nakke og Adelaides runde Arme. Endelig Rejsen
til Kjøbenhavn, hans kongelige Faders naadige Mod-
tagelse, Dagenes travlt kjedsommelige Hofliv og
vilde Nætter, hvor Vinen strømmed og Kysset ra-
sed, afbrudt af pragtfulde Jagtfesters lystige Larm
og natlige Stevnemøders ømme Hvisken i Ibstrups
Have eller Hillerødslottets gyldne Sale.

Men langt klarere end Alt dette saae han
Sofie Urnes brændende sorte Øjne, langt mere be-
tagen mindedes han lyttende hendes vellystigtbløde,
dejlige Stemme, der dæmpet drog En som med
hvide Arme og hævet flygted som en Fugl, der
stiger og spotter En med kaade Triller, mens den
flygter . . . .

En Raslen nede i Voldskræntens Buske vakte
ham af hans Drømme.

«Wer da!» raabte han.

«Det er kuns Daniel, Hr. Gyldenleu, Daniel
Knopf,» svaredes der og en lille, værkbruden Mand
kom frem af Buskene og bukkede.

«Hvad! er det Livsens Korthed? hvad tusind
Syger gjør han der?»

Manden saae trist ned for sig.

«Daniel, Daniel!» sagde Ulrik Frederik og smilede, «han er intet gaaet uskadt ud af «den gloendes Ovn» i Nat, den tydske Brygger har nok fyret ham for strengt.»

Den Værkbrudne gav sig til at kravle op ad Voldskrænten. Daniel Knopf, ogsaa paa Grund af sin Statur kaldet Livsens Korthed, var en rig Storkjøbmand paa nogle og tyve Aar, og var lige saa bekjendt for sin Rigdom som for sin skarpe Tunge. og sin Fægtekunst. Han omgikes meget med den unge Adel, det vil sige med en bestemt Kreds, der var bekjendt under Navn af «le cercle des mourants», som navnlig bestod af de yngre Mænd, der stod Hoffet nærmest. Ulrik Frederik var Sjælen i denne Kreds, som var mere livslysten end intelligent, mere berygtet end afholdt, men egenlig ligesaa beundret og misundt som berygtet.

Halvt som Hovmester, halvt som Hofnar levede Daniel med disse Mennesker. Han færdedes ikke med dem paa alfar Gade eller i adelige Huse, men i Fægteboden, i Vinhuse og paa Herberger var han dem ganske uundværlig. Ingen kunde tale saa videnskabeligt om Boldtspil og Hundedressur eller saa salvelsesfuldt om Finter og Parader. Ingen kjendte Vin som han. Han havde dybsindige Theorier om Terningspil og Elskovskunst og kunde tale langt og lærdt om det Forkastelige ved at krydse det indenlandske Stød med Salzburgerheste. · Han havde endelig Anekdoter om

Alt, og hvad der imponerede de andre unge Men-
nesker overordenligt, han havde bestemte Meninger
om Alt.

Saa var han i høj Grad føjelig og tjenst-
villig, glemte aldrig Forskjellen mellem sig og
Adelen og havde et saa vidunderlig latterligt Ud-
seende, naar de i Kaadhed eller Drukkenskab
stafferede ham ud paa en eller anden urimelig
Maner. Han lod sig hundse og skjælde ud, uden
at blive vred, og var i det Hele taget saa god-
modig, at han mangen en Gang gav sig selv til
Pris, naar han derved kunde standse en Samtale,
der begyndte at faa en farlig Vending for Freden
i Laget.

Det var da ogsaa dette, der gjorde det mu-
ligt for ham at omgaaes disse Folk og han maatte
omgaaes dem; for ham, den vanføre Borgerlige, var
Adelen Halvguder, kun de levede, kun deres Fri-
murersprog var menneskelig Tale, over deres Til-
værelse laa der en Dag af Lys og et Hav af
Duft, medens de andre Stænder sled Livet hen i
farvefattigt Mulm og oset Luft. Han forbandede
det, at han var borgerlig født, som en langt større
Ulykke end hans Vanførhed og græmmede sig der-
over, naar han var ene, med en Bitterhed og
Heftighed, der kom Vanviddet temmelig nær.

«Naa Daniel,» sagde Ulrik Frederik, da den
Lille var kommen op til ham, «det har intet
været nogen ringe Taage, der har været for hans
Øjne inat, siden han har sejlet sig fast her paa

Vestervold, eller stod Luttendranken saa overhaands
højt i Kvæld, siden jeg træffer ham an her, liggendes
tryg og tør som Noæh Ark paa den Bjerg Ararat?»

«Prinds af Canarien, I taler i Vildelse, om I
tror jeg var i Lag sammen med Eder inat!»

«Men hvad tusind Pokker er det da med
ham?» raabte Ulrik Frederik utaalmodigt.

«Hr. Gyldenleu,» svarede Daniel alvorligt og
saae op paa ham med Taarer i Øjnene, «jeg er
en elendig Menneske.»

«Han er en Kræmmerhund er han! Er det
en Sildeskude han er bange for at Svensken han
skal tage? Eller ynker han sig for der vil blive
Stilstand i hans Handel og mener hans Safran vil
tabe Kraften og Muggen falde i hans Pebber og
Paradiskorn. Styversjæl han er! Som der intet
var andet for en god Borgere at tage sig nær end
om hans sølle Kram gaar Satan i Vold, nu det
tegner til Fald baade for Konge og Rige!»

«Hr. Gyldenleu!»

«Aa, gaa han Helved i Vold med hans Be-
grædelser!»

«Nej, Hr. Gyldenleu!» sagde Daniel højtide-
ligt og traadte et Skridt tilbage, «for hverken
klager jeg over Bræk paa Næring eller Forlis af
Penge eller Penges Værd; jeg kerer mig de Düvel
og en Døjt om Sild og Safran, men skikkes væk
som en Spedalsker eller en Landsens Uærlig baade
af Officiers og Gemene, det er en Syndigheds Uret
imod mig, Hr. Gyldenleu; — derfor har jeg ligget

i Græsset inat og tvinet som en skamskabet Hund,
der er lukket ude, for det har jeg krympet og
krænget mig som det usseligst' krybendes Dyr og
raabet til den Himmerigs Gud i min Sørgelighed
og Vanmagt, og er gangen i Rette med hannem,
hvi jeg alleneste skal plat forkastes, hvi min Arm
skal sees an for vissen og uduelig til at føre Vaa-
ben og Gevær, aldenstund der rustes ud baade
Tjenere og Handtværksburscher . . .»

«Men hvem den skinnende Satan har da viset
ham af?»

«Jo, Hr. Gyldenleu, jeg løb mig til Voldene
ligesom de andre de løb, men kom jeg til det ene
Hold sagde de, de kunde intet være flere og kom
jeg til det næste sagde de spotvis, at de var kuns
ringe Borgere, det var ingen Sted for Adelsper-
soner og fornemme Folk og anden Snak mere; men
der var ogsaa de Hold, hvor de sagde, de skulde
intet have med Gebræklige at skaffe, fordi der
var Ulykke ved dem og Kuglerne trak efter dem,
og de skjøttede aldeles intet om unyttigen at ha-
zardere deres Liv og Lemmer ved at have saadan
et Menneske, som Vorherre havde stemplet, imellem
sig. Saa supplicerte jeg Generalmajor Ahlefeldt
om at blive en Sted anviset, men han bare rysted'
paa Hovedet og lo: det var da endnu heller intet
saa styrtendes galt, de skulde stoppe Geledderne
ud med saa stynede Stumper, som mere vilde være
dem til Ulejlighed end til Hjælp.»

«Men hvorfor gik han intet til nogle af de Officiers, han er kjendt med?»

«Det gjorde jeg og, Hr. Gyldenleu, jeg tænkte straks paa Circlen og kom da ogsaa to af de Mouranter i Tale, baade den Kong Skjørt og den Ridder Forgyldt.»

«Naa og de hjalp ham?»

«Jo, Hr. Gyldenleu, de hjalp mig. — Hr. Gyldenleu, de hjalp mig saa Gud finde dem for det! Daniel, sagde de, gaa hjem, Daniel, og lysk han sine Svedskenblommer! De havde tænkt, sagde de, jeg havde havt saamegen Conduite, at jeg intet vilde komme her med mine Abenpudserier. Et var det, jeg var dem god nok som Komedianten-spiller og Pudsenmager ved en lystig Pokulats, men naar de var i deres Embede skulde jeg blive dem af Syne. Var det nu vel talet, Hr. Gylden-leu, nej det var syndigt, syndigt var det! Den Gemenhed, de havde viset mig paa Vinstuer, betød intet at de saae mig an for deres Lige, at jeg skulde komme her og bilde mig ind, jeg kunde faa deres Omgængelse og Selskab nu de vare i deres Bestilling. Jeg var dem for nærgaaendes, Hr. Gyldenleu! jeg maatte intet tro jeg kunde trænge mig ind i deres Kompagnie her paa denne Sted, her brugte de ingen Lust-Major! Det sagde de til mig, Hr. Gyldenleu! Og jeg forlangte jo dog ikkuns det at sætte mit Liv i Vove, Side om Side med de andre Bysens Borgere.»

«Naa ja,» sagde Ulrik Frederik og gabte, «jeg forstaar nok, det harmer ham at han skal være udenfor det Hele. Og det vil jo ogsaa falde ham noget langsomt at sidde stille og svede ved hans Pult, mens Rigens Fremtid bliver afgjort her oppe paa Voldene. Naa, han skal komme med. For . . .», han saae mistænksomt ned paa Daniel, «der stikker vel ingen Lumskerier under, Mester?»

Den Lille stampede i Jorden af Raseri, han blev bleg som en kalket Væg og hans Tænder skar imod hinanden.

«Naa, naa,» vedblev Ulrik Frederik, «jeg stoler paa ham; men han kan da heller intet forlange En skal tro ham som om han havde et adeligt Ord at give; — og husk: hans Egne har vraget ham først og . . . tys!»

Der dundrede et Skud ude fra en af Bastionerne ved Østerport, det første, der blev løsnet i denne Krig.

Ulrik Frederik rettede sig, Blodet foer ham til Kinderne, hans Øje stirrede begjærligt og betaget efter den hvide Røg, og da han talte, var der en sælsom Skjælven i hans Stemme.

«Daniel!» sagde han, «op ad Formiddagen kan han melde sig hos mig og bryd han sig intet om det, jeg sagde.» Saa gik han hastigt henad Volden.

Daniel saae beundrende efter ham, saa sukkede

han dybt, satte sig i Græsset og græd som et ulykkeligt Barn græder.

*   *
*

Det var hen paa Eftermiddagen. En stærk, ujævn Vind blæste gjennem Byens Gader og hvirvlede Skyer af Spaaner, Halmstumper og Støv et Steds fra og et andet Steds til. Den rev Tagstenene løse, stemmede Røgen ned i Skorstenene og foer ilde med Skiltene.

Farvernes lange, mørkeblaa Faner kastede den i Vejret i dunkle Buer, smældede dem ud i sorte Bugter og surred dem rundt om de svajende Stænger. Rokkedrejernes Hjul gyngede rastløst frem og tilbage, Bundtmagerskiltene slog med de laadne Haler og Glarmestrenes pragtfulde Glassole svinged og blinked i vildsom Uro om Kap med Badskærernes blankt polerede Bækner.

I Baggaardene slog det med Lemme og Luger, Hønsene maatte krybe i Ly bag Tønder og Skur og selv Svinene blev urolige i deres Stier, naar Vinden peb ind til dem gjennem sollyse Sprækker og Fuger.

Trods Blæsten var det trykkende hedt; det blæste Varme ned.

Inde i Husene sad Folk og gispede af Hede, kun Fluerne summede livligt omkring i den lummervarme Luft.

Paa Gaden var ikke til at være og i Bislagene trak det, derfor søgte da ogsaa overalt de, der havde Haver, ud i dem. I den store Have, der

laa bagved Christoffer Urnes Gaard i Vingaards-
stræde, sad en ung Pige i Skyggen af et af de
store Løntræer.

Hun sad og syede.

Det var en høj, slank Skikkelse; næsten
spinkel var den, men Barmen var bred og fyldig.
Hendes Teint var bleg og blev endnu blegere ved
det rige, sorte, buklede Haar og de ængsteligt
store, sorte Øjne. Næsen var skarp, men fin,
Munden stor, men ikke fyldig og med en syg
Sødme i Smilet. Læberne var meget røde og
Hagen noget spids, men dog stærk og kraftig
formet. Hendes Paaklædning var ikke meget or-
denlig: en gammel, sort Fløjelsrobe med afbleget
Guldbroderi, en ny, grøn Filthat med store. sne-
hvide Strudsfjer og Lædersko med rødslidte Næser.
Hun havde Dun i Haaret, og hverken hendes
Halskrave eller hendes lange hvide Hænder var
ganske rene.

Det var Christoffer Urnes Broderdatter Sofie.
Hendes Fader, Rigens Raad og Marsk, Jørgen
Urne til Alslev, Ridder af Elefanten, var død
allerede i hendes Barndom, Moderen Fru Margrethe
Marsvin for et Par Aar siden. Hun havde derfor
nu sit Tilhold hos den gamle Farbroder og da han
var Enkemand, var hun, ialtfald af Navn, den, der
styrede Huset.

Hun sad og syede og nynnede til, mens hun
i Takt vuggede den ene af sine Sko paa Spidsen
af Foden.

Over hendes Hoved susede og svajede de tætløvede Kroner i den stærke Blæst med en Lyd som af brusende Vande. De høje Stokroser svingede deres blomsterknappede Toppe frem og tilbage i ustadige Buer som grebet af uroligt Vanvid og Hindbærriset dukkede sig forknyt og vendte den lyse Vrange ud af Bladene, saa det skiftede Farve ved hvert Pust. Tørre Blade sejlede ned gjennem Luften, Græsset lagde sig fladt henad Jorden og paa Spiræabuskens lyse Løvbølge vuggede den hvide Bomsterfraade op og ned i evig Skiften.

Saa blev en Stund Alt stille. Alting rettede sig, endnu som dirrende af Angst og i aandeløs Forventning, og i næste Nu hvinede Vinden ned igjen og Urosbølgen med dens Brus og dens Glittren, dens vilde Vuggen og rastløse Vekslen bredte sig atter ud over Haven.

> „Fillis sad udi en Skøyte,
> Koridon blæst' i sin Fløjte
> Højt saa at det Fillis hørte
> Og sin Roer ej mere rørte,
> Thi drev Skøyten paa en Sand,
> Thi drev Skøyten . . . . ."

Nede fra Laagen i den anden Ende af Haven kom Ulrik Frederik gaaende. Sofie saae et Øjeblik forbavset der henad, saa bøjede hun sig atter over sit Sytøj og nynnede videre.

Ulrik Frederik slentrede langsomt opad Gangen, stod nu og da stille og saae paa Blomsterne og lod i det Hele taget som om han ikke havde seet, at der var Nogen i Haven. Han drejede saa ind paa en Sidesti, standsede bag en stor Jasminbusk og rettede paa sin Uniform og sit Belte, tog Hatten af og purrede op i Haaret og gik saa videre.

Stien gik i en Bue og mundede ud lige foran Sofie.

«Ah Goddag, Jomfru Sofie,» udbrød han ganske overrasket.

«Goddag,» sagde hun roligt og venligt, fæstede betænksomt sin Naal i Sytøjet, glattede det med Haanden, saae saa smilende op og nikkede. «Velkommen, Hr. Gyldenløve!»

«Das nenn' ich blindes Glück,» sagde han og bukkede, «jeg ventede kun at finde Jomfruens Hr. Cousin herude.»

Sofie saae hurtigt paa ham og smilte: «han er her intet,» sagde hun og rystede paa Hovedet.

«Nej,» sagde Ulrik Frederik og saae ned for sig.

Efter en lille Pavse sukkede Sofie og sagde: «Hvad for en Lummervarme det da ogsaa er idag!»

«Ja, det falder trolig ud til Torden, om Blæsten stiller af.»

«Ja—a,» sagde Sofie og stirrede tankefuldt op mod Huset.

«Hørte I det Skud imorges?» spurgte Ulrik Frederik og rettede sig som for at antyde, at han vilde gaa.

«Ja, det er Hjærtens tunge Tider vi gaar imod i denne Sommer. En kan fluks blive svag-

sindet ved at tænke paa al den Farlighed baade
for Folk og Ejendele, og naar En har saa mange
kjære Slægtninge og gode Venner som jeg har,
der allesammen er med i denne ulykkelig' Affaire
og udsat' for at miste enten Liv eller Førlighed
eller hvad de ejendes er, saa er der ogsaa mer
end Aarsage nok til at komme paa alskens modige
og underlige Tanker.»

«Nej, hjærte Jomfru Sofie! I maa for den
lebendiges Gud intet falde hen i Taarer, I maler
Eder alting altfor dyster af

> Tousiours Mars ne met pas au jour
> Des objects de sang et de larmes
> Mais"

og han greb hendes Haand og førte den op til
sine Læber

> „. . . . tousiours l'Empire d'amour
> Est plein de troubles et d'alarmes."

Sofie saae naivt op paa ham.

Hvor var hun ikke dejlig: Øjets mægtige,
sugende Nat, hvor Dagen vældede frem i Stimer
af myldrende Lysblink som en sort Diamantsten,
der spiller i Solskjæret, Læbernes smertelig skjønne
Bue, Kindens stolte Liliebleghed, der langsomt
svandt i rosengylden Rødme, lig en Sky, som Morgen-
solen belyser og dunkelaaret som skære Blomster
blade de fine Tindinger, der hemmelighedsfuldt tabte
sig op i det mørke Haar . . . .

Hendes Haand skjælvede i hans, kold som
Marmor; hun drog den lempelig tilbage og slog

Øjnene ned. Sytøjet gled fra hendes Skjød, Ulrik
Frederik bøjede det ene Knæ mod Jorden for at
tage det op og blev liggende i den knælende
Stilling.

«Jomfru Sofie!» sagde han.

Hun lagde sin Haand paa hans Mund og saae
mildt alvorligt, næsten smerteligt paa ham.

«Kjære Ulrik Frederik!» bad hun, «Tag mig
det intet op i nogen ilde Mening, at jeg besværger
Eder intet at lade Eder henføre af en øjeblikkelig
Sentiment til at søge at provocere en Forandring
i det angenemme Forholdende, der hidtil har be-
standen os imellem. Det tjener til Intet uden at
føre os begge Fortræd og Misnøje. Rejs Eder op
fra denne ufornumstige Positur og sæt Eder maner-
ligen hos mig her paa Bænken, at vi kan tales
ved i al Rolighed.»

«Nej jeg vil have min Skjæbnebog gjort op
nu i denne Time,» sagde Ulrik Frederik og blev
liggende. «I veed kuns lidet hvor stor og brændendes
er den Amour jeg bær' til Eder, om I har kunnet
tænke, jeg skulde nøjes med slet og bart at være
Eders gode Ven. For Kristi blodige Sveds Skyld
tro dog intet paa en Ting saa ren og platterdings
umulig. Min Kjærlighed til Eder er intet nogen
ringe ulmendes Gniste eller Funke, som I kan øge
eller svække med Eders Munds Vejr, alt som Eders
Hu er; par dieu! den er en luestærk og fortærendes
Ild, men det staar til Eder om den skal spredes
og slukkes ud i tusinde vildsomme Flakkeflammer

og irrende Vejrlys eller den skal brænde fort var-
mendes og rolig, høj og skinnendes op imod Himlen.»

«Men kjære Ulrik Frederik, vær dog barm-
hjertig og hav Medynk med mig og stæd mig intet
i en Fristelse, jeg muligen intet kan staa imod,
thi I maa tro, I er mig af Hjærtet kjær og dyre-
bar, men netop af den Aarsag vil jeg til det
Yderligste værge mig mod at bringe Eder i en
falsk og ufornumstig Situation, som I ingenledes
fideliter kan meintenere. I er vel seks Aar paa
det Nærmeste yngre end jeg er og det, som udi
min Gestalt nu kanske er Eder til Behag, kan
Alderen lettelig forvanske eller vende om til Grim-
hed. Ja! I smiler, men supponer at I, naar I er
fyldt de Tredive, drages med en rynket Heks af
en Kjæreste, der kuns har ført Eder en ringe
Medgift og heller intet paa anden Maade har
været Eder til Forfremmelse; tænker I intet, I
vilde da ønske Jer, I da I var de Tyve havde
giftet en ung, fyrstelig Person, hvad der baade
havde været Eders Alder og Byrd allermest ge-
mäss og som og vilde have baaret Eder bedre
frem end den simple Adelspige vilde have gjort?
Hjærte Ulrik Frederik, talte I til Eders høje
Slægtninge, de vilde sige Jer det Samme; men de
vilde intet sige Eder at om I hjemførte den Adels-
jomfru som var ældre end Jer, vilde hun kvæle
Eder tildøde med sin Iversyge; iversyg vilde hun

Kjæreste, dengang = Kone.

5*

være paa hvert Jert Øjekast, ja paa Eders inderste Hjærtenstanker! for just fordi hun vidste I havde sluppet saa meget for at fange hende, vilde hun strænge sig an for at hendes Elskov kunde være Eder Alverden. Tro mig, hun vilde omgive Eder med sin afgudiske Kjærlighed som med et Bur af Jern, og fornam hun I længtes ud deraf et Minut, hun vilde græmme sig i Dage og Nætter og forbittre Eder hver en Time med sin mistrøstige Sorg.»

Hun rejste sig op og rakte ham Haanden. «Farvel, Ulrik Frederik, det er bedskt som Døden at vi maa skilles, men om mange Aar naar jeg er en gammel, gusten Pige eller er en gammel Mands halvgamle Kjæreste, vil I sande at Sofie Urne havde Ret. Gud Fader holde sin Haand over Jer. — Mindes I den spanske Romanbog, den Sted om den indianske, slyngendes Urt, der har sin Støtte af et Træ i sin Ungdom, men bliver ved at vinde sig om det længe efter at Træet er morsk og ude og er tilsidst den, der holder Træet, som intet kan støtte mere. Tro, Ulrik Frederik, saadan vil mit Sind ogsaa støttes og bæres af Eders Kjærlighed lange Tider efter at den er visnet og vejret hen.»

Hun saae ham lige ind i Øjet og vendte sig for at gaa, men Ulrik Frederik holdt Haanden fast.

«Vil I da gjøre mig ganske og aldeles rasendes! skal jeg da sige dig at nu, jeg veed du har mig kjær, kan ingen Livets Magt gjøre Skils-

misse mellem os. Aner du da intet at det er
daarligt at tale om hvad du eller jeg vil. Er
intet mit Blod som drukken af dig, er jeg mig
selv mægtig nu? jeg er besat af dig, saa om du
i denne Time vendte din Hu fra mig, du skulde
dog blive min, dig til Trods, mig til Trods. Jeg
elsker dig som om jeg hadede — — jeg tænker
intet paa din Lykke, hvad rører det mig om du
kommer i Lykke eller Ulykke, blot jeg er med i
din Glæde, blot jeg er med i din Lidelse, blot
jeg . . . .

Han slængte hende med et Ryk ind mod sig
og knugede hende op til sit Bryst.

Langsomt løftede hun sit Ansigt op mod ham
og saae længe paa ham med taarefyldte Øjne;
smilte saa: «som du vil da, Ulrik Frederik,» og
hun kyssede ham lidenskabeligt flere Gange efter
hinanden.

Tre Uger efter fejredes Trolovelsen med megen
Pragt. Kongen havde villigt givet sit Samtykke,
for dog en Gang at gjøre Ende paa Ulrik Frederiks
vel lystige Ungkarleliv.

V.

Efter Hovedudfaldene anden September og tyvende Oktober var Byen fuld af Ulrik Christian Gyldenløves Ry. Oberst Satan, som Borgerne kaldte ham. Hans Navn var i Alles Munde; der var ikke det Barn i Byen uden det kjendte Bellarina, hans Fuks med de hvide Sokker, og naar han red forbi, kiggede Stadens Ungmøer beundrende efter den slanke, høje Skikkelse i den bredskjødede, blaa Drabantfrakke med de vældige, hvide Opslag, det røde Skjærf og det spandbrede Kaardegehæng, og de var stolte, naar deres kjønne Ansigt indbragte dem et Nik eller et Øjekast fra den frække Soldat. Ja selv de astadige Familiefædre og deres kruskappede Matroner, der dog vidste, hvor slem han var, og kjendte alle hans kjønne Historier, nikkede fornøjet til hinanden, naar de havde mødt ham og fordybede sig i det vanskelige Spørgsmaal om, hvordan det vilde været gaaet Byen, naar han ikke havde været.

At Soldaterne og Voldmandskabet forgudede ham, var nu intet Under, thi han havde ganske sin Faders, Kong Christians, folkevindende Gaver.

Men ogsaa i andre Henseender havde han taget
Arv efter ham, han havde faaet baade hans Hid-
sighed og hans Umaadelighed, men ogsaa en Del
af hans Begavelse, hans Raadsnarhed og hans
Overblik. Han var meget ligefrem; flere Aars
Ophold ved udenlandske Hoffer havde ikke gjort
nogen Hofmand ud af ham, ja, han var ikke en
Gang nogenlunde beleven, til daglig Brug var han
stødende ordknap og i Tjenesten lukkede han al-
drig sin Mund op uden at han bandede og svor
som den gemeneste Matros.

Men Soldat det var han. Trods sin unge
Alder, han var kun otte og tyve Aar, ordnede
han Byens Forsvar og ledede de farefulde, men
vigtige Udfald med en saa overlegen Indsigt og
en saa stor Modenhed i Planerne, at Sagen neppe
havde været i saa gode Hænder hos nogen anden
af Frederik den Tredies Mænd.

Det var derfor rimeligt, at hans Navn for-
dunklede alle andre, og at Vinkelpoeterne i deres
versificerede Beretninger om Udfaldene tilraabte
ham: «du sejerkronte Gyldenløv, du Danmarks
Fiende-Frelse», eller hilste ham med et: «o, hil
dig, hil du nordisk' Mars, du tapre David danske,»
og ønskede ham at hans Liv maatte vorde som et
cornu copiae eller Overflødighedens Horn, fuldt
med Roes og Ære, Sundhed, Velstand og Lykke;
og det var saare naturligt, at mangen stille Aften-
andagt endte med en Bøn til Gud om ogsaa frem-
tidigen at opholde Hr. Ulrik Christian; ja, der

fandtes vel enkelte fromme Sind, der sukkede til Herren, at hans Fod maatte ledes bort fra Syndens slibrige Adelveje og hans Hu vendes fra Alt, som ondt var, til Dydernes og Sandhedens skinnende Lyskrands, at den, som i saa fuldt Maal havde vundet sig denne Verdens Ære, ogsaa maatte blive delagtig i den eneste sande og rette Ære.

Marie Grubbe var meget optaget af denne hendes Fasters nære Slægtning. Tilfældigvis havde hun aldrig været sammen med ham, hverken hos Fru Rigitze eller andetsteds; kun paa Gaden havde hun seet ham, en Gang i Skumringen, da Lucie havde viist hende ham.

Alle talte om ham; næsten hver Dag blev der fortalt hende nye, modige Træk af ham; hun baade hørte og læste, at han var en Helt, og den jublende Mumlen, der var gaaet igjennem Folkehoben hin Skumringsstund, da han red forbi, havde gjort et uudsletteligt Indtryk paa hende.

Det store Navn, som Heltenavnet er, løftede ham ganske ud af de almindelige Menneskers Rækker. Hun havde egenlig aldrig tænkt sig Helte være til som andre Mennesker. Kong Alexander af Macedonia, Olger Danske, Ridder Bayard og de der, det var Helte, store, fjerne, straalende Skikkelser, der mere var Mønstre eller saadan Noget end de var Mennesker som andre Folk. Ligesom hun, da hun var mindre, aldrig havde troet, at Nogen kunde komme til at skrive saa sirligt som de Forskrifter, En skrev efter, saadan var det heller ingensinde faldet hende ind, at Nogen kunde naa op til at blive en Helt. Helte det var noget Forbigangent, Noget, der havde været til. At man kunde møde en Helt, en virkelig Helt, møde ham ridende i Store-Færgestræde, saa vildt havde hun aldrig drømt. Livet saae pludselig helt anderledes ud, der var Andet til i Verden end det Dagligdags; det Store, Skjønne, det brogede Rige, som der stod om i Historiebøger og Viser, det kunde En Altsammen møde. Der var da virkelig Noget til, En kunde længes efter af sin ganske Sjæl; alle disse Ord som Folk og Bøger var fulde af, de betød Noget, de var Noget; der var Mening i hendes uklare Drømme og Længsler, det var ikke Noget, hun var ene om; voksne Folk troede paa det. Livet var rigt, straalende rigt.

Endnu anede hun det kun, hun var overbevist om at det var sandt, men hun kunde ikke se og føle at det var det. Han alene var det Haandgribelige for hende, var hende et Pant paa, at det var saaledes. Derfor drejede alle hendes Tanker og Drømme sig evigt og bestandigt om ham, og tidt og mange Gange foer hun til Vinduet, naar hun hørte Hestetrav nede paa Gaden, og hun overtalte ofte den villige Lucie, naar de var ude, til at gaa en Omvej med sig om ad Slottet, men de saae ham aldrig.

Saa var det en af de allersidste Dage i Oktober, hen paa Eftermiddagen, at hun sad og

kniplede i en af Vinduesfordybningerne i den lange
Stue, hvor Kaminen stod. Fru Rigitze sad ved
Kaminen, hun havde en lille Bakke med Gløder
hos sig og tog nu og da lidt tørrede Blomster
og Kanelbark af en Bøsse, hun holdt paa Skjødet,
og lagde paa Gløderne. Luften i den lave Stue
vàr hed og kvalm og sød, og mellem de brede,
mørktblomsterbrogede Gardiner kom der kun meget
lidet Lys ind. Fra det tilstødende Kammer hørtes
en Rok snurre, og altimellem nikkede Fru Rigitze
saa smaat i sin polstrede Stol.

Marie Grubbe var mat af Varmen. Hun
søgte at kjøle sine hede Kinder mod de smaa,
duggede Ruder og kiggede med det samme ud paa
Gaden, hvor et tyndt Lag friskfalden Sne gjorde
Luften skjærende lys. Saae hun saa ind i Stuen
igjen, blev der dobbelt mørkt og trykkende. Pluds-
selig traadte Ulrik Christian saa raskt ind ad
Døren, at det gav et Sæt i Fru Rigitze. Han
saae ikke Marie og satte sig straks henne ved
Kaminen. Saa nævnte han et Par undskyldende
Ord om at det var saa længe siden, han havde
været der, sagde, at han var træt, satte sig saa
forover paa Stolen med Haanden under Kinden og
tav stille, kun halvvejs lyttende til Fru Rigitzes
livlige Tale.

Marie Grubbe var bleven ganske bleg af Be-
vægelse, da hun saae ham træde ind! hun lukkede
et Øjeblik Øjnene som om det svimlede for hende,
saa blev hun blussende rød og havde ondt ved at

trække Vejret. Hun havde en Fornemmelse som
Gulvet sank under hende eller som at hele Stuen
med Stole, Borde og Mennesker dalede ned gjen-
nem Luften, og Alt hvad der var derinde saae
hun saa underlig skarpt og bestemt, men dog saa
uroligt, det var som om hun ikke rigtig kunde
holde det fast med Blikket, og saa saae det des-
uden saa nyt og fremmed ud altsammen. Imid-
lertid, længe før dette fortog sig varede det ikke,
og hun kom til sig selv igjen. Der var han alt-
saa. Hun vilde ønske, hun var langt borte eller
blot oppe paa sit Kammer, sit fredelige, lille
Kammer; hun var saa bange; hun kunde mærke
hendes Hænder rystede. Bare han ikke saae
hende!

Hun trykkede sig lydløst længere ind i Vin-
duesfordybningen og fæstede nu først bestemt Blik-
ket paa sin Fasters Gjæst.

Var det saadan han saae ud! Ikke meget,
meget større; og hans Øjne var jo slet ikke skin-
nende sorte, blaa var de, rare blaa, sørgmodige
Øjne, det havde hun slet ikke tænkt sig. Han
var saa bleg og saae saa bedrøvet ud; — nu
smilede han, men ikke rigtig glad, hans Tænder
var saa hvide og hvor hans Mund var smuk, saa
fin og lille.

Jo længer hun saae paa ham, jo smukkere
syntes han hende, og hun begyndte at undres
over, at hun kunde have tænkt sig ham større
eller anderledes i det Hele. Hun glemte rent sin

Frygt og tænkte kun paa al den Roes og Berøm-
melse, hun havde hørt over ham. Hele Tiden
saae hun paa ham og hun forestillede sig ham i
Spidsen for sine Skarer, stormende fremad under
Folkenes Jubel og Alting veg eller det blev kastet
tilside som Bølgerne kastes tilside, naar de skum-
mende springe op mod en Sejlers brede Bringe.
Kartoverne dundrede, Palladsker blinkede og Kug-
ler peb i den uvejrsmørke Røg, men han sprængte
fremad, kjæk og rank, og ved hans Stigremme
slæbte Sejren, som der stod i Krøniken, hun
havde læst.

Fuldt af Beundring og Begejstring lyste hen-
des Øje paa ham.

Ved en pludselig Bevægelse fangede han
Blikket. Han drejede Hovedet til Siden, saae
ned og havde ondt ved at undertrykke et trium-
ferende Smil, saa rejste han sig op og lod som
om han først nu fik Øje paa Marie Grubbe.

Fru Rigitze sagde, det var hendes lille Broder-
datter, og Marie gjorde sin Kompliment.

Ulrik Christian blev forbavset, ogsaa lidt
skuffet ved at erfare at de Øjne, der havde seet
saaledes paa ham, vare et Barns.

«Ma chere,» sagde han lidt spidst og saae
ned paa hendes Arbejde, «hun er den største
Mesterinde i at arbejde geheimt og stille, jeg
nogentid har kjendt; En har jo intet hørt det
Ringeste til hendes Kniplestokke hele Tiden.»

«Aa!» sagde Marie, der godt forstod ham, «der jeg saae Generallieutenanten,» og hun skjød den svære Kniplepude ind i Vindueskarmen, «kom det mig i Hu, det mere var Tider til at sørge for Lægevæle end for Huestads.»

«Da veed jeg Huer klæder ligesaa charmant i Krigstid som ellers,» sagde han og saae paa hende.

«Ja, men hvem har Tanker for det i saadanne Tider som nærværendes!»

«Mange,» sagde Ulrik Christian, der begyndte at more sig over hendes Alvorlighed, «og jeg for een.»

»Ja, jeg forstaar,» svarede Marie og saae alvorligt op paa ham, «det er jo kuns et Barn, I taler til.» Hun nejede ceremonielt og tog efter Knipletøjet.

«Tøv lidt, lille Jomfru!»

«Aa nej, lad mig intet incomodere Eder længer.»

«Hør nu,» sagde han og greb hende haardt om Haandledene og bøjede hende over mod sig over Kniplebordet, «hun er mig for Gud en vanskelig Person, men,» hviskede han, «har En bedet mig Goddag med et Øjekast som det, hun saae paa mig med, saa vil jeg intet, at En en Haandevending efter hilser mig saa fattigt Farvel, jeg vil det intet — saa — kys hun mig nu!»

Lægevæle = Charpi.

Marie trykkede med Taarer i Øjnene sine skjælvende Læber mod hans, han slap hende og hun sank ned ved Bordet, med Hovedet hvilende paa sine Arme.

Marie var ganske fortumlet. Baade den Dag og den næste havde hun en dump Fornemmelse af Trældom, af at hun ikke var fri længer. Det var hende som var der bleven sat en Fod paa hendes Nakke, som var hun bleven traadt i Støvet og ikke kunde rejse sig igjen. Men det var ingen bitter Følelse, der var ingen Trods i hendes Tanker, ingen Ønsker om Hævn var der. En sælsom Ro var kommen over hendes Sind, ingen flyvende Tog af brogede Drømme og heller ingen Længsler mere. Overfor Ulrik Christian følte hun ikke noget Bestemt, hun vidste blot at hvis han sagde: kom, maatte hun komme, hvis han sagde: gaa, maatte hun fjerne sig. Hun forstod det ikke, men saadan var det, det vilde blive ved at være saaledes og anderledes kunde det ikke blive.

Hun kniplede og syede den ganske Dag med en usædvanlig Udholdenhed og mens hun arbejdede nynnede hun alle de modige Viser hun kjendte om Elskovs Roser, hvis Farve blegned og aldrig blomstred paany, om Svenden, der maatte forlade sin Mø og drage til det fremmede Land, hvorfra han aldrig, aldrig vendte tilbage, og om Fangen, der sad i det skumle Taarn saa sørgelig længe og hvordan saa først hans ædle Falk den døde, dernæst hans trofaste Hund døde og sidst hans gode

Ganger graa døde, men hans troløse Viv Malvina hun levede frydelig og fro og uden Sorger. De Viser sang hun og mange andre, og imellem sukkede hun, imellem var hun lige ved at græde, saa Lucie troede hun var syg og vilde have, hun skulde lægge Vejbredblade i sine Strømper.

Da Ulrik Christian et Par Dage efter atter saae ind og talte mildt og venligt til hende, var ogsaa hun som om der Intet havde været dem imellem; men hun saae med en barnagtig Nysgjerrighed paa de store hvide Hænder, der havde taget saa haardt paa hende og hun spejdede efter, hvad det havde været i hans Øje og hans Stemme, der saaledes havde kunnet kyse hende, og ogsaa Munden med det smale nedadbøjede Overskjæg betragtede hun, men stjaalent og med en hemmeligt kildrende Skræk.

I den nærmest følgende Tid kom han næsten hver eller hveranden Dag, og Marie Grubbe blev mere og mere optaget af ham. Naar han var borte, var der øde og livløst i den gamle Gaard, syntes hun, og hun længtes efter ham som den Søvnløse længes efter at det skal blive Dag, men naar han saa kom, var hendes Glæde dog aldrig fuld og fri, hun følte sig altid saa usikker overfor ham.

En Nat drømte hun at hun saae ham ride gjennem den tætopfyldte Gade ligesom hin første Aften, men der lød ingen Jubel og alle Ansigter saae koldt og ligegyldigt paa ham, hun selv blev

bange i Tavsheden og turde ikke smile til ham,
men gjemte sig bag Hoben: da saae han sig om
med et spørgende, underlig vemodigt Blik, og det
fæstede sig paa hende, det Blik, og hun trængte
sig frem gjennem Folkestimlen, kastede sig ned
lige for hans Hest og den satte sine kolde Jernsko
paa hendes Nakke ...

Hun vaagnede, satte sig op i Sengen og saae
sig forbavset om i det kolde, maanelyse Kammer:
ak, det var kun en Drøm! og hun sukkede, hun
vilde dog saa gjerne vise ham, hvor højt hun
elskede ham. — Ja saadan var det, hun havde
ikke vidst det før, hun elskede ham. Det blev
hende, som hun laa i Ild, ved den Tanke, det
flimrede for hendes Øjne og alle Hjertets Pulse
banked, banked, banked. Hun elskede ham; hvor
det var forunderligt at sige, hun elskede ham!
saa herligt var det, saa stolt, saa mægtigt virke-
ligt, men dog saa uvirkeligt. Herregud, hvad
kunde det hjælpe, hun elskede ... og hun fik
Taarer i Øjnene af Medlidenhed med sig selv —
men alligevel! og hun gjemte sig lunt og blødt
under Dynen igjen, det var dog dejligt at ligge
og tænke paa ham saadan og paa sin Kjærlighed,
sin store, store Kjærlighed.

Næste Gang Marie saae Ulrik Christian var
der ingen Følelse af Usikkerhed hos hende, tvert-
imod, den Hemmelighed, hun bar paa, gjorde hende
betydelig i hendes egne Øjne og Frygten for at
røbe den gjorde hendes Væsen mere behersket,

næsten voksent. Der kom nu en dejlig Tid fuld
af Drømme og fuld af Længsler, en fantastisk
dejlig Tid; eller var det ikke dejligt, naar Ulrik
Christian gik, skjult for ham og alle Andre, at
tilkaste ham Hundrede af Fingerkys, eller naar
han kom, da at forestille sig, hvordan hendes elskede
Ven vilde tage hende i Favn, kalde hende ved
alle Verdens søde Navne og sætte sig hos hende
og hvordan de saa vilde se hinanden i Øjnene —
længe, og hun vilde lade sin Haand glide igjennem
hans bløde, brune, buklede Haar? Hvad gjorde
vel det, at det ikke skete, tvertimod, hun blev
ganske rød ved Tanken om at det var Noget, der
virkelig kunde ske.

Det var skjønne, lykkelige Dage, men saa var
det at Ulrik Christian sidst i November blev saa
farligt syg. Hans Helbred, der længe havde været
svækket af Udskejelser i alle mulige Retninger,
havde maaske ikke kunnet udholde den vedholdende
Nattevaagen og det anstrengende Arbejde, der var
forbunden med hans Post, eller maaske det ogsaa
var nye Udskejelser, der havde spændt Buen for
højt. En smertefuld, tærende Sygdom med vilde
Febersyner og evindelig Uro brød løs og tog efter
kort Tids Forløb en saa farlig Vending, at det
var øjensynligt at Sotens Navn var Døden.

Det var den ellevte December.
I det store, læderbrune Gemak, der førte ind
til Ulrik Christians Sygeværelse, gik kongelig Con-

fessionarius Hans Didrichsen Bartskjær urolig frem og tilbage over det med kunstigt flettede Straamaatter belagte Gulv. Han standsede aandsfraværende foran Malerierne paa Væggene og betragtede tilsyneladende med stor Opmærksomhed de bare, fyldige Nymfer, der laa udstrakte i Skyggen af mørke Træer, de badende Susanner og den sødlige Judith med de kraftige, nøgne Arme; men længe formaaede de ikke at fængsle ham, han gik hen til Vinduet og lod Blikket rastløs vandre om fra den graahvide Himmel til de vaade, glindsende Kobbertag og de langlige Dynger af grumset Tøsne nede i Slotsgaarden. Saa begyndte han igjen sin urolige Vandring, mumlende og gestikulerende.

Det synes ham de gik med Døren, han standsede pludseligt og lyttede: nej! Saa trak han Vejret tungt og lod sig falde ned paa en Stol og der sad han og sukkede og gned beklemt sine Haandflader mod hinanden, da Døren virkelig gik op og et halvgammelt Fruentimmer med en stor Falbeladekappe af rødprikket Tøj forsigtigt vinkede ad ham.

Præsten tog sig sammen, stak Alterbogen under Armen, glattede paa sin Samarie og traadte ind i Sygeværelset.

Det var en stor, oval Stue; fra Gulv til Loft med mørkt Panel, fra hvis stærkt dybede Midtfyldinger en Rad grimme, broget malede Hoveder af Tyrker og Morer grinede frem med hvide

Tænder. Et tyndt, blaagraat Klæde, hvormed det smale, dybe Gittervindue var hængt til forneden, holdt den nederste Halvdel af Stuen i et dybt Halvmørke, medens Lyset spillede frit paa Lofts-maleriet, hvor Heste, Vaaben og nøgne Legemer vare samlede i en uopløselig Forvirring, og paa Himmelsengens Baldakin med dens sølvfryndsede Omhæng af gult Damassin.

En varm, af Salver og andre Medikamenter beklumret Luft slog Præsten imøde som han traadte ind og var ved at tage Vejret fra ham. Han greb efter en Stol og støttet til den saae han i sin Svimmelhed Alting dreje sig forbi, Bordet med Flasker, Phioler og Uringlas, Vinduet, Syge-vogtersken med hendes Kappe, Sengen med den Syge, Vaabenstativet og den aabne Dør ind til Naboværelset, hvor Ilden blussede i Kaminen.

«Guds Fred, Herre!» hilste han med skjæl-vende Røst, da Svimmelheden havde fortaget sig.

«Hvad i Helvede vil han her?» brølede den Syge og lettede sig op i Sengen.

«Gemach, gnädigster Herr, gemach,» tydsede Ane Skomagers, Sygekonen, og gik hen mod Sen-gen og strøg kjærtegnende hen over Dynen, «es is de hochwürdige Confessionar sejner Majestät, der hiegeschicket is und Euch beichten soll.»

«Naadigste Herre! ædle Hr. Gyldenleu!» be-gyndte Præsten og nærmede sig Sengen, «vel veed jeg, I intet haver hørt til de enfoldige Vise eller vise Enfoldige, som haver havt Herrens Ord til

deres idelige Støttestav og hans Hus til deres
stadige Herberge, og skjøndt den Gud, der lader
Tordenens Kartover drøne, ogsaa er den Gud, sóm
holder Sejrens gyldne Palmer eller Nederlagets
bloddryppende Cypresser i sin Haand, saa er det
dog for Mennesken' om ikke til at undskylde, saa
dog til at begribe, at den, hvem meget Folk er
givet at byde over og at foregaa med sit vaillante
Exemple, kan for en Stund forgjætte at vi ere
som idel Intet, som et svajende Siv, ja, som
kraftløse Ymper i Verdens Skaberes vældige Hæn-
der og at han daarligen tænker: dette haver jeg
udrettet, denne Daad er en Frugt, som jeg haver
bragt til Modenhed og til Fuldkommelse. Men,
dyrebare Herre! nu I er hvilendes paa Eders
haarde Smertensleje, nu haver visseligen den Gud,
som er Kjærlighedens huldrige Gud, oplyset Eders
Forstand og tilvendet sig Eders Hjærte, saa at I
med Angst og Bævelse haver lidet efter at bekjende
Eders utoede Synder, at I med Fortrøstning kunde
modtage den Naade og Tilgivelse, han med baade
kjærlige Hænder rækker Eder i Møde til Anam-
melse. Angerens Orme med de hvasse Tænder ...»

«Kryds mig for og Kryds mig bag, Bod og
Bedring, Syndernes Forladelse og det evige Liv,»
vrængede Ulrik Christian og satte sig helt op i
Sengen, «tror han, surfjæsede Skaldenakke han
er, tror han, fordi Ens Ben bulner ud af Krop-
pen i Stumper og Skjæver, En for den Sags Skyld

skulde blive mere genegen til at høre paa hans Præstepjadder?

«Naadigste Herre, I misbruger højligen det Privilegium. Eders høje Stand og endmere Eders ynkværdige Sygdom giver Eder, til unødigen at overskjælde en Kirkens ringe Tjenere, som ikkuns gjør sin Pligt ved at søge at vende Eders Tanker til det for Eder visseligen ene Fornødne. Ak, høje Herre, det hjælper kuns lidet at stampe mod Braaden! har ikke denne fortærende Sot, som haver slagen Eders Legeme, lært Eder, at Ingen kan undgaa Herrens Straffedomme og at Himlens Svøbeslag falder paa Høje som paa Lave?»

Ulrik Christian afbrød ham leende: «der taler I, Helved fortære mig, som en uvittig Pog; det, der mig nager, det har jeg ærligen og redeligen skaffet mig selv, og dersom I tror, at Himmel eller Helved' skikker Folk saadant paa, saa skal jeg sige Jer, at de faar det ved Drik og ved Nattesvir og ved Galanteri, og den Slags Ting, det kan I stole paa. Naa, men tag han mig nu sine højlærde Ben ud af Kammerset her det Forteste han kan, ellers skal jeg . . .»

Her fik han et af sine Anfald og medens han vred og vaandede sig under heftige Smerter, svor og bandte han saa bespottelig og saa kurieus forfærdeligt, at Præsten blev bleg af Forargelse og Rædsel, og han bad til Gud om Styrke og overbevisende Kraft, at det dog maatte forundes ham at gjøre denne saa haardt forsømte Sjæl tilgænge-

lig for Religionens Sandhed og herlige Trøst, og
da den Syge igjen var bleven rolig, begyndte han
atter: «Herre, Herre! med grædendes Røst an-
raaber og bønfalder jeg Eder at lade af med saa-
dan vederstyggelig Banden og Sværgen; betænk
dog at Øksen alt ligger ved Træets Rod og at
det bradt skal afhugges og kastes paa Ilden, om
det farer fort med sin Goldhed og intet i den
ellevte Time bryder ud i Blomst og sætter Frugt!
Lad af med Eders usalige Viderspændstighed og
kast Eder fuld af Ruelse og Bøn for vor Frelseres
Fødder . . .»

Ulrik Christian havde, da Præsten begyndte,
sat sig op paa Hovedgjærdet og nu viste han
truende mod Døren og raabte den ene Gang efter
den anden: «H'raus Præst! h'raus, marche! jeg
taal' ham intet længer!»

«Og kjære Herre,» fortsatte Præsten, «om I
gjør Eder haard, fordi I mistvivler om at finde
Naade, fordi Eders Syndebjerg er saa overmaade,
saa hør da med Jubel, at Guds Naadsens Væld
er uudtømmeligt . . .»

«Galne Præstehund, gaar han nu!» hvæsede
Ulrik Christian frem mellen de sammenbidte Tæn-
der, «ejns — zwej —!»

«og om Eders Synder vare røde som Blod,
ja, som tyriske Purpur . . .»

«Rechtsum!»

«han skal dog gjøre dem hvide som Liba-
nons . . .»

«Saa skal da ogsaa St. Satan og alle hans hellige Engle,» brølte Ulrik Christian, idet han sprang ud af Sengen, snappede en Kaarde fra Vaabenstativet og stødte heftigt efter Præsten, men denne havde hurtigt bjerget sig ind i Sideværelset og slaaet Døren i efter sig. Ulrik Christian løb nu rasende mod Døren, faldt saa magtesløs om paa Gulvet og maatte løftes op i Sengen, men han tog Kaarden med sig.

Resten af Formiddagen gik hen i døsig Ro, han havde ingen Smerter, og den Mathed, der var kommen over ham, fandt han behagelig og velgjørende. Han laa og stirrede paa de smaa Lysprikker, som trængte sig ind mellem Traadene i Klædet, der var hængt for Vinduet, og talte de sorte Ringe i Jerngitret. Imellem smilte han fornøjet, naar han kom til at tænke paa Præstejagten og blev kun gnaven hvergang Ane Skomagers vilde have, han skulde lukke Øjnene og forsøge paa at sove.

Lidt over Middag bankedes der haardt paa Døren, og umiddelbart efter traadte Præsten ved Trinitatis, Mag. Jens Justesen, ind. Den store føerladne Mand med de grove, kraftige Træk, kort sort Haar og store dybtliggende Øjne, traadte straks hen til Sengen og hilste: Goddag.

Saasnart Ulrik Christian saae, der atter var en Præst for hans Seng, blev han saa rasende, at han rystede paa alle Lemmer, og Eder og Skjældsord foer ud af ham mod Præsten, mod Ane Sko-

magers, der ikke bedre kunde vare hans Fred, og
mod Gud i Himlen og alle hellige Ting.

«Ti stille, Menneskebarn!» dundrede Hr. Jens,
«er det en Mund at føre for En, der alt har sit
ene Ben i Graven? Brug I heller den flakkende
Livsfunke, der end er i Jer, til at gjøre Eders
Fred med Vorherre, end til at yppe Kiv med
Mennesken'. I bær' Jer jo ad som de Misdædere
og Ugjerningsmænd, der, naar deres Dom er fal-
den og de ser, de intet kunne undgaa Tængerne
og Øksen, der holdes dem i Beredskab, da i deres
usle Afmægtighed true og skjælde mod Gud Vor-
herre med skidne Vanvittighedsord, for dermed at
sætte Mod i sig selv og saalunde holde sig oppe
over den Sø af hartad dyrisk Sønderknuselse, den
lamslagne Fejghedstilstand og trælleagtig mistrø-
stige Anger, i hvilken dog slige Kumpaner paa
det Sidste hensynke, og som de fast mere have i
Frygt end Døden og Dødsens Pinsler.»

Ulrik Christian hørte roligt til, indtil han
havde faaet listet Kaarden frem over Dynen, da
raabte han: «var dig, Præstevom!» og gjorde et
Udfald efter Hr. Jens, men denne afparrerede
sikkert Stødet med sin brede Alterbog.

«Lad dog slige Pagenstreger fare,» sagde
han haanligt, «dertil er vi vel begge to for gode,
og nu hun derhenne,» og han vendte sig mod Ane
Skomagers, «er det bedst hun lader os ene.»

Ane gik, Præsten trak sin Stol hen mod

Sengen og, Ulrik Christian lagde Kaarden fra sig ovenpaa Dynen.

Saa talte Hr. Jens med vakre Ord om Synden og Syndens Sold, om Guds Kjærlighed til Menneskenes Børn og om Døden paa Korset.

Mens Præsten talte, laa Ulrik Christian og legede med Kaarden, at Lyset kunde spille paa den blanke Klinge, og han bandede, nynnede Stumper af utugtige Viser og vilde afbryde ham med gudsbespottelige Spørgsmaal, men Hr. Jens lod sig ikke forstyrre og talte videre om de syv Korsens Ord, om den hellige Nadvere, om Syndernes Forladelse og Himmerigs Glæde.

Men saa rejste Ulrik Christian sig overende i Sengen og sagde lige i Ansigtet paa Hr. Jens: «det er idel Løgn og Digt tilhobe.»

«Fanden skal tage mig som jeg staar, er det sandt!» raabte Præsten, «hvert evige Ord,» og han slog i Bordet, saa Krukker og Glas ramlede mellem hinanden og nu rejste han sig op og med streng Røst talte han ham til og sagde: «I fortjente, jeg i min Retfærdigheds Vrede rystede Støvet fra mine Fodsaaler og lod Eder ligge ene her tilbage som et sikkert Bytte for Djævelen og hans Rige, thi did skal i visseligen komme. I er af dem, som dagligen nagle den Herre Jesum ind til Korsens Galge og for dem er al Helvedes Gaarde beredt. Spot intet ad Helvedes frygtelige Navn, thi det er en Lyd, som har i sig en Ild af Pine, ja som slutter i sig inde de Martredes og

Vaandefuldes jammerlige Skrig og Smertes Gnid-
sel! Ak, Helvedes Nød og Kvaler er større end
noget Menneske kan fatte, thi om En døde rade-
brækket og under Kneb af gloendes Tænger og
han vaagnede udi Helvedes Ild, han vilde længes
til sin Bøddelsted som til Abrahams Skjød. Vel
er Sot og Sygdomme bedske for Menneskens Kjød,
naar de som en Trækvind piner sig Tomme for
Tomme gjennem alle Fibre og naar de spænder
Senerne som de skulde briste, naar de brænder
som salten Ild i Livets Indvolde og gnaver med
sløve Tænder paa Legemets inderste Marv, men
Helvedes Kvaler er som en susende Stormvind af
Smerter, der slider i alle Ledemods mindste Led,
som et hvirvlendes Uvejr af ufattelige Veer, en
evig Hvirvel af Jammer og Pine, thi som een
Bølge skyller mod Stranden og en næste følger og
den næste igjen i al Evindelighed, saaledes følge
Helvedes skoldende Sting og Hug paa hinanden
evig og evindelig og uden Ende og uden Ophør.»

Den Syge saae sig forvildet omkring, «jeg
vil intet,» mumlede han, «jeg vil intet; jeg har
hverken at skaffe med Jeres Helved' eller Him-
merig; jeg vil dø, eneste og aleneste dø og Ingen-
ting andet.»

«I skal visseligen dø,» sagde Præsten, «men
for Enden af Dødsens mørke Gang der er kuns
tvende Porte, een ind til Himmerigs Glæde og een
til Helvedes Jammer, og der er ingen anden Vej
at komme, visseligen ingen.»

«Jo der er, Præst, jo, der er, — er der
ikke? svar! er der ikke en dyb, dyb Grav, digt
hos, for dem, der gik deres egne Veje, en dyb,
sort Grav ned til Ingenting, slet ingen Verdens
Ting?»

«De, der gik deres egne Veje, de styre mod
Djævelens Rige; der myldrer af dem for Helvedes
Porte, Høje og Lave, Gamle og Unge, de skubbes
og drages for at undgaa den gabendes Svælg og
de raabe ynkeligen paa den Gud, hvis Vej de
intet vilde følge, at han skal føre dennem bort.
Afgrundenes Skrig er over deres Hoveder og de
krympe sig i Rædsel og Elende, men Helvedes
Porte skal lukke sig over dem som Vandene lukke
sig over den Druknede.»

«Er det nu Noget, I fortæller, er det?
Ved Eders ærlige Navn, er det andet end som
Digt?«

«Ja!»

«Jamen jeg vil intet, jeg vil være Jeres
Vorherre foruden, jeg vil slet intet udi Himmerig,
bare dø.»

«Saa far da hen til de evig Fordømtes grue-
lige Pinested, hvor den uendelige Svovlsøs kogende
Bølger omkaster de usalige Skarer, hvis Lemmer
trækkes i Kvalens Kramper og hvis hede Munde
suger efter Vejr imellem Overfladens spillende
Luer. — Jeg ser deres Kropper drives om som
hvide Maager paa Havet, ja som flyvendes Fraade
i blæsende Storm, og deres Skrig ere som Jordens

Brølen, naar Jordskjælv ryster dens Indvolde og
deres Jammer er uden Navne. Ak! at mit Hjærte
turde bede dig løs, du Arme! men Naaden haver
tilhyllet sit Aasyn og Barmhjærtighedens Sol er
gangen under.»

«Men saa hjælp mig da, hjælp mig, Præst!»
stønnede Ulrik Christian, «hvad er du Præst for,
naar du intet kan hjælpe? bed! for Guds Skyld
bed! er der ingen Bønner i din Mund? eller giv
mig din Vin og dit Brød, der er jo Frelse, siger
de, i Vinen og Brødet; eller er det Løgn, lutter
forsmædelig Løgn? jeg vil krybe for din Gud som
en angergiven Pog, han er jo saa stærk, saa uret-
færdig stærk, saa trøstesløs mægtig; gjør ham god,
din Gud, gjør ham god imod mig, jeg bøjer mig,
jeg bøjer mig, jeg kan jo ikke mere!»

«Bed!»

«Ja, jeg vil bede, jeg vil bede saameget det
skal være — ja!» og han lagde sig paa Knæ i
Sengen og foldede Hænderne, «er det ret?» spurgte
han og saae hen til Hr. Jens, «og hvad skal
jeg sige?»

Præsten svarede ikke.

En Stund laa Ulrik Christian saaledes og
stirrede opad med store, feberstraalende Øjne,
«der er ingen Ord, Præst!» klynkede han, «Herre
Jesus! de er borte allesammen,» og han sank græ-
dende sammen.

Pludselig foer han op, greb sin Kaarde, brød
den itu og raabte: «Herre Jesus Christus, se, jeg

brækker min Kaarde!» og han holdt de blanke
Klingestykker i Vejret: «Pardon, Jesus, Pardon!»

Præsten talte nu Forsoningens Ord til ham
og skyndte sig med at berette ham, da han ikke
saae ud til at have meget igjen.

Saa kaldte Hr. Jens paa Ane Skomagers
og gik.

Da Sygdommen ansaaes for smitsom, kom der
ingen af de Nærmeste ind til den Syge, men i et
Gemak nedenunder var nogle Slægtninge og Venner,
Kongens Livmedikus og et Par Hofkavalerer sam-
lede for at modtage de Besøg af Adelspersoner,
Gesandter, Officerer, Hoffolk og Raadmænd, som
kom for at spørge til hans Befindende. Syge-
værelsets Fred blev derfor ikke forstyrret og Ulrik
Christian var atter allene med Ane Skomagers.

Det begyndte at skumre, Ane lagde noget
Brænde til Ilden i Kaminen, fik et Par Lys tændt,
tog sin Bønnebog frem og satte sig lunt tilrette;
hun trak sin Kappe fremefter og faldt snart i
Søvn. Ude i Forværelset var der bleven posteret
en Badskærer og en Lakaj i Tilfælde af at der
skulde komme noget paa; de laa nu begge to paa
Gulvet henne ved Vinduet og spillede Tærninger
paa Straamaatten for at det ikke skulde rasle og
de var saa optagne af deres Spil, at de ikke mær-
kede at der var En, der listede sig gjennem Stuen,
før de hørte Sygeværelsets Dør lukke sig efter den.

Det var Medikus, sagde de og saae forskræk-
kede paa hinanden.

Det var Marie Grubbe.

Hun nærmede sig lydløst Sengen og bøjede sig over den Syge, der laa stille hen og blundede. I det døsige, usikre Lys saae han saa bleg og fremmed ud, Panden saa dødningehvid, Øjelaagene saa sælsomt store og de magre, voksgule Hænder famlede matte og hjælpeløse om paa det mørkeblaa Bolster.

Marie græd. «Er du saa syg?» mumlede hun. Hun lagde sig ned paa Knæ foran Sengen, støttede sine Albuer paa Sengestokken og saae ham lige ind i Ansigtet.

Han vaandede sig og slog Øjnene op. Søgende og uroligt var Blikket.

«Ulrik Christian!» sagde hun og lagde sin Haand paa hans Skulder.

«Er her flere?» stønnede han mat.

Hun rystede paa Hovedet. «Er du meget syg?» spurgte hun.

«Ja, det er snart forbi med mig.»

«Nej, nej! det maa intet være, for hvem har jeg tilbage, naar du gaar hen? Nej, nej, hvor skal jeg holde det ud?»

«At leve! — det er let at leve; men jeg har faaet Dødsens Brød og Dødsens Vin, jeg maa dø . . . ja, ja, ja . . . Brød og Vin, Kjød og Blod — tror du, det kan . . . nej, nej, Jesu Christi Navn, Jesu Christi Navn! Bed en Bøn, Barn, ret en stærk Bøn!»

Marie foldede sine Hænder og bad.

«Amen, Amen! bed igjen! jeg er saa stor en
Syndere, Barn, der maa saa meget til, bed igjen,
en lang Bøn med mange Ord — mange Ord! —
aa, nej? hvad er det nu? hvorfor drejer Sengen?
— hold fast, hold fast! den gaar rundt . . . som
et hvirvlendes Uvejr af mange Piner, en evig Hvir-
vel af Kval og . . . ha, ha, ha . . , er jeg drukken
igjen? hvad er det for Spil! og hvad Satan har
jeg da drukken? — Vin! — ja vist, det var
Vin, jeg drak! ha, ha, lustig, mein Kind, lustig!
kys mig, min Høne!

> Herzen und küssen
> Ist Himmel auf Erd . . . .

kys igjen min Snut, jeg er saa kold, men du er
rund og varm . . . kys mig varm? — og du er
hvid og trind og hvid og glat . . . .»

Han havde slaaet sine Arme om Marie og
knugede det forskrækkede Barn ind til sig. I det
samme vaagnede Ane Skomagers og saae den Syge
sidde og gantes med et fremmed Fruentimmer.
Truende holdt hun sin Bønnebog op i Vejret og
raabte: h'raus du höllisch' Weib — sitzt mich das
lose Ding und tändeliret mit de sterbende Gnad'!
h'raus wer du bist — elender Bote des Menschen-
feindes, des lebendigen Teufels!»

«Teufel!» brølede Ulrik Christian og slyngede
forfærdet Marie Grubbe fra sig. «Vig bort Satan!
ud, ud!» og han slog Kors paa Kors, «o, du for-
bandede Djævel! du vilde bringe mig til Synd i
mit sidste Aandepust, i den sidste Time, hvor En skal

være saa forsigtig, bort, bort i Herrens velsignede Navn, du forbandede Gestalt.» Med vidtopspilede Øjne og Forfærdelse i hvert Træk stod han op i Sengen og pegede mod Døren.

Maalløs og ude af sig selv af Rædsel styrtede Marie ud.

Den Syge kastede sig ned og bad og bad, mens Ane Skomagers højt og langsomt læste den ene Bøn efter den anden af sin storstilede Bog.

Et Par Timer efter døde Ulrik Christian.

VI.

Efter Stormen paa Kjøbenhavn i Februar Ni-
oghalvtreds trak Svensken sig tilbage og nøjedes
med at holde Byen indesluttet.

De Belejrede aandede nu friere, Krigens Byrder
blev mindre tunge end før, man fik Aanderum til
at glæde sig over det, man havde gjort og over
det, man havde vundet, baade af Ære og Privilegier.
Vel var der de, der havde faaet Smag paa det
bevægede Krigerliv og som med Mismod saae en
trist, kjedsommelig Fredstid udfolde sine dagligdags
Scener, men Hovedmassen af Befolkningen var glad
og følte sig let om Hjærtet. Og Glæden fik Luft
i muntre Lag, thi alle de Bryllupper, Barselgilder
og Fæstensøl, der vare blevne holdte tilbage mens
Fjenden var saa knugende nær, de samlede nu
glade Skarer i hver en Gyde og Gænge i Byen.

Nu blev der ogsaa Tid til at beskjæftige sig
med sine Naboer og til at gjøre Skjæven i deres
Øjne til Bjælker. Der blev Tid til at bagtale
hinanden, misunde og hade hinanden. Brødnid og
Lykkenid levede kraftigt op og gammelt Fjendskab
slog ud i nyt Nag og ny Hævntørst. En var der,

som i den seneste Tid havde forøget Tallet paa
sine Fjender og næsten samlet Alles Had over sit
Hoved, og det var Corfitz Ulfeldt. Ham kunde
man nu ikke ramme, thi han var tryg i Fjendens
Lejr; men de af hans og hans Hustrus Slægtninge,
som man troede vare venligt sindede mod ham, dem
betragtede man med mistænksomme Blikke, belurede
og fortrædigede dem og Hoffet kjendte dem ikke.

Det var vel ikke mange dette gjaldt, men
blandt de faa var Sofie Urne, Ulrik Frederiks
Fæstemø.

Dronningen, der mere hadede Ulfeldts Hustru
end hun hadede Ulfeldt selv, havde fra Begyndelsen
af været imod Ulrik Frederiks Forbindelse med
en Dame, der var saa nært knyttet til Eleonore
Christine, og nu da Ulfeldts sidste Handlinger havde
stillet ham og hans i et endnu hadefuldere Lys
end tidligere, begyndte hun igjen, baade hos Kongen
og hos Andre, at arbejde hen til at faa Forbin-
delsen hævet.

Det varede ikke længe før Kongen havde
samme Ønske som Dronningen, thi man havde
skildret ham den virkelig intrigante Sofie Urne
som saa listig og farlig og Ulrik Frederik som
saa letsindig og let at lede, at det blev ham klart,
hvormegen Fortrædelighed og Ufred, der heraf
kunde vokse frem; men han havde nu engang givet
sit Minde og var altfor øm over sit Ord og sin
Ære til at tage det tilbage. Han forsøgte derfor
at overtale Ulrik Frederik. Han viste ham hvor

let det gode Forhold, hvori han stod til Hoffet,
kunde forstyrres ved en Person, der med Rette
var ham og Dronningen saa meget imod, da hendes
Sympathier saa ganske var for Kongehusets Fjender
og endvidere hvorledes han stod sin egen Lykke
i Vejen, idet der vanskelig blev den vigtige Æres-
poster betroet, som vidstes under stadig Paavirk-
ning af en Hoffet fjendtlig Kreds. Endelig tydede
han hen til Jomfru Sofies intriguante Karakter og
yttrede sin Tvivl om at hun virkelig bar Kjærlig-
hed til ham, thi en ret og oprigtig Kjærlighed,
sagde han, vilde hellere have forsaget end at bringe
sin Objekt i Vaade og Vanskelighed, hellere sør-
gende have holdt sig fordækt end jubilerende aaben-
bare sig, men Jomfru Sofie havde ikke gjort sig
Skrupler, tvertimod hun havde benyttet sig af hans
Ungdom og blinde Elskov. Saaledes talte Kongen,
men han kom ingen Vegne med Ulrik Frederik,
thi han havde i frisk Minde hvormegen Overtalelse
det havde kostet ham at faa Jomfruen til at give
sit Sindelag tilkjende, og da han gik fra Kongen,
var han endnu fastere end før besluttet paa at
Intet skulde skille dem ad. Hans Bejlen til Sofie
var det første alvorlige Skridt han i sit Liv havde
taget og han satte sin Ære i at det blev taget
fuldt ud, der havde altid været saamange Hænder
rede til at lede og føre ham, men han var nu for
gammel, han kunde gaa alene og han vilde det.
Hvad var Hoffet og Kongens Naade, hvad var
Glands og Ære for ham mod hans Kjærlighed,

7*

kun for den vilde han kæmpe og savne, kun i
den vilde han leve.

Men Kongen lod Christoffer Urne vide, at
han var imod Forbindelsen, og Huset blev derfor
lukket for Ulrik Frederik, som nu kun i Smug
kunde besøge Jomfru Sofie. I Begyndelsen var
dette som Blæst til brændendes Lue, men efter-
haanden voldte det, at han sjældnere saae sin
Fæstemø, at han blev mere klarsynet over for
hende og der var Øjeblikke, hvor han tvivlede om
hendes Kjærlighed, ja end ikke ret vidste om hun
hin Sommerdag ikke havde draget ham fremad,
medens hun syntes at holde ham tilbage.

Hoffet, der hidtil havde taget imod ham med
aabne Arme, viste ham nu en isnende Kulde.
Kongen, der før saa varmt havde beskjæftiget sig
med hans Fremtid, var nu Ligegyldigheden selv;
nu var der ingen Hænder strakte frem for at lede
ham og han begyndte at savne dem, han var slet
ikke den Mand, der duede til at stævne mod
Strømmen, blot den ikke bar med, var han modløs.
Fra hans Fødsel var der lagt ham en gylden Traad
ihænde, blot han fulgte den, gik det opad til Lykke
og Ære, den havde han sluppet for selv at finde
sig frem, endnu glimtede den for ham, — skulde
han gribe den igjen? Han kunde ikke mande sig
op til at trodse Kongen, han kunde ikke slippe
Sofie; ad Krogveje maatte han liste sig til at be-
søge hende, hans Stolthed led ved denne uværdige
Snigen sig frem, det var ham næsten det Haardeste

af Alt, han var vant til at komme i Pomp og
Pragt, vant til at tage i Fyrstestil hvert Skridt
han tog, og dette var saa ganske anderledes. Dage
gik og Uger gik med daadløs Grublen og død-
fødte Planer, han lededes ved sin Raadløshed, kom
i Foragt for sig selv, og saa Tvivlen: havde ikke
hans evindelige Tøven dræbt hendes Kjærlighed eller
havde hun aldrig elsket ham, hun var saa klog
sagde de, ja vist var hun klog, men var hun saa
klog, som de sagde? aa nej, hvad var da Kjærlighed,
naar hun ikke elskede, og dog, og dog . . . .

Bagom Christoffer Urnes Have gik der en
lille Smøge, ikke bredere end at en Mand kunde
klemme sig igjennem den; den Vej var det Ulrik
Frederik maatte gaa naar han vilde besøge sin
Fæstemø, sg han havde da gjerne Livsens Kort-
hed med til at holde Vagt for Enden af Smøgen,
forat Ingen fra Gaden skulde se ham klavre over
Plankeværket.

Det var en lun, maaneklar Sommernat, en tre
fire Timer over Sengetid; Daniel havde svøbt sig
ind i sin Kappe og sat sig tilsæde paa Resterne
af et Svinetrug, der fra en tilstødende Gaard var
kastet over i Smøgen; han var glad tilmode, en
Kjende drukken og sad og smaafniste ad sine egne
lystelige Tanker. Ulrik Frederik var allerede over
Plankeværket inde i Haven. Hylden duftede stærkt,
paa Grønsværet laa Lærred paa Bleg i lange, hvide
Stykker, det susede sagte i Løntræet over ham og

i Roserne ved Siden; de var fulde af røde Blomster, men i det stærke Maaneskin syntes de ham næsten hvide. Han gik op mod Huset, der laa det med sin skjærende hvide Væg og de gulligt glittrende Ruder. Hvor alt var stille, straalende og stille ... Nu sittrende en Faarekyllings svirrende Glastoner hen gjennem Luften, Stokrosernes skarpe, blaalige Skygger stod som malede paa den hvide Mur, en fin Em steg op over Blegen — nu, Krogen af Døren og han var inde i Mørket. Forsigtigt famlede han op ad den gamle Trappe, den lumre, krydrede Loftsluft slog ham imøde og under hans Fødder knirked og knirked det møre Gulv. Maanen skinnede derind gjennem et lille Tagvindue og aftegned i Lys dets firkantede Form midt paa en Korndynges jævne Overflade — over Dyngen, Støvet hvirvlede i Skjæret bag ham, nu var han ved Gavlkammerets Dør. Den aabnedes indenfra, et svagt, rødligt Lysskin lod et Øjeblik Korndyngen, den skraa, sodgule Skorsten og Tagets Lægter træde ud af Mørket, saa var det borte og han stod inde hos Sofie i Gaardens Klædekammer.

Det var lavt og lille, opfyldt med store Linnedskabe, under Loftet hang Lærredsposer med Dun og Fjer, gamle Spinderokke stod i Krogene og Væggene vare behængte med Knipper af Rødløg og sølvbeslaaet Seletøj. Henne under Vinduet, der var lukket med store Træskodder, stod paa en messingforsiret Kiste en lille Haandlygte. Sofie aabnede dens Hornrude, at den kunde lyse lidt bedre; hendes Haar var løst og hang ned paa Ryggen af den skindbræmmede Klædestrøje, hun havde taget over sin Hvergarnskjole, hendes Ansigt var blegt og forgræmmet, men hun smilede lystig og sladrede i Eet væk. Hun havde sat sig paa en lav Skammel, foldet Hænder om sine Knæ og snakkede muntert op til Ulrik Frederik, der stod og Ingenting sagde, men hun snakkede af Angst, thi hans Tværhed havde gjort hende bange.

«Nu Junker Tavs og Tvær!» sagde hun «du siger Intet, er der da i alle de hundrede Timer intet kommen dig hundrede Ting, du ønsked at hviske mig til, aa, da har du intet længtes som jeg.» hun pudsede Lyset i Lygten med sine Fingre og kastede den glødende Tande paa Gulvet og Ulrik Frederik gik uvilkaarligt et Skridt frem og traadte Gnisten ud.

«Det var Ret,» vedblev hun, «kom herhen og sæt dig ned, men først maa du knæle og sukke og tigge mig god, for nu er det tredie Nat jeg sidder her og vaager, igaar og iovergaars sad jeg forgjæves og vented og længtes til mine Øjne blev dumme.» Hun løftede truende Haanden: «paa Knæ, Junker Troløs! og bed som I bad for Jert Liv;» det sagde hun med spøgende Højtidelighed, saa smilte hun og bad halv bønligt, halv utaalmodigt: «kom nu hen og knæl, kom nu hen og knæl!»

Ulrik Frederik saae sig næsten uvilligt om,

det var saa latterligt at knæle her i Christoffer
Urnes Pulterkammer, men han knælte dog, lagde
sin Arm om hendes Liv og skjulte sit Ansigt i
hendes Skjød, men han sagde Intet.

Ogsaa hun tav, beklemt og bange, hun
havde seet at Ulrik Frederik var bleg og forpint
og hans Øje sky og uroligt; hendes Haand legede
sorgløst med hans Haar, men hendes Hjærte ban-
kede heftigt i anelsesfuld Angst.

I den Stilling sad de længe.

Pludselig sprang Ulrik Frederik op.

«Nej, nej!» sagde han, «det kan ikke saa-
dan blive ved! Det veed Gud Fader, vor
Herre i Himlen, du er mig saa kjær som mit
inderste Leveblod, saa jeg aldrig veed hvad Liv
det bliver at føre, som skal leves dig foruden.
Men hvad kan det baade? hvortil skal det lede?
de staar os jo Alle saa haardt imod, der er
ikke en Mund, der har Trøst i Mæle, de vender
sig fra os Een og Hver. Det er som der krøb
dem en kold Skygge over, naar de nu ser mig;
men før, da var det som kom der et Lys naar
jeg kom. Jeg staar saa allene, Sofie, saa bitter-
lig, bitterlig ene! Ja jeg veed du har varet mig
ad — og jeg har Synd og Skam af at bede den
Bøn jeg vil, men jeg ædes op i denne Strid, den
har suget mit Mod og min Værdighed bort, saa
jeg brændende af Skam, men forknyt og forpint,
beder dig: giv mig fri! giv mig mit Ord tilbage,
hjærtensdyre Pige!»

Sofie havde rejst sig op, hun stod tryg og
kold som en Støtte og stirrede alvorligt paa ham
mens han talte.

«Jeg er frugtsommelig,» sagde hun roligt
og fast.

Havde .hun sagt ja, havde hun givet ham
fri, Ulrik Frederik følte det, han havde ikke
taget derimod, han vilde have kastet sig til-
bedende for hendes Fødder, han vilde have trodset
Kongen og dem alle, sikker paa hende; men hun
gjorde det ikke, hun rykkede kuns i hans Lænke
for at vise ham hvor godt han var bunden, o,
hun var klog, som de sagde; det kogte i ham,
han kunde kastet sig over hende, grebet hende i
hendes hvide Strube, for at vriste Sandheden ud
af hende, for at tvinge hende til at lægge hvert
Blad i hendes Kjærligheds Rose aaben for ham i
hver dets Skygge og hver dets Fold, at han dog
kunde faa Vished, men han tvang sig og sagde
med et Smil: «javist, jeg veed — det var jo ene
Spøg, forstaar du vel.»

Sofie saae uroligt paa ham, nej det var ikke
ene Spøg, det var det ikke, hvorfor kom han ikke
hen og kyssede hende, hvis det var Spøg, hvorfor
blev han staaende saa stille der henne i Skyggen,
blot hun kunde se hans Øjne, nej det var ikke
Spøg, han havde spurgt ligesaa alvorligt som hun
havde svaret, ak det Svar! hun anede hvad hun
havde tabt ved det, han havde ikke forladt hende,
hvis hun havde sagt ja; «o Ulrik Frederik,»

sagde hun, »jeg havde kuns vort Barn i Tanker, men har du mig intet længer kjær, saa gaa, skynd dig at gaa og byg op paa din Lykke, jeg holder dig intet tilbage.»

«Forstaar du da intet, det var kun Spøg; vil du tro, jeg kunde tigge mit Ord tilbage og luske bort dermed i Skam og nedrig Skjændsel! Jeg maatte jo,» sagde han, «hver den Gang jeg løfted mit Hoved, være i Angst for at det Blik, der havde seet min Vanære, skulde mødes med mit og tvinge det skamfuldt ned til Jorden,» og han mente hvad han sagde, havde hun elsket ham saa inderligt som han havde elsket hende, da maaske, men nu, aldrig.

Sofie gik hen til ham, hun lagde sit Hoved paa hans Skulder og græd.

«Farvel, Ulrik Frederik,» sagde hun, «gaa, gaa, intet om jeg kunde binde dig med et Haar vilde jeg holde dig tilbage, den Time du længes bort.»

Han rystede utaalmodigt paa Hovedet. «Hjærte Sofie,» sagde han og løste sig ud af hendes Arme, «lad os nu intet drive Comediespil med hinanden, jeg er jo baade dig og mig selv det skyldig at Præsten lægger vore Hænder tilsammen, det kan kuns intet ske for snart og derfor skal det ogsaa være om et Par Dage, men det skal gaa for sig i alt Fordulgthed, for det er til ingen Nytte at sætte Verden mere op imod os end skeet er.» Sofie turde Intet sige dertil og de aftalte hvor og hvorledes det skulde sættes i Værk, endelig bad de hinanden kjærligt Farvel.

Da Ulrik Frederik kom ned i Haven, var Maanen borte og Alting mørkt, enkelte tunge Regndraaber faldt fra den sorte Himmel. I Gaardene galede de aarvaagne Haner, men Daniel var falden i Søvn paa sin Post.

I hans Stadsstue blev en Ugestid efter Jomfru Sofie og Ulrik Frederik hemmeligt viede af en fattig Præst. Men Hemmeligheden blev ikke bedre bevaret end at Dronningen et Par Dage efter talte til Kongen derom. Følgen heraf var at Ægteskabet en Maanedstid efter ophævedes ved kongelig Ordre, og næsten samtidig sendtes Jomfru Sofie med hendes Frænders Samtykke til Frøkenklostret i Itzehoe.

Ulrik Frederik gjorde intet Forsøg paa at afværge dette Skridt; vel følte han sig krænket derved, men han var træt og sløvet og bøjede sig i dump Mismodighed for det, der som han sagde, nu en Gang saa skulde være. Næsten hver Dag var han drukken og han elskede, naar Vinen havde gjort sin Virkning, for det Par trofaste Svirebrødre, der var hans eneste stadige Omgang, grædende og klagende at skildre det søde, fredelige Lykkens Liv, som kunde være blevet hans og endte saa altid med tungsindige Hentydninger til at hans Levnets Dage var faa i Tal og at de snart vilde bære hans knuste Hjærte til den Lægedomssted, hvor Lejet redtes i sorte Dun og hvor Ormene var Badskjær.

For at gjøre Ende paa dette Levnet lod Kongen ham følge med de Tropper, som Hollænderne overførte til Fyen, og herfra vendte han midt i November tilbage med Budskabet om Sejren ved Nyborg. Han indtog nu igjen sin Plads i Kongens Gunst og i Hoffets Rækker, blev udnævnt til Oberst tilhest og syntes nu helt at være bleven sig selv igjen.

VII.

Marie Grubbe er nu sytten Aar.

Den Eftermiddag, hun i Rædsel var flygtet fra Ulrik Christian Gyldenløves Dødsleje, var hun kommen styrtende op paa sit Kammer og var gaaet hændervridende op og ned ad Gulvet, jamrende sig som stædt i stærke legemlige Smerter, saa Lucie ganske aandeløs løb ned til Fru Rigitze og bad hende for Guds Skyld endelig se op, hun troede der Noget var sprungen inden i Jomfru Marie, og Fru Rigitze kom da ogsaa derop, men hun kunde ikke faa et Ord ud af Barnet; hun havde kastet sig ned foran en Stol og gjemt sit Ansigt i Hyndet, og til Alt, hvad Fru Rigitze spurgte, svarede hun kun, hun vilde hjem, hun vilde hjem, hun kunde nu aldrig blive længer, og hun græd og hulkede og rokkede med Hovedet fra den ene Side til den anden. Saa gav Fru Rigitze hende et Livfuld Hug og skjældte Lucie ud fordi de havde været ved at tage Livet af hende med deres Pjank og lod dem saa skjøtte sig selv.

Det var Marie ligegyldigt at de slog hende.
I hendes Kjærligheds lykkelige Dage, var der da
bleven budet hende Hug, vilde det have ramt
hende som den sorteste Ulykke, som den dybeste
Beskæmmelse, men nu var det hende ligegyldigt,
nu alle hendes Længsler, hendes Tro og hvert
hendes Haab i een kort Time var visnet, skrum-
pet sammen og vejret hen. Hun tænkte paa, hun
en Gang hjemme paa Tjele havde seet Karlene
stene en Hund ihjel, der var kommen ind i den
højgjærdede Andepark; det arme Dyr svømmede
stumt omkring; op kunde det ikke komme, og
Blodet randt af det, een Sten saarede det hist, en
anden her, og hun huskede, hun bad til Gud for
hver Sten, der faldt, at den maatte ramme ret
dybt, thi Dyret var saa elendigt at Skaansel havde
været den blodigste Synd. Nu følte hun sig selv
som den stakkels Diana, og hun bød hver Sorg og
Bitterhed velkommen, blot den ret vilde ramme,
for nu var hun saa ulykkelig at Naadesstødet var
al hendes Haab og Forlængsel. O, naar det var
Enden paa al Storhed: en trælleagtig Klynken, et
lystent Vanvid og knælende Angst, o, saa var der
ingen Storhed; den Helt, som hun havde drømt,
han red ud ad Dødens Porte med klirrende Spore
og ringende Bidsel; med blottet Hoved og sænket
Kaarde, men ikke med Angst i vidløse Øjne, ikke med
Naadesbønner paa skjælvende Læber. Der var da
ingen straalende Skikkelser at længes frem imod
i tilbedende Kjærlighed, ingen Sol at stirre sig

lysblind paa saa Alt blev Straaler og Glands og
Farver! mat og graat — Altsammen saa var det
mat og graat og øde, bundløs Hverdag, lunken
Søgnedagsliv tilhobe.

Saadan var hendes Tanker i den første Tid,
det var hende som havde hun en stakket Stund
været bortrykket til en forunderlig, rigbroget Fabel-
verden, i hvis varme, livssvangre Luft hele hendes
Væsen havde foldet sig ud som en underlig frem-
med Blomst og straalet Sol fra alle Blade og aan-
det Duft fra alle Aarer, og salig i sit Lys og sin
Duft var den vokset og vokset, Blad i Mylder
ved Blad, Fold bredt ud paa Fold i ustandselig
Kraft og Fylde. Og nu var det Alt forbi, hun
var gold og fattig igjen, tom og isnet af Kulde,
og saadan var den hele Verden, alle de Menne-
sker, der var til, saa var de saadan. Og dog
levede de løs i daarlig Travlhed, o, hendes Hjærte
blev sygt i hende af Lede ved at se dem brede
og strække deres usle Armod og stolte lytte efter
lødig Klang i deres Tomheds Buldren.

Nu greb hun begjærligt efter den Skat af
gamle Postiller, der saa tidt var bleven hende
budt og ligesaa tidt vraget, og hun fandt en mis-
modig Trøst i deres strenge Ord om Verdens
Elende og alle jordiske Tings Forfængelighed, men
een Bog, var der, som hun fremfor alle andre
hængte over og stadig vendte tilbage til, og det
var Johannes' Aabenbaring. Hun kunde ikke
blive træt af at beskue det himmelske Jerusalens

Pragt, hun udmalte sig det i alle Enkeltheder,
gik gjennem dets mindste Stræder og saae ind ad
alle Døre; hun lod sig blænde af Straaleglandsen
fra Sarder og Beryl, Chrysopras og Hyacinth,
hun hvilede i Perleportenes Skygge og spejlede
sig i Gadernes gjennemsigtige Guld. Tidt tænkte
hun sig ogsaa hvordan hun og Lucie og Faster
Rigitze og alle de andre i Kjøbenhavn vilde te
sig, naar den første Engel udgød Guds Vredes
Skaal over Jorden og naar den anden udgød sin
Skaal, og den tredie sin, længer kom hun al-
drig, thi hun begyndte altid forfra.

Hun var utrættelig i, naar hun sad ved sit
Arbejde, at synge lange Passionspsalmer med høj
og klagende Røst, og var hun ledig, bad hun
paa lange Bønner af «den Bedendes Kjæde» eller
«de tolv gudelige Maaneds Stemmer,» for de to
kunde hun næsten udenad.

Der var i al denne Fromhed endel forklædt
Ærgjærrighed, thi vel følte hun virkelig Tynge
af Syndens Lænker og Længsel efter Samfund
med Gud, men der laa dog tillige til Grund for
alle disse gudelige Øvelser en halvklar Lyst til
Magt, et halvbevidst Haab om at blive en af de
udvalgte Fromme, en af de Første i Himmeriges
Rige. Hendes Væsen var ved Alt dette bleven
helt forandret; hun var bleven indesluttet og
folkesky og ogsaa hendes Udseende blev et andet;
hun blev mager og bleg og hendes Øjne fik en
haard, brændende Glands og det var intet Under;

thi Apokalypsens frygtelige Syner red lyslevende
gjennem hendes Nattedrømme, og hele Dagen rugede
hendes Tanker over alt hvad Livet havde af Mørkt
og Tungt, og om Aftenen naar Lucie var falden
i Søvn stod hun op af sin Seng og fandt et my-
stisk asketisk Velbehag i at lægge sig paa sine
bare Knæ paa Gulvet og bede til hendes Ben
værkede eller hun ikke mere kunde føle sine Fød-
der af Kulde.

Saa var det at den Tid kom da Svensken
trak sig tilbage og det hele Kjøbenhavn delte sin
Tid mellem åt skjænke som Vært og drikke som
Gjæst, og en af de Dage skete der et Omslag
hos Marie, thi paa den kom Fru Rigitze fulgt af
en Skrædderpige op paa Kammeret og fyldte Bord
og Stole med den Rigdom af Trøjer, Kjoler og
perlestukne Huer, som Marie havde faaet i Arv
efter sin salig Moder; nu var det nemlig bleven
funden paa Tide at Marie kom til at gaa i voksne
Klæder.

Det var saa betagende at blive gjort til
Gjenstand for al den Travlhed, der nu brød ind
over det lille Kammer, for al denne Sprætten-op
og tagen-Maal og Skjæren-til og Rien-sammen, og
hvor kjært var ikke dette poncerøde Atlask, naar
det gløded tungt i lange, rige Folder eller straa-
lede blankt, hvor det sad tæt og stramt og hvor
fængslende, hvor vidunderlig fængslende var det
ikke at lytte til de ivrige Disputer om, hvorvidt
hint Silke-Camelot ikke var for tykt til ret at udhæve

Ens Figur eller om dette tyrkiske Grovgrønt vel
vilde passe til Ens Teint! Ingen Skrupler, ingen
tungsindige Drømmerier kunde staa for denne
glade, straalende Virkelighed. Og nu blot een
Gang, at sidde ved Gildesbord, — og nu kom
hun til Gilder —, med denne snehvide, krusede
Halskrave blandt andre Jomfruer med ligesaa kru-
sede Kraver, saa vilde hele hin Tid være fremmed
som en døgngammel Drøm, og blot een Gang at
have traadt Sarabande og Pavone i sidskjørtet
Gyldenstykskjole med Kniplingshaandstrømper og
med spranget Lin, og hine sjælelige Excesser vilde
bringe hendes Kind til at brænde af Skamrødme.

Og hun kom til at skamme sig, hun kom til
at træde Sarabanden og Pavonen, for to Gange om
Ugen maatte hun nu gaa paa Dandseexercitier sam-
men med andre unge Adelspersoner i Christen Skeels
Storstue, hvor en gammel Meklenborger informe-
rede dem i Holdning. Pas og Reverentser efter
de nyeste spanske Facons. Desuden blev hun op-
lært i at spille paa Luth og blev yderligere per-
fectioneret i det Franske, thi Fru Rigitze havde
nu saa sine egne Planer.

Marie var lykkelig.

Ligesom et ungt Fyrstebarn, der har været
holdt fangen og nu lige fra Fængslets Mulm og
Fangevogterens barske Omgang af et jublende
Folk løftes op paa Tronen, faar Magtens og
Ærens Guldring trykket fast paa sine Lokker og
ser Alt smile sig ærbødigt i Møde, ser Alt bøje

sig og anerkjende dets Herskerret, saaledes var
ogsaa hun fra sit stille Kammer traadt ud i
Verden, og Alle havde hyldet og smigret hende
som havde hun været en Dronning, Alle havde
smilende bøjet sig for hendes Skjønheds Magt.

Der er en Blomst, der kaldes for Perlehya-
cinth, som den er blaa, saaledes var hendes Øjne
i Farve, men de var som den trillende Dugdraabe
i Glands og dybe som en Safirsten, der hviler i
Skygge. De kunde sænkes saa blyt som en sød
Tone, der dør, og løfte sig saa kjækt som en
Fanfare. Vemodigt — ja, naar Dagen kommer,
saa ruste Stjernerne med et sløret skjælvende Skjær,
saadan var hendes Blik, naar det var vemodigt.
Det kunde hvile saa smilende fortroligt, og da blev
det mangen En, som naar det i Drømme fjernt,
men indtrængende kalder paa Ens Navn, men naar
det mørknedes i Sorg, haabløst og vaandefuldt,
var det som hørtes der Blodsdraaber dryppe.

Det var det Indtryk, hun gjorde, og hun vidste
det, men kun halvvejs, havde hun vidst det helt
og havde hun været ældre, end hun var, maaske
hun da vilde være bleven som til Sten ved sin
egen Skjønhed og have betragtet sig selv som et
sjelden kosteligt Klenodie, der kun skulde holdes
blankt og rigt indfattet, for at det kunde blive
Alles Begjær, og da koldt og roligt have ladet
sig beundre. Men det var nu ikke saa. Hendes
Skjønhed var saameget ældre end hun selv, og
hun havde saa pludselig lært dens Magt at kjende,

8*

at det varede længe før hendes Væsen med Ro og
Sikkerhed kunde støtte sig til den og lade sig
bære frem af den; tvertimod, hun gjorde sig megen
Umag for at behage, blev ikke lidet coquet og
meget pyntesyg, og hendes Øre inddrak begjærligt
hvert smigrende Ord, som hendes Øje de beundrende
Blikke, og hun gjemte det troligt Altsammen i sit
Hjærte.

Hun var nu sytten Aar og idag var det Søn-
dag, den første Søndag efter Fredsslutningen. Om
Formiddagen havde hun været til Takkegudstjeneste
og nu stod hun og pyntede sig til at spadsere en
Eftermiddagstour med Fru Rigitze.

Den hele By var den Dag halvt som i Oprør,
for Portene var jo først ved Fredsslutningen blevne
lukkede op igjen, efter at have været stængede i
samfulde toogtyve Maaneder. Alle maatte nu der-
for ud at se, hvor Forstaden havde staaet, hvor
Fjenden havde ligget og hvor Vore havde kæmpet;
man maatte ind i Løbegrave og op paa Brystværn;
der skulde kigges ind i Minehalsene og pilles ved
Skandsekurvene; der havde den staaet og der var
den falden, hin havde rykket frem hist og var
bleven omringet her, og Alting derude var mærk-
værdigt, fra Kanonlavetternes Hjulspor og Vagt-
blussenes Kul, til det gjennemskudte gamle Planke-
værk og de solblegede Horsepander, og der var en
Fortællen og Forklaren. en Formoden og Debat-
teren, opad Volde og nedad Skandser, opad Vægge
og nedad Stolper.

Gert Pyper og hele hans Familie spanked omkring der og han stamped vel hundrede Gange paa Jorden og syntes for det Meste, det lød saa synderlig hult, og hans trivelige Ægtemage trak ham angst i Ærmet og bad ham ikke være altfor forvoven, men Mester Gert tramped lige haardt endda. Den voksne Søn viste sin lille Fæstemø, hvor det var at han var posteret den Nat, de skød Hul i hans Dyffels Kavaj, og hvor Rokke-drejerens Søn blev skudt Hovedet af; medens de smaa Børn græd over, at de ikke maatte beholde den Bøssekugle, de havde funden, fordi der kunde være Forgift ved den, som Erik Lauritzen sagde, thi han var da ogsaa derude og gik og stak i den halvraadne Halm, hvor Barakkerne havde staaet, eftersom han mindedes en Historie om en Soldat, der blev hængt for Magdeborg, og under hvis Hovedgjærde syv af hans Kammerater fandt saa-mange Penge, at de deserterede da Plyndringen af Staden skulde til at gaa for sig.

Ja, der var ret en Gaaen og Kommen, de grønne Marker og hvidgraa Veje var prikkende sorte af Folk, der gik og betragtede de dem vel-bekjendte Steder saa nøje og opmærksomt, som om det var en nyopdaget Verden eller et aldrig før kjendt Ejland, der lige var skudt op fra Havsens Bund, og der var Mange, som ved at se Egnen ligge saa fri og aaben, Mark bag Mark og Eng bag Eng, blev grebne af en pludselig Vandrelyst og blev ved at gaa og gaa, ligesom beruste af

Rummets Vidde, Rummets grændseløse Vidde. Men udpaa Eftermiddagen, henad Nadvertid, vendte dog de Fleste deres Skridt mod Byen og søgte hen til Nørrekvarter, til Petri Kirkegaard og de omliggende store Haver, thi det var saa Skik fra gammel Tid, at man de Sommersøndage efter Aftensang spadserede der og drog frisk Luft i de grønne Træers Skygge. Den Gang nu Fjenden lagde sig foran Voldene, var den Skik falden bort af sig selv og Kirkegaarden havde været tom de Helligdage som de Søgne, men idag var den bleven tagen op igjen, og gjennem begge Indgangene ud til Nørregade myldrede det ind med Folk; Adel og Borger, Ringe og Høje, Alle saa havde de mindedes Petri Kirkegaards bredkronede Linde.

Mellem grønne Tuer og paa brede Ligsten laa Borgerfolk i muntre Klynger, Mand og Kone, Børn og Bekjendte, og nød deres Aftenkost; Læredrengen stod bagved og gumled fornøjet paa det lækre Søndagsbrød, mens han ventede paa Kurven. Smaabørn trippede med Hænderne fulde af Levninger hen til de forsultne Tiggerunger oppe ved Muren, videbegjærlige Drenge stavede sig igjennem de lange Gravskrifter og Fatter lytted beundrende til, mens Mutter og Pigebørnene mønstred de Spadserendes Dragter; thi i de brede Gange gik de fornemme Folk frem og tilbage, de kom lidt senere end de andre og spiste enten hjemme eller paa Trakteurstederne i Haverne bagved.

Det var stive Fruer og fine Jomfruer, gamle

Raadmænd og unge Officerer, brede Herremænd
og fremmede Residenter. Her gik den rørige graa
Hans Nansen, smilende til alle Sider, mens han
lemped sine Skridt efter den gamle, hovedrige
Villem Fiuren og lyttede til hans pibende Røst;
der kom Corfitz Trolle og den stive Otto Krag,
her stod Fru Ide Daa med de dejlige Øjne og
talte med gamle Axel Urup med det evige Smil
og de store Tænder, mens hans krumpne Hustru,
Fru Sidsel Grubbe tripped langsomt afsted med
Søster Rigitze og den utaalmodige Marie, og der
var Gersdorf og der var Schack, og der var Thu-
resen med hans hørgule Manke og Peder Retz med
hans spanske Lader og spanske Dragt.

Ulrik Frederik var der ogsaa, han var i
Følge med Niels Rosenkrands, den kjække Oberst-
lieutenant med det franske Væsen og de livlige
Gebærder.

De mødte Fru Rigitze og de Andre. Ulrik
Frederik hilser koldt og fornemt og vil gaa forbi,
thi siden Skilsmissen fra Sofie Urne bærer han
Nag til Fru Rigitze, hvem han, som en af Dron-
ningens varmeste Tilhængere, mistænker for at have
havt en Finger med i Spillet; men Rosenkrands
standser og Axel Urup beder dem nu saa ven-
ligt spise til Aften med i Johan Adolfs Have,
at det var vanskeligt at slippe, og de gaa begge
to med.

Lidt efter sidder da hele Selskabet i det
murede Lysthus og tager for sig af de land-

lige Retter, som Urtegaardsmanden havde at op-
varte med.

«Er det sandt, skal En tro,» spurgte Fru
Ide Daa, «at de svenske Officiers skal havt saa
særdeles angenemme Manerer med de sjællandske
Jomfruer, at de hobetalsvis er rejset med dem ud
af Land og Rige?»

«Ja allenfals,» svarede Fru Sidsel Grubbe,
«er det da tilforladelig nok med den Skarns Kvinde
til Jomfru Dyre.»

«Af hvad for Dyrer er det?» spurgte Fru
Rigitze.

«De Skaanelands Dyrer, du veed, hjærte
Søster, dem der er saa lyse i Haarlød, de er i
Svogerskab med de Powitzer alle tilsammen. Hun,
der forløb Landet, hun var Datter af Henning
Dyre til Vester-Neergaard, ham der fik Sidonie,
den ældste af Ove Powitzes og hun tog nok med
sig baade i Daase og Pose af hendes Faders,
baade Lagner og Bolstre og Sølvtøj og rede
Pengestykker.»

«Ja,» smilede Axel Urup, «stor Elskov drager
stort Læs.»

«Jo — at forstaa —» bekræftede Oluf Daa,
han slog altid ud med den venstre Haand, naar
han talte, «Elskov — at forstaa — den er —
den er stærk.»

«El—skov,» sagde Rosenkrands og strøg sir-
ligt sit Mundskjæg med Bagen af den lille Finger,
«er som Her—kules udi Fruentimmersdragt, af

Lader er den mild og charmant og ser ud som
idel Veg—hed og Tam—hed, men ligegodt har
den i sig Kra—ft og Listighed nok til at føre
igjennem de tolv herku—liske Prøver tilhobe.»

«Ja,» afbrød Fru Ide Daa ham, «Jomfru
Dyres Elskov alene lader se, den kunde helt vel
med den ene af de Herkules-Prøver, for den rensed
Kister og Skrine ud for hvad der var i dem,
ligesaavel som han rensed Urias, eller hvad han
hed, hans Stald, I veed.»

«Jeg mener heller'», sagde Ulrik Frederik,
henvendt til Marie Grubbe, «at Elskov er som
naar man er falden i Søvn udi en Ørk og vaagner
op i en skjøn og angenem Lustpark; thi saadan
Dyd har Elskov, at den helt omvandler Menneskens
Sind, saa det, der før syntes En gold og øde, det
skinner En nu i Øjnene som idel Lystighed og
Pragt; men hvad for Tanker har vel I om Elskov,
skjønne Jomfru Marie?»

«Jeg?» spurgte hun, «jeg holder Elskov for
at være lig en Demant, for ligesom Demanten er
skjøn og prægtig at se til, saadan er og Elskov
skjøn og liflig, og ligesom Demanten er giftig
for den, der nedsvælger den, saaledes er ogsaa
Elskov en Slags Forgiftighed eller skadelig Rasen-
heds Sot for den, der bliver beladt dermed, alden-
stund En da skal gjøre sin Jugement efter de syn-
derlige Fagter, En antræffer hos amoureuse Per-
soner, og efter den remarkable Discours, de føre.»

«Ja,» hviskede Ulrik Frederik galant, «Kjærten

kan sagte tale Raison til den arme Flue, som for-
virres af dens Glindsenhed!»

«Jo saamænd kan du have Ret, Marie,» be-
gyndte Axel Urup og holdt op igjen for at smile
og nikke over til hende, «jo, jo, det er nok til
Troende, at Elskov er kuns Forgift, der kommer
i Blodet, for hvor skulde ellers kloge Folk med
Mirakkel-Absud eller Wunder-Dekokt kunne ind-
give koldsindige Personer den mest brændendes
Passion?»

«Ih nej, fy da!» udbrød Fru Sidsel, «snak da
aldrig om saadan gruelig Ugudeligheds Værk —
og paa en Søndag!»

«Hjærte Sidse,» svarede han, «derudi er min
Tro ingen Synd, tværtimod . . . nej . . . nej . . .
Holder vel I det for en Synd, min Hr. Oberst
Gyldenleu? — Nej? — nej vist intet; taler intet
ogsaa den hellige Skrift om Troldkvinder og onde
Besværgelser! Jo den gjør, gjør den. Nej, hvad
jeg vilde sagt, alle vores Affekter, mener jeg, de
har deres Bo og Sæde udi Blodet, for bliver En
hidsig, kan En da intet føle Blodet rusle op igjen-
nem sig og svømme En baade for Øjne og Øren?
og bliver En bradt forfærdet, er det da intet ret
ligesom Blodet sank En neder i Benene og blev
helt svalt med det Samme? skulde det, tror I,
være for Intet at Sorrig er bleg og blodløs, men
Glæde rød som en Rose? Ingenledes, siger jeg,
ingen — ingenledes! alle Menneskens Affekter de
forvoldes af en vis Blodets Tilstand og Beskaffelse;

og nu da Elskov! den kommer først naar Blodet ved sytten—atten Aars Omskiftning af Varme og Kuld er bleven moden i Aarerne, da tager det paa at gjæres ret som en god Druevin; for Elskov det er en Gjæring udi Blodet; det trænger og blærer sig op, det sætter Varme og tager paa Vej saa ingen Menneske ret er sig selv saalænge det staar paa, men sidenhen saa klarnes det af som anden gjærendes Stof og bliver mere sagte og blid, mindre hed og bespændt. Ja, der er endnu en Lighed med Vin det har, for retsom den ædelig' Vin hvert Aar giver sig til at bruse og skumme og vil som til at gjæres, naar den Foraarstid kommer, der Drueranken staar i Blomst, saaledes bliver ogsaa alle Menneskers Sind, selv de Gamles, en kort Tid om Foraaret mere end ellers genegen til Elskov og det har deri sin rette Grund, at Blodet aldrig ret kan forglemme den Gjæringens Tid i Livsens Foraar og nu ihukommer den, hvergang Aarsens Foraar vender tilbages og forsøger at gjæres igjen.»

«Jo Blodet,» indrømmede Oluf Daa, «at forstaa — Blodet, det er — det — at forstaa det er en subtilig Materie nok — at forstaa.»

«Ja det er saa,» nikkede Fru Regitze, «ja, alting virker ind paa Blodet, baade Sol og Maane og tilstundendes ondt Vejrligt, det er saa vist som det var prentet.»

«Ligesaadan andre Menneskers Tanker,» tilføjede Fru Ide, «jeg veed det fra min ældste

Søster, vi laa i Seng sammen og hver Nat, ret som hendes Øjne var faldne til, begyndte hun paa at sukke og at stride med Arme og Ben, ligesom hun vilde rejse sig og gaa en Steds hen. hvor de kaldte paa hende, og det kom af det, at hendes Fæstemand, som var i Holland, han var saa grim til at længes og laa tænkte paa hende Nat med Dag, saa hun aldrig havde en rolig Time eller ret var ved Helbred al den Tid; mindes I ikke ogsaa hjærte Fru Sidsel hvor krank og elendig hendes Øjesyn var indtil Jørgen Bilde kom hjem igjen?»

«Om jeg gjør! var det at tale om! — den kjære Sjæl! men saa blomstred' hun ogsaa op som nogen Rosensknop at se til. — Herre Gud hendes første Barselseng . . . .» og saa hviskede hun videre om den.

Rosenkrands vendte sig nu til Axel Urup, «Formener I da vel,» sagde han, «at en Elixire d'am—our er som en gjæ—rendes Materie, der bliver Blodet isprængt og derved kommer det til at ra—se, saa takler det hel vel til en Aventure, den salig Herre Ulrik Christian fortalte mig en Gang vi fulgtes op til Volden. Det var til Ant—werpen i Hotellerie des trois bro-chets, hvor han havde sit Logemente at det passerte. Om Mor—genen havde han i Messen faaet Øje paa en skjøn —ne, skjønne Jomfru — og hun hav—de seet helt mildt til ham, men den hele Dag havde han in—tet havt hende i Tan—ker. Saa kommer han ud paa

Af—tenen ind paa sit Kam—mer, og da ligger der en Ro—se paa Hovedgjærdet af hans Se—ng, og han tager Ro—sen og lugter ti—l den, og i samme Minute staar den skjønne Jomfrues Af— billede li—vagtigen for hans Øje som va—r det kontrafejet af paa Væggen li—gehos og den hef— tigste Forlæng—sel opstod hos ham efter samme Jom—fru saa plud—seligen og stærk at han sag— de, han kunde have skre—get i vilden Sky af Smerte, ja ha—n ble—v som hel vild og furi— eus, saa han strøg u—d af Huset og løb jamren— des op ad en Ga—de nedad en an—den, ret som han var be—hekset og han vid—ste ikke af sig selv; det var som noget dro—g og dro—g og det brændte som Ild i ham og saadan blev han ved at løbe til den lyse Morgen.»

Saaledes taltes de endnu længe ved, og Solen gik ned inden de skiltes ad og gik hjem ad de skumrende Gader.

Ulrik Frederik havde hele Tiden været meget tavs og næsten ganske holdt sig udenfor den al— mindelige Samtale, da han var bange for at man, dersom han sagde noget videre om Elskov, vilde opfatte det som personlige Erindringer og Indtryk fra hans Forhold til Sophie Urne; men han var for— øvrigt heller ikke oplagt til at tale, og da han blev ene med Rosenkrands, svarede han saa kort og adspredt paa Alting, at denne snart blev kjed af ham og gik sin Vej.

Ulrik Frederik begav sig nu hjem; han havde

den Gang Gemakker anvist paa Rosenborg, og da
hans Tjener var ude, blev der ikke tændt Lys, og
han sad alene og i Mørke i den store Stue til
henad Midnat.

Han var i saadan en underlig, halvt bedrøvet,
halvt anelsesfuld Stemning, saadan en letblundende
Stemning, hvor det er som Sjælen villieløs driver
nedad en langsomt glidende Strøm medens taage-
flygtige Billeder drage henover Breddens mørke
Træer, og halve Tanker som store, svagtskinnende
Bobler langsomt hæve sig op af den dunkle Flod,
glide med — glide med og briste. Efterklang af
Samtalen var der, den brogede Stimmel paa Kirke-
gaarden, Marie Grubbes Smil, Fru Rigitze, Dron-
ningen, Kongens Naade, Kongens Vrede dengang
— — Maries Haandbevægelser, Sofie Urne, bleg
og fjern — endnu blegere, endnu fjernere, — Rosen
paa Hovedgjærdet og Marie Grubbes Stemme, Klan-
gen af et enkelt Ord, Betoningen af det, — han
sad og lyttede efter det og hørte det igjen og
igjen svinge sig hen gjennem Stilheden.

Han stod op og gik hen til Vinduet, aabnede
det og lagde sig paa Albuerne udover den brede
Karm: saa friskt som det var — saa svalt og stille.

Den syrligtsøde Duft af dugkolde Roser, den
friske Bitterhed af nysudfoldet Løv og krydret Vin-
duft fra blomstrende Løn bar hen imod ham der-
ude fra. En fin, fin Støvregn duggede ned fra
Himlen og bredte et blaanende, sitrende Mørke

ud over Haven. Lærkens sorte Grene, Birkens
slørede Løvhang og Bøgens buklende Krone, stod
som Skygger aanded hen paa en Baggrund af
glidende Taage, mens Taksens klippede Toppe skød
i Vejret som sorte Søjler af et Tempel, hvis Tag
var falden.

Stille var der som dybt i en Grav, kun den
ensformige Lyd af de fnuglette Regndraabers Fald
var at høre som en næsten umærkelig, stadigt
hendøende, stadigt begyndende Hvisken hist bag
de vædeglindsende Stammer.

Saadan underlig Hvisken det var at lytte
paa, saa vemodigt den lød! var det som de lette
Vingeslag af gamle Minder, der i Flok drog forbi
i det Fjerne? var det som sagte Raslen i tabte
Illusioners visne Løv? — Ak saa ene, saa sørge-
ligt alene og forladt! Ikke blandt alle de tusinde
Hjærter, der trindtom banked i Nattens Stille eet
Hjærte, der længtes imod ham . . . Vidt over Jorden
var spændt et Net af usynlige Traade, der bandt
Sjæl til Sjæl, Traade stærkere end Livets, stærkere
end Døden; men ingen i hele Nettet naaede hen
til ham. Hjemløs, forladt! — Forladt? — Klang
det derude som Bægre og Kys? blinked det der-
ude som hvide Skuldre og mørke Blikke? lo det
ikke lydt igjennem Natten? — Hvadsaa! — hellere
Ensomhedens langsomt dryppende Bitterhed end hin
giftigt vamle Sødme. O forbandet! jeg ryster dit
Støv af mine Tanker, løjede Liv, Liv for Hunde

.... for Blinde, for — Stakler .... — Som en Rose .... o Gud skjærm og bevar hende vel i den dybe Nat .... o, at være hendes Værn og Vagt at jævne hver en Sti og dække for hver en Vind .... saa skjøn .... lyttende lig et Barn .... — som en Rose! ....

VIII.

Saa fejret som Marie Grubbe var, saa mær-
kede hun dog snart, at var hun end kommen ud
af Børnestuen, i de rigtig Voksnes Lag var hun
dog ikke helt òptaget. Saadanne unge Jomfruer
blev dog altid trods alle Komplimenter og Smig-
rerier holdt nede paa en egen, underordnet Plads
i Selskabet; det fik de at føle i Hundrede af
Smaating, der hver for sig var ubetydelig nok,
men som tilsammen dog betød en Del. Først var
nu Børnene altid saa ubehageligt familiære mod
dem og befandt sig saa drilagtig godt i deres
Selskab, ganske som de vare deres Lige. Og saa
Tyendet; der var en tydelig Forskjel paa den
Maade, paa hvilken den gamle Tjener tog mod en
Frues eller en Jomfrues Kaabe, og en ganske lille
Nuance i Pigens tjenstvillige Smil, efter som det
var en gift eller ugift Dame, hun hjalp tilrette.
Den kammeratlige Tone, som de pur unge Junkere
tillod sig, var højst ubehagelig, og det ringe Ind-
tryk som fornærmede Blikke og iskolde Afvis-
ninger gjorde paa dem, var til at fortvivle over.
Bedst gik det med de yngre Kavallerer, thi selv

Fru Marie Grubbe.   9

naar de ikke var forelskede i En, saa tog de dog
de allersartede Hensyn og sagde En det Smukke-
ste de kunde finde paa med en gallant Ærbødig-
hed i Miner og Lader, som hæved En i Ens egne
Øjne, men der var rigtignok kjedeligt mange, som
man kunde mærke paa at de mest gjorde det for
Øvelsens Skyld. Af de ældre Herrer var der
nogle, der kunde være ganske utaalelige med deres
overdrevne Komplimenter og spøgende Cour, men
Fruerne var dog de værste, især de unge nygifte;
det halvt opmuntrende, halvt aandsfraværende Blik,
den lette, nedladende Sidebøjning af Hovedet og
det Smil, lidt spottende, lidt medlidende, hvormed
de hørte paa En — det var ikke til at udholde. Saa
var der ogsaa Forholdet mellem de unge Jomfruer
selv; det skulde da heller ikke hæve dem; der var
ingen Sammenhold mellem dem, kunde den ene be-
rede den anden en Ydmygelse saa gjorde den det,
de ansaa egenlig hinanden for rene Børn og kunde
slet ikke som de unge Fruer komme ud af ved at
omgaaes hinanden værdigt og med alle mulige Tegn
paa udvortes Agtelse at omgive sig selv med et
Skjær af Værdighed. Det var i det Hele slet
ingen misundelsesværdig Stilling, og det var derfor
ganske naturligt at da Fru Rigitze lod falde nogle
Ord til Marie om, at hun og hendes andre Frænder
havde paatænkt en Forbindelse mellem hende og
Ulrik Frederik, saa blev denne Meddelelse, uagtet
Marie slet ikke havde tænkt paa at være indtaget
i Ulrik Frederik, modtaget som et velkomment

Budskab, der aabnede store Bredder af fornøjelige
Udsigter, og da der nu videre udmaledes hende,
hvor ærefuld og fordelagtig en saadan Forbindelse
vilde være, hvorledes hunvilde blive optaget i den
snevrere Hofkreds, i hvilken Pragt hun vilde blive
holdt og hvilken slagen Vej til Ære og Højhed,
der laa Ulrik Frederik aaben som Kongens natur-
lige Søn og hvad mere var, hans erklærede Ynd-
ling, medens hun · selv i sit stille Sind tilføjede,
hvor smuk han var, hvor høvisk og beleven og
forelsket, saa syntes det hende næsten, at hendes
Lykke var for stor, og hun blev ganske ængstelig
ved Tanken om, at det dog endnu kun var Planer
og løs Tale og løst Haab.

Men Fru Rigitze havde Grund at bygge paa;
ikke alene havde Ulrik Frederik betroet hende sine
Tanker og bedet hende være ham en god Tals-
mand hos Marie, men han havde ogsaa formaaet
hende til at undersøge, hvorvidt det vilde være
Dronningens og Kongens naadige Villie med, og de
havde begge optaget det saare vel og givet deres
Bifald, Kongen dog først efter nogen Betænkning.

Mellem Dronningen og Fru Rigitze, hendes
fuldtro Veninde og meget betroede Dame, havde
denne Forbindelse vistnok alt længere Tid været
omtalt og bestemt, men Kongen lod sig foruden
af Dronningens Overtalelser sikkert ogsaa bevæge
af den Omstændighed at Marie Grubbe var saa
rigt et Gifte, thi det var Kongen overhaands trangt
med Penge, og vel havde Ulrik Frederik Vordingborg i

Forlehning, men hans Pragtlyst og Overdaadighed lod ham altid i Mangel, og Kongen var jo saa den, der var nærmest til at afhjælpe den. Da Maries Moder, Fru Marie Juul jo var død, vilde hun saasnart hun var gift faa sin Mødrenearv, og hendes Fader Erik Grubbe, var paa den Tid Ejer af Tjele, Vinge, Gammelgaard, Bigum, Trinderup og Nørbek Hovedgaarde, foruden Strøgods trindt omkring, saa der efter ham var en god Arv i Vente, tilmed da han havde Ord for at være en skrap Husholder, der Ingenting forødte.

Alt var jo saaledes vel, Ulrik Frederik kunde trøstigt bejle, og otte Dage efter St. Hansdag blev de da saa højtideligt trolovede.

Ulrik Frederik var meget forelsket, men ikke paa en saadan stormende, urolig Maade som da Sofie Urne var hans Hjærtes Tanke. En drømmende, blidt bevæget, næsten tungsindig Elskov var det, ingen livsmodig, rødmusset, frisk.

Marie havde fortalt ham sin lidet lystelige Barndomshistorie, og han elskede, drømmende at udmale sig hendes unge Lidelser med det samme medlidsfulde, lystne Velbehag, som gjennemstrømmer den unge Munk, der i sin Fantasi ser den skjønne, hvide Martyrkvinde bløde mellem Tornehjulenes hvasse Pigge. Saa var der Tider, hvor han plagedes af mørke Anelser om at det ikke vilde blive ham forundt at beholde hende, men at en tidlig Død vilde rive hende ud af hans favnende Arme, og da kunde han fortvivlet tilsværge sig selv med

dyre Eder, at han skulde bære hende paa Hænder
og holde hvert giftigt Pust borte fra hende, at
han skulde lede hver guldfarvet Stemnings Skjær
ind i hendes unge Bryst og aldrig, aldrig volde
hende Sorg.

Men der var ogsaa den Stund, hvor han
hoverende jublede ved den Tanke, at al denne rige
Skjønhed, hele denne forunderlige Sjæl var given
ham i Vold som en død Mands Sjæl Vorherre,
til at træde i Støvet om han vilde, til at opløfte
naar han vilde, til at ydmyge, til at bøje.

At saadanne Tanker som denne kunde blive
vakt hos ham, deri havde nu Marie tildels selv
Skyld; thi hendes Elskov, om hun da elskede, var
af en sælsom stolt og overmodig Natur. Det vilde
kun være et dunkelt og halvsandt Billede, naar
der sagdes, at hendes Kjærlighed til den afdøde
Ulrik Christian havde været som en Indsø, pidsket,
jaget og tumlet af Stormen, medens hendes Kjær-
lighed til Ulrik Frederik var at ligne ved den
samme Sø ved Aftenstide, naar Vejret havde bedaget,
spejlblank, kold og klar, og uden anden Bevægelse
end Skumboblernes Bristen inde blandt Breddens
dunkle Siv. Og dog vilde det paa en Maade være
ret grebet, ikke blot i det, at hun var kold og
rolig mod ham, men endnu mere deri, at alle de
brogede, myldrende Drømme og Livstanker, som
hin første Lidenskab havde havt i Følge, de bleg-
nede og luftedes bort i denne sidste Følelses magt-
løse Magsvejr.

Hun elskede jo nok Ulrik Frederik, men var det ikke mere fordi han var som den magiske Vaand, der slog Portene ind til Livets Herlighed og Pragt aabne for hende, og var det ikke mest Pragten, hun egenlig elskede?

Det kunde se ud undertiden som det var ikke saa. Naar hun i Skumringen sad paa hans Skjød og, akkompagnerende sig selv, sang smaa franske Arier for ham om Daphnis og Amaryllis, og da imellem standsede, og medens hun skjødesløst lod Fingrene lege med Citharens Strænge, lænede sit Hoved mod hans Skulder, da havde hun saa søde og elskovsvarme Ord for hans ventende Øre, at ingen ret Elskov har dem sødere, og der var kjælne Taarer i hendes Øjne, som kun Kjærlig- hedens milde Uro dugger frem — og dog — kunde det ikke være at hun i Længsel. paa en svunden Følelses Minder byggede en Stemning op, der skjærmet af det milde Mørke, næret af det blussende Blod og de bløde Toner, narrede hende selv og gjorde ham lykkelig? For var det blot jomfruelig Blyhed, der ved Dagens Lys gjorde hende karrig paa Elskovsord, og utaalmodig ved Kjærtegn; eller var det blot Pigefrygt for at synes saa pigesvag, der lagde hende Spot i Øje og Haan paa Læbe, saa mangen en Gang, naar han bad om et Kys eller med Elskovseder vilde lokke det Ord fra hendes Mund, som alle Elskere saa gjerne høre; hvoraf kom det da, at hun tidt og ofte, naar hun var alene og hendes Fantasi var bleven træt af for tusinde Gange at udmale sig Fremtidens Herlighed, kunde stirre saa haabløst og fortabt ud for sig, og føle sig saa uendelig ensom og forladt?

*   *   *

Lidt over Middag sidst i August, red Ulrik Frederik og Marie, som saa ofte før, henad den sandede Vej langs Sundet udenfor Østerport.

Luften var frisk af en Formiddagsbyge, Solen i Spejl over Vandet, tordenblaa Skyer rullede bort i det Fjerne.

Saa rask som Vejen tillod red de frem, baade de og Lakejen i hans lange, karmoisinrøde Skjøde-frakke. Forbi Haverne red de, hvor de grønne Æbler lyste frem mellem de mørke Blade, forbi de udspændte Bundgarn, paa hvis Traade endnu de blinkende Regndraaber hang, Kongens Fiskerhus forbi, med det røde Tegltag, og gjennem Lim-syderens Gaard, hvor Røgen stod lige som en Støtte ud af Skorstenen. De spøgte og lo, smilte og lo og jog afsted.

Ved Gyldenlundskroen drejede de af og red gjennem Skoven lige efter Overdrup, hvorfra det saa i sindigt Ridt gik gjennem Krattet ned mod Overdrupsøens blanke Vandflade.

Store, ludende Bøge spejlede her deres grønne Løvtag i den klare Sø og saftigt Mosegræs og blegrøde Vandrølliker dannede en bred og broget

---

Overdrupsø nu = Ordrupmose.

Bræmme i Skjællet, hvor Skraaningen, der var brun af vissent Løv, faldt af mod Vandet. Oppe i Luften, under Bladhangets Skjærm, hvor en Lysstribe skjød ned gjennem det svale Halvmørke, hvirvlede Myggene i lydløs Dands; en rød Sommerfugl lyste der et Øjeblik, saa fløj den ud i Solskjæret ud over Søen, hvor staalblaa Guldsmedde blinkede blankt gjennen Luften og jagende Gjedder drog hurtig glidende Bølgelinier hen over Fladen. Fra en Gaard bag Krattet lød Hønsenes Kaglen derned, og paa den anden Side Søen kurrede Skovduerne under Dyrehavens kuplede Bøge.

De holdt Hestene an og lod dem langsomt pjadske ud i Vandet for at skylle de støvede Koder og læske deres Tørst. Marie holdt lidt længere ude i Vandet end Ulrik Frederik, med Tøjlerne slappe, for at Hoppen frit kunde bøje sit Hoved; i Haanden havde hun en lang Bøgegren, hvis Blade hun, et for et, rev af og lod falde ned i det nu smaat skvulpende Vand.

«Jeg tror, vi faar Torden,» sagde hun og fulgte opmærksomt et svagt Vindpust, der ved sin hvirvlende Bevægelse frembragte runde, mørktkrusede Pletter ude over Søen.

«Lad os saa vende,» raadede Ulrik Frederik.

«Ikke for Guld,» svarede hun og drev pludselig sin Hest i Land.

I Skridtgang red de nu Søen rundt hen til Vejen og ind i Storskoven.

«Jeg gad vist,» sagde Marie, da hun atter

følte Skovfriskheden paa sin Kind og længe i lange Drag havde indaandet dens Kjølighed, «jeg gad vidst,» længer kom hun ikke, men saae med straalende Blikke op i det grønne Løv.

«Hvad gad du vidst, min Hjærte?»

«Jo, om Skovluft intet kan gjøre kloge Folk galne. — Aa, for de mange Gange jeg har løbet i Lindum Skov og holdt ved med at løbe længere og længere ind i det Aller-tykkeste og tætteste. Jeg var saa ellevild af Lystighed og sang af fuld Hals og gik og gik, rykked' Blomster op og kasted' dem igjen og hujed' efter Fuglene, naar de fløj op, indtil jeg saa lige med Et blev saa underlig skræmt og sky, — aa, jeg blev saa beklemt og ulykkelig, og for hver en Gren, der knaged', foer det i mig, og min egen Røst, den var jeg næsten mere bange for end for alting Andet. Er aldrig det hændt dig?»

Men inden Ulrik Frederik kunde svare, begyndte hun at synge i vilden Sky:

> „Jeg ganger mig i Skoven fro,
> Hvor Ælm og Abild gro,
> Og smykker der med Roser to
> Vel mine Silkesko.
> For en Dands,
> For en Dands,
> For en Tralala,
> For de røde, røde Bær paa den Hybengren!"

og alt imellem susede Pidsken ned over Hesten og hun lo og jubled og sprængte afsted, alt hvad

Hesten bære kunde, henad en smal Skovsti, hvor Grenene fejede hen over hende, og hendes Øjne funklede og Kinderne brændte, hun hørte ikke paa Ulrik Frederiks Raaben, Pidsken hvinede ned og afsted stod det med slappe Tøjler — Skummet sad i Flager paa hendes flagrende Skjørt, den bløde Skovjord haglede op om Hestens Sider og hun lo og hug med Pidsken i de høje Bregner.

Med Eet. ligesom løftede Lyset sig fra Blad og Gren og flygted for et regntungt Mørke. Buskene raslede ikke, Hovslaget hørtes ikke: hun red frem over en lang Skovslette. Til begge Sider: Skovens Træer som en tung, mørk Ringmur; over hende: truende sort Himmel med jagende, graaflossede Skyer; ligefor: Sundets skummelt blaasorte, taagebegrændsede Flade. Hun strammede Tøjlerne og det udmattede Dyr standsede villigt. I en stor Bue jog Ulrik Frederik forbi, svingede op imod hende og holdt snart ved hendes Side.

I samme Øjeblik slæbte som et tungt, graat, regnvædet Forhæng en Byge skraat henover Sundet; et iskoldt, fugtigt Stormpust susede frem over det flagrende Græs, peb forbi deres Øren og larmed som skummende Bølger i de fjerne Trætoppe. Store, flade Hagl raslede ned over dem i hvide Striber, lagde sig i Perlerader i Kjolens Folder, stænkede bort fra Hestenes Manke og sprang og trilled omkring i Græsset, som myldred de op af Jorden.

For at komme i Ly, red de ind imellem

Træerne, søgte ned mod Stranden og holdt snart
udenfor «Stataf-Kroens» lave Døre.

En Karl tog Hestene, og den lange, barhovede
Kromand viste dem ind i sin Storstue, hvor der,
som han sagde, allerede var en Fremmed inde.

Det var Livsens Korthed, og han rejste sig
straks for de Indtrædende og tilbød med et ydmygt
Buk at rømme Stuen for det høje Herskab, men
Ulrik Frederik bød ham huldsaligt at blive.

«I skal blive, Mand,» sagde han, «og muntre
os op i dette fortrædelige Herrens Vejr. Du skal
vide, min Hjærte,» og han vendte sig mod Marie,
«at denne uanseelige Dværgemand er den vidt-
berømte Komediantenspiller og Ølstue-Hans-Wurst,
Daniel Knopf, vel drillet i alle frie Kunster, saa-
som Dobbel, Fægtning, Drik, Fastnachtgalenskab
og deslige, ellers agtbar og ærlig Kjøbmand i den
gode Stad Kjøbenhavn.»

Daniel hørte kun halvt denne Lovprisning,
saa optaget var han af at betragte Marie Grubbe
og af at formulere nogle ret artige Lykønsknings-
ord, men da Ulrik Frederik nu med et drøjt Slag
paa han brede Ryg vakte ham, blussede hans
Ansigt op af Harme og Undseelse og han vendte
sig vredt imod ham, men tvang sig i det Samme
og sagde med sit koldeste Smil: «vi er vist intet
nok drukne, Hr. Oberst.»

Ulrik Frederik lo og puffede ham i Siden og
raabte: «o, din Sakraments Gaudieb, vil din Hel-
vedes Karl nu lade mig staa til Skamme som en

usselig Pralere, der intet har Dokumenter at be-
lægge sine storskryderiske Ord med? Tvi, tvi,
for al den Del! er det Ret? har jeg intet de
Snese Gange berømmet din Kunstfærdighed for
denne ædelige Jomfru, saa hun tiere end tidt har
ytret den største Forlængsel efter at se og høre
dine vidtomspurgte Vidunderlighedskunster! I kan
jo sagte agere lidt den blinde Cornelis Fuglefænger
og hans fløjtende Fugle eller lege den Puds med
den kranke Hane og de skrukke Høne!»

Marie tog nu ogsaa Ordet og sagde smilende,
at det var som Oberst Gyldenleu sagde, at hun
tidt og ofte havde længtes at erfare, hvad for
Tidkort, hvad for fin og særdeles Skjæmt det var,
der kunde holde de unge Cavalliers fast paa smud-
sige Ølkipper halve Dage og hele Nætter i Rad,
og hun bad Mester Daniel, han nu vilde stille
hendes Længsel og ikke lade sig for længe bede.

Daniel bukkede sirligt og sagde, at hvorvel
hans ringe Pudserier mere vare skikkede til at
give ørhovede Cavalliers en bekvemme Lejlighed
til at brøle og stime endnu højere, end til saadan
fin og skjøn Jomfru at amusere, saa vilde han dog
fluks begynde, for at det aldrig skulde siges, at
ham nogen Tid var noget af hendes skjønne Vel-
baarenhed befalet eller ombedet, uden han jo det
havde paa Stand exequeret og udført.

«Se nu!» sagde han med et helt andet Stemme-
lag og slængte sig ved Bordet med Albuerne ud
til Siden, «nu er jeg en hel Forsamling af Eders

Fæstemands velbaarne Kjendinger og synderligt
gode Venner.»

Han tog en Hoben Sølvdalere op af en Lomme,
lagde dem paa Bordet, strøg Haaret ned i Øjnene
og lod sin Underlæbe hænge dorskt ned.

»Dæ'len smelte mig!» drævede han og slog
raslende med Pengene som det var Terninger, «er
jeg intet velbaaren Erik Kaases ældste Søn for
Ingenting! Hvad? vil din Skarnædere gjø' mig
ubetroet? Ti slog jeg, Helved fortære mig, ti,
saa det klingred'. Kan din Fæhund se? siger
jeg. Jeg siger, kan du se, din tynde Negenøjens-
karl, kan du? Eller skal jeg aabne din Bælg
med min Stingendal, saa din Lever og Lunge
kan se med? hvad, skal jeg? hvad! din Nøvt
du er!»

Han sprang op og gjorde sig lang i An-
sigtet:

«Hører du?» hvæsede han med nordskaansk
Accent, «vet din Dræksjung hvem du hører?
Tag mig hin Helvedes Fursta, slaar jeg din . . .

«Nej, nej,» sagde han med sin rigtige Stemme,
«det er sagte vel stor Lystighed at fange an med;
nej, nu!» og han satte sig ned, støttede Hænderne
helt ude paa Knæene som for at undgaa sin Mave,
gjorde sig tyk og pluskjæbet og fløjtede med rolig
Betænksomhed, altfor langsomt, Visen om Roselil
og Hr. Peder. Saa holdt han op, rullede forelsket
med Øjnene og raabte kjælent:

«Poppegøj—e! lille Poppegøj—e,» fløjtede igjen,

men havde nu Vanskelighed ved samtidigt at
trække Munden op til et indsmigrende Smil.
«Lille Sukkerdukke!» raabte han saa, «lille Hon-
ningsnut! om til mig, lille Nus, om til mig! labe
Vin, den lille Katunge? labe søf, søf Vin af
lille Krus?»

Atter skiftede han Mæle, han lagde sig frem
i Stolen, plirede med det ene Øje og redte med
krogede Fingre i et langt, indbildt Hageskjæg.

«Bliv nu her,» sagde han lokkende, «bliv nu
her, skjøn Karen, aldrig skal jeg forlade dig og
du maa heller aldrig forlade mig,» og hans Stemme
blev graadrusten, «vi vil aldrigen forlade hinanden,
min leve, leve Hjærte, aldrig i Verden. — Gods
og Guld og Ære og Ædeligheds Berømmelse og
dyrebare Slægteblod! væk, bander jeg, væk! det
er mig som Drank det og Bærmevalle. — Fine
Jomfruer og Fruer! væk, siger jeg, du er mig
hundrede Himmelhøjder bedre end som de, den
Dejligheds Ting, du er. Fordi de har Vaaben-
skjold og Mærke, de! — skulde de være bedre
for det? du har ogsaa Vaabentegn, har du saa!
det røde Mærke paa din hvide Skulder, som Mester
Anders har brændt med sit røde Jern, det er
Adelstegn det, — jeg spier paa mit Skjold for
at kysse det Mærke, det gjør jeg, det regner jeg
Skjold for — ja. For er der i hele Sjællands
Land en adelig Kvinde saa dejlig som du er?
spørger jeg — er der? — nej, der er ikke, ikke
en Stump af en!»

«Det — det — det er Løgn at forstaa,»
raabte han med ny Røst, sprang op og gestiku-
lerede henover Bordet, «min Fru Ide, at forstaa
— din Hjadderkop — hun har Skabning, du, at
forstaa — Lemmer — hun har Lemmer, siger
jeg, din Rakkesvands . . . »

Her vilde Daniel lade sig falde tilbage paa
Stolen, men da Ulrik Frederik i det samme rev
den bort, faldt han og trillede henad Gulvet.
Ulrik Frederik lo som en Besat, Marie sprang
hurtig op, rakte begge sine Hænder ud som for
at hjælpe Daniel op. Den Lille greb halvt lig-
gende, halvt knælende Haanden og stirrede paa
hende med et saa taknemmelighedsfuldt og hen-
givent Blik, at hun længe ikke kunde glemme det.

Saa red de hjem, og der var Ingen af dem,
der tænkte paa, at dette tilfældige Møde i «Stataf-
kroen» skulde række længere end det havde rakt.

IX.

Den Rigsforsamling, der lige som Høsten var
bragt tilende, tog sin Begyndelse i Kjøbenhavn,
førte jo en Mængde af Landets Adel til Byen,
alle begjærlige efter at værne om deres Rettig-
heder, men ogsaa betænkte paa at forlyste sig
ovenpaa Sommerens Travlhed. Heller ikke var
det dem imod at gjøre Forsøg paa at blænde
den siden Krigen temmelig højttalende, kjøben-
havnske Befolkning ved deres Pragt og Rigdom
og derved give den en liden Mindelse om at
Skjællet mellem Landets gode Mænd og den ufri
Hob endnu stod støt og trygt, trods kongelige
Privilegier, trods borgerlig Vaabendaad og Sejers-
glands og trods Kræmmerkisternes ynglende Du-
kater.

Af rigtklædte Adelsmænd og Fruer vrimlede
da Gaderne, af skrammererede Adelstjenere og ade-
lige Heste med sølvspændt Seletøj og brogede
Vaabendækner. Og der blev en Gjæstereren og
Beværten i alle Byens Adelsgaarde — til sent
ud paa Natten klang Fiolen fra de oplyste Sale
ud over Byen og fortalte de blundende Borgere

at Landets bedste Blod varmede sig der i statelig
Dands over tavlede Gulv og ved skummende Vin
i arvede Pokaler.

Alt dette gik Marie Grubbe forbi; hende var
der Ingen, der bød til Gjæst, thi dels mentes der
at endel af de Grubber, paa Grund af deres For-
bindelse med Kongehuset, stod mere paa dettes
end paa Standens Side og dels hadede den gode
gamle Adel oprigtigt den i de senere Aartier
temmelig talrige Overadel, der dannedes af Kon-
gernes naturlige Børn og deres Nærmeste. Marie
blev da saaledes af en dobbelt Grund forbigaaet,
og Hoffet, der under hele Rigsforsamlingen levede
meget indgetogen, bød hende ingen Erstatning.

I Begyndelsen faldt dette hende vel lidt
haardt, men da det blev ved, vakte det snart hendes
Sinds let vækkelige Trods og havde den saare
naturlige Virkning tilfølge, at hun sluttede sig
inderligere til Ulrik Frederik og kom til at holde
mere af ham, fordi der, som det syntes hende,
for hans Skyld blev gjort hende Uret; og denne
hendes Tilbøjelighed blev ved at vokse i Styrke,
saa der, da de den sekstende December seksten-
hundrede og treds i al Stilhed blev viede til hin-
anden, var de bedste Udsigter til et lykkeligt Samliv
mellem hende og Rigens Jægermester, denne Tittel
og Bestilling var nemlig Ulrik Frederiks Part af
det sejrende Kongehuses Naadesbevisninger.

At Vielsen gik saa stille af, var ganske imod
hvad der havde været paatænkt, for det havde

længe været bestemt, at Kongen skulde gjøre deres Bryllup paa Slottet, ligesom Christian den Fjerde havde gjort Fru Rigitzes og Hans Ulriks, men i den sidste Time fik man Skrupler og mente, af Hensyn til Ulrik Frederiks tidligere Giftermaal og Skilsmisse, at burde lade det blive som det saa blev.

De er da saa nu gifte og hjemfarne Folk, og Tiden lider og Tiden løber og Alt er vel — og Tiden mindsked Fart og Tiden krøb, for det er jo nu engang i Almindelighed saa, at naar Leander og Leonora har været sammen i et Halvtaarstid, saa er Aanden ikke altid over Leanders Kjærlighed, uagtet Leonora som oftest elsker ham endnu stærkere og inderligere end i Trolovelsesdagene. Thi, medens hun er som de smaa Børn, der finder det gamle Æventyr nyt hvor tidt det end fortælles med det selvsamme Ord, de selvsamme Overraskelser og det selvsamme evige «Snip, snap, snude,» saa er Leander saa fordringsfuld, at han trættes, saasnart hans Følelse ikke længer gjør ham ny for sig selv. Saasnart han ikke længer er helt beruset, er han ogsaa i det Samme mer end ædru. Rusens svulmende lyse Overmod, der har givet ham en Halvguds Selvtillid og Tryghed, forlader ham, han ængstes, han tænker og fanger Tvivl. Han ser tilbage paa sin Lidenskabs urolige Levnetsløb, sukker sit Suk og gaber. Og han længes, han føler sig som En, der er kommen hjem efter en

langvarig Fart i. fremmede Lande og nu atter
ser de saa inderlig velkjendte, saa lang Tid for-
glemte Steder liggende for sig, og alt mens han
ser dem, tankeløst undrer sig over at han virke-
lig har været borte fra denne hjemlige Verdens-
part saa længe.

I en saadan Stemning sad Ulrik Frederik
en regnfuld Septemberdag.

Han havde havt sine Hunde inde at lege
med, havde forsøgt paa at læse og havde spillet
Daldøs med Marie. Regnen skyllede ned, det var
ikke Vejr til at tage ud i, og han var derfor gaaet
ind i sit Vaabenkammer, som han kaldte det, i
den Tanke at pudse og efterse sine Skatte —
det var det just Vejr til — og var saa kommen
til at tænke paa en Kasse Vaaben, han havde
faaet i Arv efter Ulrik Christian, havde ladet
den bringe ned fra Loftet og sad nu og løftede
Arven Stykke for Stykke.

Der var Pragtkaarder, blaaanløbne med Guld-
indlægning og sølvblanke med mat Gravering; der
var Jagtknive med tunge, enkelt eggede Blade,
med lange, flammebugtede, med trekantede, naale-
spidse Blade; der var Toledoklinger, mange Toledo-
klinger, lette som Rør og bøjelige som Vidjer,
med Fæster af Sølv og af Jaspisagat, af drevet
Guld og af Guld med Karbunkler, og een iblandt

Daldøs = Et Brædtspil, der spilledes med Brikker
og Tærninger.

10*

dem, den havde kun Fæste af ætset Staal, den var stukken igjennem et lille Spændebaand af Silke, besyet i Roser og Ranker med røde Glasperler og grøn Floksilke. Enten var det et Armbaand, et simpelt Armbaand eller, som Ulrik Frederik troede, et Strømpebaand — og Kaarden var stukket der igjennem.

Det er fra Spanien, tænkte Ulrik Frederik, for der havde den Afdøde været i ni Aar og tjent i Armeen. Ak ja, han skulde ogsaa have været i Fremmedtjeneste hos Carl Gustav, men saa kom Krigen, nu kom han vel aldrig ud at tumle sig, og han var dog knap treogtyve Aar. Altid leve her ved dette lille, kjedelige Hof, dobbelt kjedeligt nu da al Adelen holdt sig hjemme. — Jage lidt, se lidt til sit Lehn, en Gang i Tiden, ved Kongens Naade, blive Gehejmestatsraad og Ridder, holde gode Miner med Prinds Christian og beholde sin Bestilling, nu og da bruges til en kjedsommelig Ambassade til Holland, blive gammel, faa Værk, dø og blive begravet i Frue Kirke, det var den glimrende Bane, der var ham afstukken. — Nu krigedes de nede i Spanien, der var Hæder at vinde, Liv at leve — der var Kaarden og Baandet fra. Nej — han maatte tale med Kongen, det regnede endnu og der var langt til Frederiksborg, men det fik ikke hjælpe, vente kunde han ikke, det maatte afgjøres.

Kongen syntes godt om Forslaget. Imod Sædvane sagde han straks ja, til stor Forbavselse

for Ulrik Frederik, der hele Vejen havde redet
og for sig selv anført alt, alt det, der gjorde det
vanskeligt, urimeligt, umuligt — og nu sagde
Kongen ja, til Jul kunde han rejse, til den Tid
kunde nok de indledende Skridt være gjorte og
den spanske Konges Svar være kommet.

Svaret kom da ogsaa allerede i Begyndelsen af
December, men Ulrik Frederik kom dog først til at
rejse noget hen i April; der var saa meget, der skulde
gjøres forinden, Penge, der skulde skaffes, Folk,
der skulde udrustes, Breve, der skulde skrives;
men saa rejste han da.

Marie Grubbe var kun daarligt tilfreds med
denne Spaniensrejse, og vel fik Fru Rigitze hende
til at indse, at det var nødvendigt, at Ulrik Frede-
rik rejste udenlands og vandt Hæder og Berøm-
melse for at Kongen ret kunde gjøre noget for
ham; thi vistnok var hans Majestæt en absolut
Herre, men han var desuagtet meget ømfindtlig
for Folks Omtale og Adelsskabet var jo nu paa
denne Tid saa forkert og vrangvilligt, at det
visselig vilde lægge Alt, hvad Kongen foretog sig
ud i den daarligste Mening — men alligevel,
Kvinder have nu en Gang en medfødt Frygt for
al Sigen Farvel og her var meget at være bange
for, thi selv om Marie kunde se bort fra Krigs-
faren og den lange, farlige Rejse og trøste sig
ved at der jo nok blev taget vel Vare paa en
Konges Søn, saa kunde hun dog ikke Andet end
ængstes for, at det Samliv, de saa vel havde be-

gyndt, ved en maaske mer en aarelang Adskil-
lelse kunde blive saaledes afbrudt, at det aldrig
kom til at fortsættes som det var begyndt. Deres
Kjærlighed var saa ny og saa lidet befæstet, og
nu just som den var kommen i Vækst, skulde den
skaanselløst udsættes for allehaande Umildhed og
Fare; var det ikke ret at stile henimod at lægge
den øde? — og det havde hendes korte Ægtestand
lært hende, at det Slags Ægsteskab hun i sin Tro-
lovelsesstand havde set an for saare let at føre,
det hvor Mand og Kvinde gik hver sin egen Vej,
det kunde kun være et Ulykkens Liv med idel
Mulm og ingen Dagning, og det var der jo nu
her gjort en Begyndelse til udvortes: Gud forbyde
det skulde komme saaledes indvortes, men det
var at friste Lykken haardt at aabne Dør for
saadan Skilsmisse.

Og saa var hun ogsaa meget skinsyg paa alt
det lette, katolske Kvindepak dernede i Spaniens
Riger og Lande.

*　　　*　　　*

Frederik den Tredie, der, som saamange andre
Fyrster og Herrer dengang, ivrigt dyrkede Guld-
magerkunsten, havde medgivet Ulrik Frederik det
Hverv, i Amsterdam at opsøge den berømte Guld-
mager, Italieneren Burrhi, forhøre om han ikke ag-
tede sig til Danmark og underhaanden lade ham
forstaa at saavel Kongen som den rige Christen

Skeel til Sostrup vel kunde gjøre ham hans Umag betalt, hvis han vilde ulejlige sig did.

Da Ulrik Frederik derfor i Juni Maaned Toogtreds naaede den nævnte By, lod han sig ved Ole Borch, der da studerede her og var vel kjendt med Burrhi, føre hen til ham. Guldmageren, dengang lidt oppe i de Halvhundrede, var en Mand lidt under Middelhøjde med gode Anlæg til Fedme, let i Gang og Holdning, noget gulladen, med sort Haar og en smal Knebelsbart, runde Kinder, fyldig Hage, kroget, lidt plump Næse og smaa, blinkende Øjne, der vare omgivne af en utallig Mængde smaa og store Rynker, som i en Vifte gik ud fra Øjenkrogene og gav ham et paa en Gang fiffigt og godlidende Udseende.

Sort Fløjelsfrakke med store Opslag og florbetrukne Sølvknapper, sorte Knæbenklæder, sorte Silkestrømper og Sko med store, sorte Baandroser var hans Dragt. Han syntes at sætte Pris paa Kniplinger, thi han havde Kniplinger i Brystet og i Enderne af sin Halsklud og baade om Haandledene og fra Kanten af hans Knæbenklæder hang rige Kniplingsmansketter i tykke Folder. Hans Hænder var hvide, fede, buttede og smaa og saa overlæssede med sjelden plumpe Guldringe, at han ikke kunde faa Fingrene sammen. Endogsaa om Tommelfingrene havde han store, juvelblinkende Ringe. Saasnart han sad ned, gjemte han, uagtet det jo var Sommerdage, Hænderne i

en stor Skindmuffe, for han frøs altid sine Hæn-
der, som han sagde.

Den Stue, han førte Ulrik Frederik ind i, var
stor og rummelig med Hvælvingsloft og smale
spidsbuede Vinduer højt oppe paa Væggen. Et
stort, rundt Bord stod midt paa Gulvet, omgivet af
Træstole, paa hvis Sæder der laa bløde Hynder
af rødt Silke med lange, tunge Kvaster i alle fire
Hjørner. Bordskiven var indlagt med en stor
Sølvplade, hvorpaa der i Niello var fremstillet de
tolv Himmeltegn, Planeterne og de vigtigste Stjerne-
billeder. En Rad Strudsæg hang paa Snor ned
fra Hvælvingens Midtroset. Gulvet var malet i
graa og røde Tavl, og indenfor Døren var gamle
Hestesko i Triangel indfældede i Gulvplankerne.
Et stort Koraltræ stod under det ene Vindue, et
mørkt, udskaaret Træskab med Messingbeslag under
det andet. I en Krog var anbragt en Voksdukke
i Legemsstørrelse, forestillende en Morian, og langs
Væggen laa Blokke af Tinerts og Kobbermaln.
Morianen havde et tørt Palmeblad i Haanden.

Efter at de nu vare skikkede til Sæde og de
første Høflighedsyttringer udvekslede, spurgte Ulrik
Frederik — de talte Fransk — Burrhi om han
ikke ogsaa vilde komme de Søgende i Danmarks
Land til Hjælp med sin Visdom og Forfarenhed.

Burrhi rystede paa Hovedet.

«Jeg veed vel,» sagde han, «at den hemmelig'
Kunst har fornemme og mægtige Dyrkere i Dan-
mark, men jeg har nu underviset saa mange fyr-

stelige Herrer og Prælater, og har jeg end ikke altid set Utak og liden Skjønsomhed for min ventede Løn, saa har jeg dog mødt saa megen Vrangsindethed og Uforstandighed, at jeg vanskelig tiere tager mig en Skikkelse paa som Læremester for saa ophøjede Skolarer. Det er mig ikke vitterligt efter hvilken Regula eller Methode hans Majestæt Kongen af Danmark laborerer, saa mine Ord ingen Sigtelse mod ham kan have til Indhold, men jeg kan i al Gehejmhed bedyre, at jeg har antruffen Herrer af Rigens allerhøjeste Adel, ja salvede Fyrster og Arveherrer, der vare saa uvittige i deres Historia naturalis og Materia magica, at den gemeneste Marktskrigere ikke kan være mere bondeagtig overtroisk end som de var. De slaa endog deres Lid til det vidtudspredte, forsmædelige Landerygte, at det at lave Guld, det er som at lave en Dvaledrik eller Lægedomspillula; blot En har den rette Opskrift, saa mænges det tilhobe, sættes paa Ilden, en Formula udsiges, og saa skal Guldet være der. Saadant har Styverfængere og ignorantiske Personer udspredt — dem Djævelen have! Kan de Folk dog intet forstaa, at dersom det saaledes gik an, da vilde Verden svømme udi Guld. Vel er det som gode Autores, sikkerlig med Rette, formode, saaledes bestilt af Naturen, at kuns en vis Del af Materie kan luttres ud i Guldets Gestalt, men vi vilde dog blive oversvømmede. Nej, Guldmagerkunsten er en vanskelig og bekostelig Kunst. Der maa en lykkelig Haand til, der maa være visse særdeles Constellationer og Conjunctioner forhaanden, om Guldet ret skal vælde. Intet alle Aaringer er Materien lige guldgivtig, nej, nej, betænker dog at det ingen ringe Destilatio eller Sublimatio er, men en Naturens Omskabelse, der skal gaa an. Ja, jeg tør sige, at der gaar en Sittring gjennem Naturgejsternes Pauluner hver den Gang en Del af det pure, tindrendes blanke Guld fries ud af Materia vilis's tusindaarige Omfavnelse!»

«Men,» sagde Ulrik Frederik, «I forlade mig jeg spørger, men sætter En intet ved slige lønlige Kunster sin Sjæl udi Fare og Vaade?»

«Nej, nej,» svarede Burrhi ivrigt, «hvor vil I tro! hvilken Mager var vel større en Salomo, hvis Segl, baade det store og det lille, vidunderligen er os bevaret den Dag idag vi lever? Hvo gav vel Mosem Trolddomsgave? Mon ikke Zebaoth, Stormenes Aand, den Forfærdelige?» og han trykkede Stenen i en af sine Ringe op til sine Læber. «Jo, jo,» vedblev han, «visselig have vi store Mørkets Navne og farlige Ord, ja gruelige Hemmeligheds-Tegn, der, hvis de bruges til det Onde, som mangfoldige Spaakvinder og Troldkarle og Lægmands-medici gjøre, fluks lægger deres Paakalderes Sjæle i Gehennas Lænker. Men vi, vi paakalde dem ikkuns for at udfri den hellige Urmaterie af Støvs og jordisk Askes urene Besmittelse og Beblandelse; thi det er Guldet; Guldet er den originale Begyndelsesmaterie, som det gaves at give Lys før

Solen og Maanen blev indsat i Himlens Hvæl-
vinger.»

Saaledes talte de længe om Guldmagerkunsten
og andre Lønvidenskaber, til Ulrik Frederik spurgte
ham om han ved Hjælp af den lille Seddel, han
for nogle Dage siden havde ladet ham tilskikke
ved Ole Borch, havde stillet hans Horoskop.

«I det Store,» sagde Burrhi, «kunde jeg vel
nok sige Eder, hvad Eder er bestemt, men naar
ikke Nativiteten stilles ret lige i den Time Bar-
net fødes, saa kommer intet alle Smaategn med og
Resultatet bliver da kuns meget lidt at lide paa.
Dog veed jeg noget. Ja ja,» vedblev han og
strøg sig over Øjnene, «havde I været borgerlig
født og i en Medikusses ringe Stilling, da havde
jeg kun havt glade Ting at berette Eder; men nu
vil Verden intet blive Eder fuldt saa let. Det er
paa visse Maader meget at beklage, at Verdens
Gang i de meste Tilfælde er saaledes, at en Haand-
værkeres Søn bliver og en Haandværkere, en Kjøb-
mands Søn en Kjøbmand, en Bondes Søn en Bonde
og saaledes fort over det Hele, thi, Manges Ulykke
har aleneste deri sin Grund, at de give sig hen i
en anden Bestilling end den, Himmeltegnenes Stilling
ved deres Fødsel anviser Dem. Om saaledes En,
der er født i Begyndelsen af Vædderens Tegn,
giver sig i Krigerstanden, da vil Intet lykkes for
ham, og Saar og liden Forfremmelse og tidlig
Død vil være ham vis, men om han tager sig til
at arbejde med sine Hænder som Kunstsmed eller

Stensnidere, vil Alting staa for ham som paa Pinde.
En, der er født under Fiskenes Tegn, i den første
Part, ham bør det at dyrke Jorden eller om han
er rig, at skaffe sig meget Jordegods, den, som er
født i sidste Part, maa søge sin Lykke paa Søen,
enten det saa maa være som gemen Børtskippere
eller som Admiral. Tyrens Tegn i første Part er for
Krigsfolk, i sidste Part for Advokater, Tvillingerne
som I er født under, er som jeg siger for Medici
i første Part, og for Kjøbmænd i anden Part. —
Men lad mig nu se Eders Haand!»

Ulrik Frederik rakte Haanden frem, Burrhi
gik hen til Hestesko-Trianglen og strøg sine Sko
henover dem, som en Linedandser stryger sine
Saaler paa Harpiksbrædtet inden han gaar ud paa
Tovet. Saa saae han i Haanden.

«Ja,» sagde han. «Æres-Linien er hel og
lang, ser jeg, og rækker saa vidt, den række
kan, uden at naa til en Krone. Lykke-Stregen
er mat paa nogen Tid, men bliver alt mere og
mere klar. Der er Livsfuren, den ser hel ilde ud
desværre, I maa tage Jer vel i Vare til I har
naaet Syvogtyveaarsalderen, til da er Eders Liv
haardt og hemmeligt truet, men saa bliver Linien
klar og stærk helt op i høj Alderdom, men den
skyder kun en Streg ud — jo dog, der er alt en
mindre hos — ja, I vil faa Livsarvinger i tvende
Kuld, det fejler intet, men faa i hvert.»

Han slap Haanden.

«Hør,» sagde han alvorligt, «der er Fare

for Eder, men hvor den truer, det ser jeg intet, dog, aaben Krigsfare det er det ingenlunde; skulde det være Fald eller anden Rejsevaade, saa tag her disse trekantede Malakiter, de er af en sær- deles Sort; ser I her, i denne Ring har jeg dem selv, de skytter godt mod Fald eller Styrtning fra Hest eller Vogn. Tag dem med, bær dem paa Jert blotte Bryst, eller om I lader dem sætte i en Ring, da tag Guldet ud bagved, for de maa røre, hvis de skal skjærme; og se her en Jaspis- sten, kan I se, der sidder i den som et Træes Lignelse, den er saare rar og fin, og god mod snigendes Vaabenstik og flydendes Forgift. Jeg beder Eder end en Gang, min dyrebare, unge Herre, I vogte Eder vel, især for Kvindfolk; jeg veed det intet sikkert, men der er Tegn, der tyder, at Faren blinker i et Kvindfolks Haand, men jeg veed det intet, det er intet vist, vogt Eder derfor ogsaa for arge Venner og skalkagtige Tjenere, for kolde Vande og for lange Nætter.»

Ulrik Frederik tog venligt mod Gaverne og glemte ikke den følgende Dag at sende Guldmageren en kostbar Halskjæde til Tak for hans gode Raad og gode Værgestene.

Herefter gik hans Rejse uden Standsning lige til Spanien.

X.

Der blev saa stille i Gaarden den Foraars-
dag, da Hestenes Hovslag var døet bort i det
Fjerne. Endnu stod alle Døre aabne efter Afskeds-
stundens Travlhed, endnu stod Bordet dækket,
hvorved Ulrik Frederik havde spist, hans Salvet
laa endnu ved hans Couvert, saaledes som han
havde krammet den sammen, og fugtige Spor af
hans store Ridestøvler var endnu synlige hele
Gulvet over.

Derhenne ved det store Pillespejl havde han
trykket hende til sit Bryst, kysset og kysset hende
til Farvel og søgt at trøste hende ved svorne
Løfter om snarligt Gjensyn.

Uvilkaarligt gik hun hen for Spejlet som for
at se, om det ikke havde holdt hans Billede fast,
saaledes som hun for et Øjeblik siden, indesluttet
i hans Arme, havde set det. Hendes egen en-
somme, forknytte Skikkelse, hendes blege, forgrædte
Ansigt mødte hendes søgende Blik inde bag Spej-
lets glatte, blanke Flade.

Porten blev lukket i dernede, Tjeneren tog
af Bordet, og Nero, Passando, Rumor og Delphin,

hans kjæreste Hunde, der havde været lukket inde,
løb med ynkelig Piben, snusende til Sporene, rundt
i Stuen. Hun vilde kalde dem hen til sig, men
kunde ikke for Graad. Passando, den store, røde
Rævemynde, kom hen til hende, hun knælede ned
og klappede den og strøg den, men den logrede
kun adspredt med Halen og saae hende med store
Øjne lige op i Ansigtet og peb og peb.

Hine første Dage, — hvor dog Alt var tomt
og trist, hvor langsomt Tiden randt, og hvor
knugende tungt Ensomheden laa paa hende, og
hvor Længslen saa imellem var skjærende skarp
som Salt i en aaben Vunde.

Ja, det var de første Dage, men da det saa
ikke var nyt længer og blev ved at komme Alt-
sammen, Mørket og Tomheden, Længslen og Sor-
gen, Dag for Dag, som et Snevejr, der falder
Flok paa Flok, den ene langsomt dalende Flage
efter den anden, da kom der en underlig Haabløs-
hedens Sløvhed og Ro over hende, ja næsten som
en Følelsesløshed, der sætter sig lunt tilrette i
Sorgens Hygge.

Og saa var det pludseligt igjen helt ander-
ledes.

Alle Nerver spændte i den højeste Pirrelig-
hed, alle Aarer bankende af livstørstigt Blod og
hendes Fantasi saa fuld som Ørkenens Luft af
farverige Billeder og daarende Syner.

I slige Dage følte hun sig som en Fange,
der utaalmodigt ser sin Ungdomstid, Vaar paa

Vaar, glide gold forbi, uden Blomster, mat og øde, stadigt svindende, aldrig kommende. Og det var hende som Tidens Sum blev talt hende til Time-Hvid for Time, og som hver af dem med Klokkeslagets Klang faldt klirrende ned for hendes Fødder og smulnedes og blev til Støv, og da kunde hun i kvalfuld Livslængsel vride sine Hænder og skrige som i Pine.

Sjældent viste hun sig ved Hoffet eller hos sin Slægt, thi Etiketten fordrede, at hun holdt sig hjemme, og da hun kun var meget lidt stemt til at paaskjønne Besøg, ophørte disse snart, og hun var ganske overladt til sig selv.

En lad Mathed blev snart Følgen af denne ensomme Grublen og Sørgen, og hele Dage og Nætter i Rad blev hun liggende tilsengs og søgte her at holde sig i en halv vaagende, halv slumrende Tilstand, der affødte æventyrlige Drømme, som i Klarhed langt overgik den sunde Søvns taagede Drømmebilleder, saa de næsten var som virkelige, og gav en kjærkommen Erstatning for det Liv, hun savnede.

Dag for Dag blev hun mere og mere pirrelig, saa den mindste Larm voldte hende Smerte, og hun kunde faa de sælsomste Indfald og pludselige, vanvittige Ønker, der næsten maatte vække Tvivl om hendes Forstand.

Der var vel ogsaa kun et Straas Bredde mellem Vanviddet og denne sælsomme Lystenhed, som betog hende efter at udføre en eller anden

fortvivlet Handling, blot for at udføre den, ikke
fordi hun havde mindste Grund dertil, ja ikke en
Gang rigtig ønskede det.

Saaledes hændte det undertiden, naar hun
stod ved det aabne Vindue, lænet til Vinduepesten
og saae ned i den stenlagte Gaard dybt under
hende, at der foer igjennem hende en fristende
Drift til at kaste sig derned, blot for at gjøre
det. Men i det samme Nu havde hun i Fantasien
gjort Springet, og hun følte den skjærende, kjølige
Kildren, som Spring fra høje Steder frembringer
og hun foer fra Vinduet ind i det Inderste af
Stuen, rystende af Angst og med Billedet af sig
selv, liggende blodig nede paa de haarde Sten,
saa tydeligt for sig, at hun maatte gaa til Vin-
duet igjen og se ned, for at jage Billedet bort.

Mindre farlig og af en lidt anden Natur
var den Lyst hun følte, naar hun, hvad der
stundom hændte, kom til at se paa sin blottede
Arm, og næsten nysgjerrigt fulgte de blaa og
dunkeltviolette Aarers Løb under den hvide Hud,
den Lyst, hun da følte til at bide ned i dens
hvide Runding, og hun fulgte virkelig sin Lyst
og bed som et grumt lille Rovdyr Mærke paa
Mærke, men saasnart det gjorde rigtig ondt, holdt
hun straks op og gav sig til at kjæle for den
stakkels mishandlede Arm.

Til andre Tider kunde hun, bedst som hun
sad, finde paa at gaa ind og klæde sig af, blot
for at svøbe sig i et tykt, rødt Silketæppe og

mærke det blanke Stofs kjøligt glatte Berøring
eller for at lægge en iskold Staalklinge nedad sin
blottede Ryg.

Af saadanne Indfald havde hun mange.

Efter fjorten Maaneders Fraværelse vender
saa Ulrik Frederik hjem.

Det var en Julinat. Marie kunde ikke sove,
hun laa og lyttede paa den langsomt pibende
Sommernatsvind, urolig af alskens ængstende
Tanker.

De sidste otte Dage havde hun ventet Ulrik
Frederik hver Time i Døgnet, ønskende hans
Komme, frygtende hans Komme.

Vilde Alting blive igjen som i gamle Dage,
for fjorten Maaneder siden? — det syntes hende
nej det ene Øjeblik, ja det andet. Hun kunde nu
ikke rigtig tilgive ham den Spaniensrejse, hun
var bleven saa gammel i al den Tid, saa forsagt
og stilfærdig, og nu kom han hjem, vant til Glands
og Tummel, friskere og mere ungdommelig end
før, og fandt hende bleg og falmet, tung i Sind
— tung i Gang, slet ikke den Gamle, og i det
første Møde vilde han være saa fremmed og kjølig
overfor hende og det vilde gjøre hende endnu mere
forskræmt, og han vilde vende sig fra hende, men
aldrig vilde hun vende sig fra ham, nej, nej, hun
vilde vaage over ham som en Moder, og naar
Verden gik ham imod, saa vilde han komme til
hende, og hun vilde trøste ham og være ham saa

god, savne for hans Skyld, lide og græde, gjøre
Alt for hans' Skyld. — Saa syntes det hende igjen
at saasnart hun saae ham, vilde Alt være som
det var, jo, de stormede gjennem Stuen, som kaade
Pager, stimede og støjede, og Væggene gav Gjen-
lyd af Latter og Jubel og Krogene hviskede med
Kys —.

Som hun tænkte sig det saadan, faldt hun i
en let Blund og det larmed og legte ind i hendes
Drømme, og da hun vaagnede, larmed det endnu,
raske Fodtrin lød paa Trapperne, Porten slog op,
Døre lukkedes, Vogne rumlede paa Gaden og Heste-
hove skrabede i Stenbroen.

Det er ham! tænkte hun, sprang op, greb
det store, stukne Sengetæppe, og svøbt i det som
en Kaabe, ilede hun ind gjennem Værelserne. I
Storstuen standsede hun, der stod en Bissepraas
i en Træstage nede paa Gulvet og brændte, et Par
af Lysene i Armstagerne var tændte, Tjeneren
var løben fra disse Forberedelser af lutter Travl-
hed. Det talte derude. Det var Ulrik Frederiks
Røst, hun skjælvede af Bevægelse.

Døren gik op, og med Hat paa Hovedet og
Kappe omkring sig stormede han ind, vilde gribe
hende i sine Arme, men fik kun fat i hendes
Haand, for hun foer tilbage, han saae saa fremmed
ud, hun kjendte ikke hans Dragt, han var bleven
saa brun og saa fyldig, og under Kappen var han
i en sælsom Klædning, hun aldrig havde seet
Mage til, det var den nye Mode med lang Vest

11*

og skindbræmmet Kjole, og den forandrede helt
hans Figur og gjorde ham endnu mere ukjendelig.

«Marie,» raabte han, «min hjærte Pige,» og
han vred hende ind til sig, saa det værkede i
hendes Haandled og hun vaandede sig af Smerte.
Men han mærkede det ikke, han var temmelig
drukken, thi Natten var ikke varm og de havde
bedet godt i den sidste Kro.

Det hjalp kun lidt Marie stred imod, han
kyssede og klappede hende vildt og ubændigt.
Endelig slap hun dog fra ham, og med blussende
Kind og bølgende Barm flygtede hun ind i den
nærmeste Stue; saa kom hun dog i Tanker om,
at det maaske var en vel sælsom Velkomst og
vendte tilbage.

Ulrik Frederik stod paa samme Plet, helt
forvirret, delt imellem Bestræbelsen for at faa sin
omtaagede Forstand til at fatte, hvad der foregik,
og Anstrængelsen for at hægte Hagekrogen i sin
Kappe op, men hans Tanker og hans Hænder var
lige hjælpeløse. Da nu Marie kom tilbage og
friede ham for Kappen, kom han paa, at det Fore-
gaaende nok skulde være Spøg og brast ud i en
skogrende Latter, slog sig paa Laarene, vred og
vendte sig, ravende som han var, truede skjælmsk
ad Marie og lo fornøjet og godmodigt, havde
aabenbart noget Spøgefuldt, han vilde sige, be-
gyndte ogsaa paa det, men kunde ikke faa det frem,
og sank endelig ganske opløst og lattergreben ned
paa en Stol, stønnende og gispende af al den

Leen, med et lykkeligt, bredt Smil over hele An-
sigtet.

Lidt efter lidt veg Smilet for et døsigt Alvor,
saa rejste han sig op og gik i tavs, misfornøjet
Majestæt frem og tilbage over Gulvet, stillede sig
omsider op ved Kaminen, foran Marie, med den
ene Arm i Siden, den anden støttet paa Gesimsen
og saae overlegent — stadig slynget af den stærke
Rus — ned paa hende.

Han holdt nu en lang, usammenhængende
Fuldmandstale om sin egen Storhed, om den Ære,
der var viist ham udenlands, og om den store
Lykke, det var for Marie som en menig Adels-
mands Datter, at have til Gemal En, der om han
havde villet, kunde have hjemført en Prindsesse af
Blodet. Han gik derefter uden Grund over til at
sige, at han vilde være Herre i sit Hus, og truede
Marie, at hun skulde være saa lydig, saa lydig,
han vilde ingen Raisonering høre paa, ikke et
Kny, ikke eet; hvor højt han ogsaa havde hævet
hende, saa blev hun dog altid hans Slave, hans
lille Slave, lille, søde Slave, og nu blev han saa
mild som en legende Los, græd og smiskede og
trængte med hele en drukken Mands Ihærdighed
ind paa hende med grove Kjærtegn og plumpe
Elskovsord — uundgaaelige, uafviselige.

Næste Dags Morgen vaagnede Marie længe
før Ulrik Frederik.

Det var næsten med Had, hun betragtede

den sovende Skikkelse ved hendes Side. Hendes Haandled var hovnet op og var ganske ømt fra hans voldelige Velkomsthilsen igaaraftes. Der laa han med de kraftige Arme under den stærke, laadne Nakke; sorgløst, trodsigt, syntes det hende, aandede det brede Bryst, og der var et dorsk, mæt Smil paa de røde, fugtigt glindsende Læber.

Hun blev bleg af Harme og rød af Undseelse, ved at se paa ham. Næsten fremmed for hende ved den lange Adskillelse, var han trængt ind, pukkende paa hendes Kjærlighed som sin Ret, overmodig vis paa hele hendes Sjæls Hengivenhed og Tilbøjelighed, som En er vis paa at finde sine Møbler staaende, hvor de stod, da En gik ud. Vis paa at være savnet, vis paa at Længsels Klager havde svunget sig fra hendes skjælvende Læber henimod ham i det Fjerne, vis paa at alle hendes Ønskers Maal var hans brede Favn—.

Da Ulrik Frederik stod op, fandt han hende halvt siddende, halvt liggende paa en Løjbænk inde i den blaa Stue. Hun var bleg, Ansigtstrækkene slappe, Øjnene nedslagne, og den syge Haand laa mat ned i hendes Skjød, svøbt i et Kniplingslommetørklæde; han greb efter den, men hun rakte ham langsomt den venstre og heldte med et smerteligt Smil Hovedet tilbage.

Ulrik Frederik kyssede smilende den fremrakte Haand, kom med nogle spøgefulde Bemærkninger om hans Tilstand igaaraftes og undskyldte sig med, at han, saalænge han var i Spanien, aldrig havde faaet en eneste god Rus, fordi Spanierne slet ingen Forstand havde paa at drikke, og han tilføjede, at naar han skulde være ærlig, saa drak han heller den uægte Alikant og Malagavin fra Johan Lehns Stue eller fra Bryhanskjælderen, end det ægte, søde Djævelskab, der vankede dernede.

Marie tav.

Frokostbordet stod dækket og Ulrik Frederik spurgte, om de ikke skulde spise.

Marie skulde Ingenting have, hun bad ham undskylde, han maatte spise ene, hun havde ingen Madlyst, og hendes Haand gjorde saa ondt, han havde rent kvæstet den.

Saa fik han da at vide, hvor skyldig han var, og han vilde endelig se den syge Haand og kysse den, men Marie skjulte den hurtigt i sin Kjoles Folder og saae paa ham, som han sagde, med et Blik som en Tigerinde, der forsvarer sit værgeløse Afkom. Han bad længe, men det hjalp ikke, saa satte han sig leende tilbords og spiste med en Appetit, der levende mishagede Marie. Roligt kunde han imidlertid ikke sidde, han maatte hvert Øjeblik løbe til Vinduet og se ud, for alle Gadens hjemlige Scener var ham saa nye og kurieuse, og han fik snart ved denne idelige Løben den halve Opdækning spredt rundt omkring i Stuen, hans Øl stod i det ene Vindue, Brødkniven laa i det andet, hans Serviet hang over Vasen paa den forgyldte Gueridon og en Kringle laa paa det lille Bord i Krogen.

Endelig blev han færdig og, satte sig hen ved Vindnet og sad længe og saae ud, snakkende til Marie, der henne fra sin Løjbænk kun svarede ham sjeldent eller slet ikke svarede.

Omsider rejste hun sig og gik hen til Vinduet, hvor han sad. Hun sukkede og saae tungsindigt ud i Luften.

Ulrik Frederik smilte og drejede med stor Ihærdighed sin Signetring rundt paa Fingeren.

«Skal jeg puste paa den kranke Haand?» sagde han i en klagende, medlidende Tone.

Marie rev Kniplingstørklædet af Haanden uden at sige et Ord og blev ved at se ud.

«Den tager Kuld, den lille Stakkel,» sagde han og saae et Øjeblik op.

Marie støttede, tilsyneladende tankeløst, den syge Haand mod Vindueskarmen og spillede med Fingrene, som paa et Klavikordium, frem og tilbage, ud af Solen og ind i Vinduespostens Skygge og ud af Skyggen og ind i Solen igjen, frem og tilbage.

Ulrik Frederik saae med smilende Velbehag paa den smukke, blege Haand, der som et vevert, smidigt, lille Kattedyr leged og tumled i Karmen, krummed sig som til Spring, drejed og vendte sig, skød Ryg, tog Tilløb hen til Brødkniven, rullede med Skaftet, krøb tilbage, lagde sig fladt ned i Karmen, listed sig langsomt hen til Kniven igjen, snoede sig smidigt i Greb om Skaftet, løftede

Bladet og lod det spille blankt i Solen, fløj saa op med Kniven . . .

I samme Nu lynede Kniven ned imod hans Bryst, men han værgede med Armen, og Klingen skar igjennem hans lange Kniplingsmansketter ned i Ærmet og han hugged den til Side ned paa Gulvet, sprang med et Forfærdelsesraab op, saa Stolen tumled tilbage, Altsammen i eet kort Sekund, ligesom med en eneste Bevægelse.

Marie var dødbleg, hun klemte Hænderne op mod sit Bryst, hendes Blik var stivt og forfærdet, det stirrede hen paa den Plet, hvor Ulrik Frederik havde siddet, saa sænkede Øjelaagene sig, en skærende, død Latter trængte sig over hendes Læber, og hun sank om paa Gulvet, lydløst og ganske langsomt, som støttet af usynlige Hænder.

Dengang hun legede med Kniven, havde hun pludselig lagt Mærke til, at Ulrik Frederiks Kniplingsskjorte stod aaben og blottede hans Bryst, og i samme Øjeblik var den meningsløse Drift opstaaet hos hende, at hugge det kolde, blinkende Blad ind i det hvide Bryst, og hun gjorde det; ikke fordi hun ønskede at dræbe eller blot at saare ham, maaske kun fordi Kniven var kold og Brystet varmt, eller mulig fordi hendes Haand var syg og svag og Brystet stærkt og sundt, men først og fremmest fordi hun ikke kunde lade være, fordi hendes Vilje ingen Magt havde over hendes Hjærne, eller hendes Hjærne ingen Magt over hendes Vilje.

Ulrik Frederik stod bleg og støttede sig med
Haandfladerne paa Frokostbordet, han skjælvede,
saa Bordet rystede og Fadene klirrede mod hin-
anden. Frygt var ellers ikke blandt hans Egen-
skaber eller Mod blandt hans Mangler, men dette
var kommet saa uanet, var saa vanvittig ubegribe-
ligt, at han kun med Spøgelserædsel kunde tænke
paa den Skikkelse, der laa livløs og stille paa
Gulvet henne ved Vinduet. Burrhis Ord om Faren,
der blinkede i en Kvindes Haand, klang for ham,
han sank paa Knæ og bad; for al rimelig Sikker-
hed, al forstandig Tryghed var vegen fra Jorde-
livet og al menneskelig Vished ogsaa, thi det var
Himlen selv, der regjered, ukjendte Gejsters Ind-
flydelse, der styred, overjordiske Magter og Tegn,
der bestemte. Hvorfor skulde hun ellers ville
dræbe ham, hvorfor, Gud, du Almægtigste, hvorfor,
hvorfor? . . . Fordi det skulde være. Skulde.

Næsten stjaalent tog han Kniven op, bræk-
kede Bladet over og kastede Stumperne ind i den
tomme Kamin.

Endnu rørte Marie sig ikke.

Hun var da ikke saaret? nej, Kniven var
jo blank, og der var ingen Blod paa hendes Man-
sketter, men hun laa saa stille, dødsens stille;
han ilede hen til hende og løftede hende op i sine
Arme.

Marie sukkede, slog Øjnene op, saae stivt og
dødt ud for sig, saae paa Ulrik Frederik, og hun
slyngede sine Arme om ham, kyssede og kjærtegnede

ham, men sagde ikke et Ord. Hun smilede vel
saa lykkelig og glad, men der var en spørgende
Angst i hendes Blik, hun saae henad Gulvet som
om hun søgte Noget, greb saa pludselig Ulrik
Frederik om Haandledet og følte paa hans Ærme,
og da hun saae, at det var udrevet og Mansketten
flænget, skreg hun i Forfærdelse.

«Saa gjorde jeg det dog,» raabte hun for-
tvivlet, «aa Gud i din højeste Himmel, bevar min
Forstand, saa mindelig jeg beder! — Men hvorfor
spørger du intet?» sagde hun til Ulrik Frederik,
«hvorfor slænger du mig intet fra dig som en
forgiftig Eddersnog! Alligevel, Gud skal vide, jeg
intet har Skyld eller Andel i, hvad jeg gjorde;
det kom saadan paa mig, der var det, der tvang
mig, jeg svær' dig min højeste Helgens Ed, der
var det, der styred' min Haand; men du tror
det intet, hvor kan du ogsaa?» og hun græd og
jamred.

Men Ulrik Frederik troede hende ganske.
Det var jo den fuldeste Bekræftelse af hans egne
Tanker, og han trøstede hende med gode Ord og
Kjærtegn, skjøndt han følte en hemmelig Rædsel
for hende som den, der var et stakkels vanvittigt
Redskab i arge Gejsters usalige Vold. Og han
overvandt ikke denne Rædsel, uagtet Marie Dag
for Dag opbød al en klog Kvindes Kløgt for at
vinde hans Tillid. For havde hun hin første
Morgen svoret i sit Hjærte, at Ulrik Frederik
skulde faa Lov til at udfolde al sin Elskværdighed

og bruge alt sit Taalmod for at vinde hende igjen,
saa svor hendes Opførsel nu lige det Modsatte;
hvert Blik var en Bøn, hvert Ord et ydmygt
Løfte, og i tusinde Smaating, i Dragt og Lader,
i snilde Overraskelser og sarte Hensyn tilstod hun
ham, hver Time paa Dagen, sin inderlige, længsels-
fulde Kjærlighed, og havde hun kun havt Mindet
om hin Formiddags Optrin at overvinde, da var
Sejren ogsaa bleven hende vis.

Men større Fjender stod hendes Sag imod.

Ulrik Frederik var draget bort som fattig
Prinds fra et Land, hvor den mægtige Adel ingen-
lunde betragtede en Konges uægte Børn som mere
end sin Lige. Enevælden var endnu saa ung, og
den Betragtning, at Kongen var en Mand, der
kjøbte sin Magt ved at give sin Magt, saa saare
gammel. Det Halvgudsskjær, der i senere Tider
omstraalede den absolute Arveherre, om det end
alt var tændt, det var dog endnu kun spagt og
spædt og blændede Ingen, der ikke stod alt-
for nær.

Fra dette Land drog Ulrik Frederik til
Phillip den Fjerdes Hær og Hof, og her blev
han overvældet med Gaver og Æresbevisninger,
udnævntes til Grand d'Espagne og behandledes
paa lige Fod med Don Juan d'Austria, thi de
Spanskes Konge lod sig det være magtpaaliggende,
i hans Person at hylde Frederik den Tredie og
ved overvættes Gavmildhed og Naade at udtrykke
sin Tilfredshed med Regjeringsforandringen i Dan-

mark og sin Anerkjendelse af Kong Frederiks sejerkronede Bestræbelser for at indtræde i de absolute Herskeres Række.

Løftet og beruset af al denne Hæder, som ganske forandrede hans Opfattelse af hans egen Betydning, saae Ulrik Frederik snart, at han havde handlet utilgivelig letsindigt i at gjøre en menig Adelsmands Datter til sin Gemalinde, og Tanker om at lade sin egen Ubesindighed gaa ud over hende, Tanker om at lade hende ophøje og om at lade sig skille fra hende, krydsede i broget Forvirring hinanden under hans Rejse hjem, og da nu den overtroiske Frygt for, at hans Liv var truet af hende, kom til, tog han den Beslutning, indtil han kunde skjønne, hvad der videre var at foretage, at behandle hende koldt og ceremonielt, og at afvise ethvert Forsøg paa at vække det gamle, idyliske Forhold tillive igjen.

Frederik den Tredie, der ingenlunde var nogen ufin Iagttager, opdagede snart, at Ulrik Frederik ikke var vel fornøjet med sit Ægteskab og forstod ogsaa helt vel Grunden, og han benyttede derfor enhver Lejlighed til at fremdrage og udmærke Marie Grubbe, og overvældede hende med Tegn paa Gunst og Naade, og troede paa denne Vis at kunne hæve hende i Ulrik Frederiks Øjne og Yndest, men det hjalp ikke, det bidrog kun til at skabe en Hær af aarvaagne og misundelige Fjender rundt om den Udkaarne.

* *
*

Den Sommer, som saa ofte ellers, boede Kongefamilien paa Frederiksborg.

Ulrik Frederik og Marie tog ogsaa dernd, thi de skulde hjælpe med til at udfinde og optænke alle mulige Festligheder og Optog, som i September og Oktober skulde gaa for sig, naar Churfyrsten af Sachsen kom for at trolove sig med Prindsesse Anna Sofie.

Foreløbig var Hofkredsen derude ganske lille, først i Slutningen af Avgust skulde den udvides, thi da skulde Prøverne paa Balletter og anden Lystbarhed begynde. Der var derfor meget stille, og de sled Tiden som de bedst kunde. Ulrik Frederik var næsten hver Dag paa lange Jagt- og Fisketoure, Kongen havde travlt med sit Drejelad og sit Laboratorium, som han havde ladet indrette i et af de smaa Taarne, og Dronningen og Prindsesserne baldyrede til den forestaaende Fest.

I den Allee, som fra Skoven fører op mod Laagen til lille Dyrehave, plejede Marie Grubbe at gaa sin Morgengang.

Hun var der ogsaa idag.

Højt oppe i Alleen lyste hendes kraprøde Robe skarpt mod den muldsorte Gang og det grønne Løv.

Langsomt kom hun nærmere.

Den sirlige, sorte Filthat, uden andet Smykke end en smal Perlelidse og en blinkende, sølvindfattet Solitaire paa den opkrammede Sideskygge, sad let paa det i tunge Lokker opsatte Haar. Robelivet sad stramt og glat, Ærmerne var snevre til ned imod Albuen, der blev de dybt opslidsede, hængende, agrafferede over Slidsen med Perlemoder og forede med ansigtsfarvet Silke. En tætvævet Kniplingsbredde skjulte de nøgne Arme. Robeskjørtet, der bagtil slæbte en Smule, var paa Siderne højt ophæftet og faldt i rundede Folder kortelig af foran, og lod et sort og hvidt skraastribet Silkeskjørt tilsyne, saa langt, at Foden med de sortsviklede Strømper og perlespændte Sko netop kunde sees. I Haanden havde hun en Vifte af Svanefjer og Fjer af Ravne.

Tæt ved Laagen standsede hun, aandede i sin hule Haand og holdt den først for det ene, saa for det andet Øje, saa rev hun en Kvist af og lagde de kjølige Blade paa de hede Øjelaag, men det kunde alligevel sees, at hun havde grædt. Saa gik hun ind ad Laagen, op mod Slottet, vendte tilbage igjen og slog ind paa en Sidegang.

Neppe var hun forsvunden mellem de mørke grønne Buksbomhække, før der oppe i Alleen viste sig et sælsomt, skrøbeligt Par: et Mandfolk, der gik langsomt og vaklende som En, der nys var kommen op af en haard Sygdom, støttede sig til et Fruentimmer i en gammeldags Stoffes Kaabe og med en stor, grøn Skjærm for Øjnene. Manden vilde gaa hurtigere til, end han ret vel kunde aarke, og Fruentimmeret holdt igjen og trippede smaaskjændende med.

«Naa, naa!» sagde hun, «bi at tage dine Ben med, du flyver jo til som et vindt Hjul i en skjæv Vej, kranke Lemmer skal krankelig bæres. Gaa nu stille! sagde hun ikke det, den kloge Kone i Lynge. Er det at stolpre afsted paa Ben, som der intet er mere Støtte og Stivelse i, end som i gammel Sime!»

«Herregud, da ogsaa for Ben det er!» klynkede den Syge og standsede, da Knæene rystede under ham, «nu er hun helt af Syne,» og han saae langeligt op imod Laagen, «helt af Syne! og der bliver ingen Lystfart i Dag, har Foureren sagt, og der er saa længe til imorgen!»

«Ja, ja, den Tid gaar nok, lille Daniel, og saa kan du hvile idag, saa er du saameget des stærkere imorgen, saa følger vi hende hele Skoven igjennem, fluks ned til Laagen, ja vi gjør, og nu gaar vi hjem, og saa skal du ligge paa den bløde Løjbænk og have et godt Krus Øl, og saa spiller vi Verkehring og saa kommer Reinholdt Vinskjænk, naar det høje Herskab har spiset af, og saa spørger du Nyt og vi faar os en god, trofast Lanter til Sol gaar i Bjerge, ja, vi gjør, lille Daniel, ja, vi gjør!»

«Ja, vi gjør, ja, vi gjør!» vrængede Daniel, «du med din Lanter og Spil og Verkehring! naar det brænder i min Hjærne som Løbebly og min Forstand er i vilden Vaade og — hjælp mig hen til Vejkanten, at jeg kan sætte mig lidt — saa, saa . . . er jeg klog, Magnille? er jeg? — jeg er galen som en Flue i en Flaske, hvad? Hille Kors og Sakrament! det er klog Mands Fart for en vanbaaren Vanbyrdig, ussel, ussel, rygbraaden Stakkarl, at æde sig op af højgalen Elskov til en Prindses Hustru, det er klogt, Magnille, at længes Øjnene ud af Hovedet efter hende, at gispe som en landsmidt Fisk efter at se kuns et Glimt af hendes Gestalt, at minde med sin Mund det Støv, hun har traadt, det er klogt, siger jeg! — aa, var der intet de Drømme, Magnille, hvor hun bøjer sig over mig og lægger sin hvide Haand paa mit pinefulde Bryst eller ligger saa stille og aander saa sagte og er saa kold og forladt og har Ingen til at værge sig, uden som mig ... eller hvirvler forbi i et stakket Glimt, hvid, hvid som en nøgen Lilie! — men det er nichtige Drømmer, Røg og Tant kuns og fattige Luftblaser.»

De gik igjen.

Ved Laagen standsede de.

Daniel støttede sig med Armene paa den og stirrede op imellem Hækkene.

«Derinde!» sagde han.

Stille og lys laa Dyrehaven med Sol i Luft og Sol i Løv. Kisel og Smaaskaar nede i Gangen kasted Lyset tilbage i dirrende Straalebundter, flyvende Edderkoppespind blinked gjennem Luften og tørre Knopblade dalede vrikkende ned fra Bøgenes Grene, mens højt oppe mod den blaa Himmel Slottets hvide Duer tumlede sig med Solguld over de hurtige Vinger.

Fra en fjern Luth klang en lystig Dandse-
melodi dæmpet derned.

«Saadan en Nar!» mumlede Daniel. «Skulde
En tro det, Magnille. at En, der har Indialands
dyrbareste Demantsperle, vilde agte den ringe og
løbe efter Skjærver af malet Glas! Marie Grubbe
og — Karen Fiol! er han klog? og nu tænker
de, han jagter, tænker de, fordi han lader Vildt-
skytten skyde til sig og kommer hjem med Hors-
gummer og Tredækkere i Bundter og Par, og
imens saa stimer og fjaser han nede i Lynge
med en Kjøbemø, en Carnaille — tvi, tvi, i
Helvedes Hav for skidden Commerce! — og han
er saa iversyg paa den Majmaanedskilling, at
han knap tør vende sine Øjne fra hende en Dag
tilende, mens . . . .»

Det rasled i Løvet, og Marie Grubbe stod
lige foran ham indenfor Laagen.

Dengang hun drejede af ned i Haven, var
hun nemlig gaaet ned til Indhegningen, hvor Els-
dyrene og de Esrom-Kameler nu holdtes, og var
derfra søgt hen til et Lysthus, lige tæt op mod
Laagen. Her havde hun hørt Daniels Ord til
Magnille og nu:

«Hvem er I?» spurgte hun, «og var de sande,
de Ord, I sagde?»

Daniel havde ondt ved at holde sig opret ved
Laagen, saadan rystede han.

«Daniel Knopf, velbaarne Madame, den galne
Daniel,» svarede han, «bryd Jer intet om hans

Snak, det løber ham saadan af Tungen, Redt og Uredt mellem hinanden, Hjærneavner og Tunge-tærsken, Tungetærsken og intet Andet.»

«I lyver, Daniel.»

«Ja, ja, Herregud! vist lyver jeg saa, det er troligt nok, for her, velbaarne Madame,» og han pegede paa sin Pande, «her er det som en Jerusalems Forstyrrelse — nej dig, Magnille, nej dig høvisk og sig den velbaarne Madame Gylden-leu, hvor galen jeg er bleven, — vær intet und-seendes! Herregud, vi har jo alle vores smaa Bræk og Skrøbeligheder! sig det kuns, Magnille, vi er jo ligegodt dog kuns saa galne, som Vorherre han gjør os.»

«Er han virkelig ret galen?» spurgte Marie Magnille.

Magnille dyppede sig forvirret, greb efter Maries Kjoleflig ind mellem Laagens Tremmer og kyssede paa den og saae ganske forskrækket ud: «Aa nej, nej, er han intet, Gud have Lov.»

«Hun er ogsaa . . .» og Daniel slog med Haanden en Kreds i Luften, «vi passer paa hin-anden, vi to Galne, saa vel vi kan, det er intet for det Bedste, men Herregud, Galne se, Galne gaa, ved fælles Hjælp de Graven naa, men der bliver intet ringet over dem, det maa intet være. Ellers Tak for god Efterspørgsel, mange Tak, mange Tak og Gud i Vold.»

«Bliv,» sagde Marie Grubbe, «I er intet mere galen, end I gjør Jer selv. I skal tale,

Daniel; vil I, jeg skal tro saa laveligt om Jer,
at I er Mellemmand mellem hende, I nævnte, og
min Hr. Gemal? vil I det?»

«En stakkels, galen Mand,» klynkede Daniel
og slog undskyldende ud med Haanden.

«Gud forlade Eder, Daniel, det er skjændigt
Spil, I driver; jeg havde troet Eder saa meget,
meget bedre!»

«Er det sandt, er det sandfærdigen sandt,»
raabte han ivrig og hans Øjne lyste af Glæde,
«saa er jeg klog igjen, spørg mig kuns, bare
spørg!»

«Var de sande, de Ord . . .»

«Som Evangelium, men . . .»

«Er I vis derpaa? I fejler intet?»

Daniel smilte.

«Er . . . han der idag?»

«Er han paa Jagt?»

«Ja.»

«Saa ja.»

«Hvad er—,» begyndte Marie igjen efter en
lille Pavse, «hvad er hun for Slags Person, om I
veed det?»

«Lille, velbaarne Madame, ret lille, rød og
rund som et Løgæble, gesvadsig og munter, med
leendes Mund og væver Tunge.»

«Men af hvad Folk er hun kommen?»

«For to Aar siden, eller halvtredie, var hun
gift med en fransøsk Valet de chambre, som for-
løb Landet og lod hende blive siddendes, men hun

sad intet ret længe, førend som hun, i Ledtog
med en forgjældet Harpenist, satte ud for Paris
og der og til Bryssel har hun været, til hun
kom her tillands igjen iaar ved Pindsedagstide.
Hun har ellers et naturligt oplyst Hoved og an-
genemme Manerer, undtagen naar som er, at hun
er drukken; det er nu al den Videnskab, jeg
haver.»

«Daniel,» sagde hun og standsede uvis.

«Daniel,» svarede denne med et fint Smil,
«er Eder nu og evindelig saa tro som Eders
højre Haand.»

«Vil I da være mig til Hjælp? — Kan I
komme over . . . over en Vogn og en Agesvend,
der er til at lide paa, saa fluks jeg giver Jer
Varsel?»

«Ja, jeg kan, det kan jeg, en maadelig Time
efter skal der holde en Vogn i Herman Blytækkers
Vænge, op imod det gamle Fjælleskur. Lid I
kuns paa det, velbaarne Madame.»

Marie stod et Øjeblik, som om hun betænkte
sig. «Vi tales ved igjen,» sagde hun saa, nikkede
venligt til Magnille og gik.

«Er hun nu intet al Dejligheds Tresor, Mag-
nille!» udbrød Daniel og stirrede henrykt opad
Gangen, ad hvilken hun var forsvunden. «Og saa
ædelig stolt,» tilføjede han triumferende, «aa, hun
vilde sparke mig bort, ret foragtendes sætte sin
Hæl paa min Nakke og træde mig sagtelig ned i
det ringeste Støv, om hun vidste, hvor djærvelig

Daniel drømmer om hendes Person. — Saa brænd-
dendes skjøn og herlig! det sved mig i Hjærtet
for hende, hun maatte fortro sig til mig, til mig!
nedbøje sin Stoltheds majestætiske Palme . . . men
der er Fryd i den Sentiment, Magnille, Himmerigs
Fryd, Magnilleke!»

Saa stavrede de af med hinanden.

At Daniel og hans Søster var komne til
Frederiksborg, var gaaet saaledes til: den arme
Livsens Korthed havde efter Scenen i Statafkroen
fattet en afsindig Kjærlighed til Marie Grubbe.
En fattig, fantastisk Kjærlighed, der Intet haabede,
fordrede eller ventede andet end golde Drømme.
Ikke mere. Og den Smule Virkelighed, der kræ-
vedes til at farve Drømmene med et svagt Skjær
af Liv, fandt han i rigt Maal ved nu og da at
se hende saadan som Lejligheden faldt, glimtvis
nærved eller dragende forbi i det Fjerne. Men
da nu Gyldenløve rejste bort og Marie aldrig tog
ud, da voksede hans Længsel og steg og steg, til
den var ved at gjøre ham vanvittig, og kastede
ham omsider paa Sygelejet.

Da han svækket og ødelagt rejste sig igjen,
var Gyldenløve kommen hjem, og af en af Maries
Piger, som han havde i sin Sold, erfarede han,
at Forholdet mellem Marie og hendes Gemal ikke
var det Bedste, og denne Efterretning gav hans
umulige Lidenskab ny Næring og ny Vækst, Fan-
tasteriets overnaturlig frodige Vækst. Inden han

endnu havde forvundet sin Sygdom saameget, at han ret kunde staa og støtte, rejste Marie til Frederiksborg. Han maatte følge efter, bie kunde han ikke. Han sagde, han vilde tage til den kloge Kone i Lynge for at blive fuldstændig helbredet, og hans Søster Magnille skulde følge ham, saa kunde hun med det Samme faa Raad for sine daarlige Øjne. Det fandt Venner og Bekjendte rimeligt og afsted kjørte de Daniel og Magnille til Lynge. Her opdagede han Gyldenløves Forhold til Karen Fiol, og her fortroede han sig fuldstændig til Magnille, sagde hende sin besynderlige Elskov, sagde hende, at der for ham kun var Lys og Livsens Aande, hvor Marie Grubbe var, og besvor hende at følge ham til Frederiksborgby, for at han kunde være den nær, der saa ganske fyldte hans Hu.

Magnille føjede ham, de lejede sig ind i Frederiksborg og havde nu alt i mange Dage fra det Fjerne fulgt Marie Grubbe paa hendes ensomme Morgengange.

Og saa var det, de mødtes.

XI.

Et Par Dage efter ud paa Formiddagen var Ulrik Frederik i Lynge.

Han laa paa alle Fire ude i den lille Have foran Huset, hvor Karen Fiol boede, med en Krands af Roser i den ene Haand, medens han med den anden søgte, snart at lokke, snart at trække en lille, hvid Fruerhund frem under Hasselbuskene i Hjørnet.

«Boncoeur! petit. petit Boncoeur! Boncoeur, kom saa da, din lille Skalk, aa, saa kom da, din Narrifas — aa, dit Bæst, Boncoeur, lille Hund! — forbandede, stædige Tingest . . .»

Karen stod i Vinduet og lo.

Hunden kom ikke, og Ulrik Frederik lokkede og bandede.

„Amy des morceaux delicats,"

sang Karen og vinkede med en fyldt Vinpokal.

> „Et de la debauche polie
> Viens noyer dans nos Vins Muscats
> Ta soif et ta melancolie!"

Hun var meget oprømt, meget hed, og somme af Sangens Toner gik højere, end de egenlig skulde.

Endelig fangede Ulrik Frederik Hunden.

Triumferende bar han den hen for Vinduet, trykkede den Rosenkrandsen ned over Ørerne og rakte den knælende op mod Karen.

«Adorable Venus, reine des coeurs, je vous prie accepter de ton humble esclave cet petit agneau innocente, couronné des fleurs . . .»

I det Samme aabnede Marie Grubbe Have-laagen. Hun blev bleg, da hun saae Ulrik Frederik paa Knæ- række en Rosenkrands, eller hvad det var, op mod det røde, leende Kvindfolk, og hun bukkede sig ned, tog en Sten og kastede den af al Magt efter hende, men den ramte paa Kanten af det aabne Vindu, saa Ruderne klirrende regnede ned paa Jorden.

Karen styrtede skrigende bort. Ulrik Frederik saa ængsteligt ind efter hende, tabte i Over-raskelsen Hunden, men beholdt Krandsen, og stod nu forbavset, vred og forlegen og drejede den rundt mellem sine Hænder.

«Bi kuns, bi kuns,» raabte Marie, «jeg traf dig intet, men jeg skal nok, jeg skal nok,» og hun trak en lang, svær Staalnaal med rubinforsiret Hoved ud af sit Haar, den holdt hun saa op for sig som en Dolk og ilede i et underligt smaatrinet, næsten hoppende Løb op imod Huset; det var ligesom hun ikke kunde se, for hun løb ikke lige paa, men i sælsomme, usikre Bugter op efter Husets Dør.

Der standsede Ulrik Frederik hende.

«Gaa tilside,» sagde hun næsten klynkende, «du med din Krands.»

«Saadan En,» vedblev hun, medens hun vendte sig fra den ene Side til den anden for at smutte ind, og stadigt holdt Øjnene fæstede paa Døraabningen, «saadan En binder du Krandse til, Rosenskrandse, ja—a, her er du den kjælne Hyrde; har du intet en Skalmeje ogsaa? har du ingen Skalmeje?» gjentog hun og snappede i det Samme Krandsen ud af hans Hænder, kastede den paa Jorden og trampede paa den, «og en Hyrdestav, Amaryllis? med en Silkesløjfe?»

«Lad mig komme frem, siger jeg,» truede hun og løftede Naaledolken mod ham.

Han greb hende om begge Haandled og holde hende fast; «vil du stinge igjen?» sagde han skarpt.

Marie saae op paa ham.

«Ulrik Frederik,» sagde hun ganske sagte, «jeg er din Hustru for Gud og Mennesker. Hvorfor elsker du mig intet mere? Følg med, lad hende derinde være den, hun er og følg med. Følg med, Ulrik Frederik, du veed intet, hvad brændendes Elsk jeg bær' til dig, hvor bitterligt jeg længes og sørger. Følg med, hører du, følg med!»

Ulrik Frederik svarede ikke, han bød hende Armen og fulgte hende ud af Haven, hen til hendes Vogn, der holdt ikke langt derfra. Han hjalp hende op, gik forom Hestene og saae paa Seletøjet, spændte et Spænde om og kaldte Kusken ned, som for at lade ham rette ved Koblerne, og hviskede saa til ham, da de stod der foran:

«Saasnart du er i Sædet saa kjør til, alt hvad Øgene strække kan, og stop aldrig et Minut, før I er hjemme, det siger jeg, og du kjender mig vel!»

Kusken var oppe, Ulrik Frederik tog i Siden af Vognen, som for at stige op ogsaa, Pidsken susede ned over Hestene, han sprang tilbage og Vognen foer afsted.

Et Øjeblik tænkte Marie paa at faa Kusken til at standse, paa at gribe Tøjlerne, paa at springe ud, men der kom en Afmagts Ro over hende med Et, og en uendelig dyb, navnløs Væmmelse, en kvalmende Lede, og hun blev siddende rolig og stille, stirrende ud for sig, uden at lægge Mærke til Vognens rasende Fart.

Og Ulrik Frederik var atter hos Karen Fiol.

Om Aftenen, da Ulrik Frederik vendte hjem, var han egenlig en lille Smule beklemt, ikke just ængstelig var ham, men betaget af den Spænding, som lister sig over Folk, naar de har den bestemte Overbevisning, at de gaar en hel Række af For-

trædeligheder og Ubehageligheder imøde, og som
ikke kan undgaaes, som man skal igjennem.

Marie havde naturligvis klaget til Kongen,
og denne vilde nu gjøre ham kjedsommelige Be-
brejdelser, som maatte høres til Ende; Marie vilde
hylle sig i den krænkede Dydefuldheds majestætiske
Tavshed, hvad han saa skulde gjøre sig den Ube-
lejlighed at ignorere. Stemningen deroppe vilde
være yderst trykkende, Dronningen vilde se træt
og lidende ud, fornemt lidende, og Hofdamerne,
der Ingenting vidste, men Alting anede, vilde sidde
tavse, nu og da sagte sukkende løfte deres Ho-
veder og se mildt bebrejdende paa ham med store,
tilgivende Øjne, aa, han kjendte det Hele lige til
den Glorie af højhjertet Trofasthed og heroisk
Selvopoffrelse, hvormed Dronningens stakkels Kam-
merjunker vilde søge at omgive sit smalle Hoved,
ved med komisk Modighed at stille sig ved hans,
Ulrik Frederiks, Side, overvældende ham med
Høflighed og ærbødigt trøstende Dumheder, medens
hans smaa, vandblaa Øjne og hele hans spinkle
Skikkelse, tydeligt som klare Ord, talte og sagde:
se, alle vende ham Ryggen, men jeg ikke, med
Fare for kongelig Vrede, for Dronningens Mishag,
trøster jeg den Forladte! Jeg sætter mit trofaste
Bryst mod . . . aa, hvor han kjendte det godt,
Altsammen, Alting, det Hele.

Han tog fejl.

Kongen modtog ham med et latinsk Sprich-
wort, hvad der var et ubedrageligt Kjendetegn

paa, at han var glad stemt, og Marie rejste sig
og gav ham Haanden som sædvanlig, lidt koldere
maaske, lidt mere afmaalt, men ialtfald helt ander-
ledes, end han havde ventet det.

Heller ikke da de blev alene, hentydede hun
saameget som med et Ord til deres Møde i Lynge,
og Ulrik Frederik undrede sig mistroisk der-
over; han vidste ikke ret, hvad Tanke han skulde
gjøre sig om denne besynderlige Tavshed.

Han vilde næsten hellere, hun havde talt!

Skulde han lokke hende til at tale, takke
hende, fordi hun havde tiet, give sig Anger og
Bod i Vold og lege den Leg, at de bleve for-
sonede igjen?

Han turde ikke ret prøve derpaa, for han
havde lagt Mærke til, at hun nu og da saae hen
paa ham i Smug, med saadan et sælsomt Udtryk
i sine Øjne, et roligt, maalende, gjennemtrængende
Blik, fuldt af stille Undren og af kjølig, næsten
haanende Nysgjerrighed. Ikke et Glimt af Hævn
eller Had, ikke en Skygge af Sorg eller Klage,
ikke et sittrende Blink af tilbagetrængt Vemod!
Intet saadant, slet intet!

Derfor turde han ikke, og der blev Ingen-
ting sagt.

Engang imellem i de paafølgende Dage,
kunde hans Tanker dvæle uroligt derved, og en
feberagtig Lyst til at faa det klaret, opstaa hos
ham.

Men det skete ikke, og han kunde ikke lade

være med at tænke sig, at hine uudtalte Bebrej-
delser, de laa nu som Lindorme ligger i deres
mørke Hule, rugende over skumle Skatte, der
voksede alt som Øglerne vokste, blodrød Karfunkel
løftende sig frem paa guldrød Stilk og bleg Opal
langsomt bredende sig i Løg ved Løg, svulmende
og ynglende, medens Ormenes Kroppe stille, men
ustandset voksende, gled ud i Bugt paa Bugt,
løfted sig i Ring paa Ring over Skattens frodige
Mylder.

Ja, hun maatte hade ham, maatte gaa og
gjemme paa Hævntanker, thi en saadan Forhaanelse
som den, han havde tilføjet hende, kunde ikke
glemmes, og han satte denne formodede Hævnlyst
i Forbindelse med det sælsomme Optrin, da hun
løftede sin Haand mod ham, og med Burrhis
varslende Ord, og han undgik hende endnu mere
end før, og ønskede endnu ivrigere, at deres Veje
maatte blive skilte.

Men Marie tænkte ikke paa Hævn, hun havde
glemt baade ham og Karen Fiol; thi i hint Minut
af navnløs Lede var hendes Kjærlighed bleven
udslettet, sporløst udslettet, som en straalende
Boble, der brister i Støv og ikke er mere. Og
dens Glands er heller ikke mere, og de flyvende
Farver, den laante hvert lille Billed, den afspej-
lede i sig, ikke heller de er mere. De er det
ikke, og Blikket, som den fængslede ved sin Pragt
og urolige Skjønhed, er nu frit, skuer frit omkring

og ser vidt udover Verden, den Verden, som i farvede Billeder spejledes i Boblens Glar.

Paa Slottet var Dag for Dag Antallet af de Fremmede vokset. Balletprøverne vare allerede i fuld Gang og Dandsemestere og Akteurer, Pilloy og Kobbereau, var beordrede herud, dels for at instruere, dels for at overtage de vanskeligste eller utaknemmeligste Roller.

Ogsaa Marie Grubbe skulde optræde i Balletten og tog med Iver Del i Øvelserne. Hun var siden Dagen i Lynge bleven langt mere virksom og selskabelig, saa at sige mere vaagen.

Før var hendes Samliv med hendes Omgivelser temmelig udvortes; naar der ikke just var Noget, der ligesom kaldte paa hende, vakte hendes Opmærksomhed eller Interesse, saa smuttede hun straks ned i sin egen lille Verden og saae derfra ligegyldigt ud paa de Udenforstaaende.

Nn derimod levede hun med; og havde hendes Omgangskreds ikke været saa optaget af alle hine Dages mangfoldige Nyheder og Afvekslinger, vilde de med Forbavselse have seet, hvor forandret hendes Væsen var blevet. Der var kommen en rolig Sikkerhed over hendes Bevægelser, en næsten fjendtlig Finhed i hendes Tale og en klog Agt-paagivenhed i hendes Miner.

Men det var der Ingen, der mærkede, kun Ulrik Frederik greb sig enkelte Gange i at beundre hende som en fremmed, ham ubekjendt Person.

Blandt de Fremmede, Augustmaaned bragte, var der ogsaa en af Maries Slægtninge, Sti Høg, hendes Søsters Mand.

Ud paa Eftermiddagen, et Par Dage efter hans Ankomst, stod de med hinanden paa en Bakke i Skoven, hvorfra man saae ud over Byen og det flade, solsvedne Land bagved den.

Store, langsomt glidende Regnskyer samlede sig oppe paa Himlen, og fra Jorden steg der en bitter, vissen Duft, som var det de matte, halvt-udgaaede Urters Suk efter Livsens Væde.

Den svage Luftning, der næppe var stærk nok til at holde Møllen dernede ved Korsvejen i Gang, susede mismodigt i Trætoppene, saa det lød, som klagede Skoven forknyt over Soleglød og Sommerbrynde, — og som Tiggeren, der blotter sit medynksvækkende Saar, saaledes syntes de gule, fortørrede Græsmarker at lægge deres golde Jammer aaben for Himlens Blikke.

Tættere og tættere samlede Skyerne sig, og enkelte store Regndraaber, ganske enkelte, faldt med et Slag paa Blade eller Straa, som saa et Øjeblik svingede til. Siden, rystede og pludselig blev stille igjen. Svalerne strøg lavt langs med Jorden, og den blaalige Nadverrøg slog slørende ned over de sorte Straatage i den nære By.

En Vogn skumpede besværligt henad Vejen, og nede fra Gange og Stier rundt om Højens

Fod hørtes dæmpet Latter og munter Tale, Ras-
len af Vifter og Silke, Bjæffen af smaa Skjøde-
hunde og Lyden af tørre Grene, der knagede og
knækkedes.

. Det var Hoffet paa dets Eftermiddagsprome-
nade.

Marie og Sti Høg havde skilt sig fra de
Andre og var gaaet op ad Bakken, nu stod de
tavse og saae ud, stakaandede af saa hurtigt at
have besteget den bratte Skraaning.

Sti Høg var den Gang et Par Aar over de
Tredive, han var en høj Mand, høj og mager,
rødhaaret og med et langt, smalt Ansigt. Han
var bleg og fregnet, og hans tynde, hvidgule Øjen-
bryn buede højt op over hans blanke, lysgraa
Øjne, der fik et træt, lyssky Udtryk ved at Øje-
laagene var ganske rosenrøde, og derved at han,
naar han blinkede, blinkede langsommere, eller
bedre: lod Øjet længere være lukket end andre
Mennesker. Hans Pande var høj og over Tin-
dingen var den stærkt rundet og blank. Næsen,
smal og langsomt krummet, var lidt for lang og
Hagen baade for lang og spids, medens Munden var
fuldkommen smuk, Læbernes Farve saa frisk, deres
Linier saa rene og Tænderne smaa og hvide. Men
det var dog ikke det, der gjorde denne Mund saa
ejendommelig, det var det, at han havde dette
underlig sørgmodige, grusomme Smil, som under-
tiden findes hos store Vellystninge, dette Smil,
der er higende Begjær og foragtende Træthed paa

een Gang, paa een Gang ømt og længselssygt som
søde Toner og grumt og blodlystent som den dæm-
pede Tilfredsstillelsens Knurren, der trænger sig
ud af Rovdyrets Strube, naar dets Tænder slide i
det bævrende Bytte.

Saadan saae Sti Høg ud.

Dengang.

«Madame,» sagde han, «har I ingentid ønsket
Jer, I sad vel og godt forvaret inden et Klosters
Porte, saadan som de har dem i Italien og de
Steder der?»

«Ih nej, Gud frels mig vel! hvor skulde jeg
komme paa slige katoliske Tanker?»

»I er da meget lykkelig, min dyrebare Frænke?
Livsens Drik er for Eder da skær og frisk, den
smager sødt paa Eders Tunge, gjør den, varmer
Eders Blod op og rasker Eders Tanker? Er det
Sanden! aldrig bærmebedsk, doven og forfulet?
aldrig blakket som af Edderdyr og Orme, der
mimrer og kravler omkring . . .? Saa har jeg taget
Fejl af Eders Øjesyn da?»

«Ja, kunde I faa mig til at skrifte paa den
Vis!» sagde Marie og lo ham lige op i Øjnene.

Sti Høg smilte, førte hende hen til en lille
Græsbrink deroppe, og de satte sig ned.

Han saae forskende op paa hende.

«Veed I intet,» sagde han langsomt, tilsyne-
ladende forlegen og uvis paa, om han skulde tie
eller tale, «veed I intet, Madame, at der her i
Verden er en gehejm Societet, som En kunde

kalde for de Melankoliskes Kompagnie? Det er
Folk, som fra Fødselen af er givne en anden
Natur og Beskaffelse, end som Andre, de har et
større Hjærte og fortere Blod, de higer og attraar
mere, begjærer stærkere, og deres Forlængsel er
vildere og mere brændendes, end den er hos den
gemene Adelhob. De er fluks som Søndagsbørn,
deres Øjne er mere aabne, alle deres Sandser er
subtilere i deres Fornemmelser. Livsens Glædskab
og Lyst, den drikker de med deres Hjærterødder,
imens de Andre de kuns griber dem med deres
grove Hænder.»

Han standsede lidt, tog sin Hat i Haanden
og lod Fingrene legende glide hen over den fyldige
Fjerbusk.

»Men,» vedblev han med mere dæmpet Stemme
og ligesom for sig selv, «Vellyst i Dejlighed,
Vellyst i Pragt, i alle de Dele, som nævnes kan,
Vellyst i Gemyttets inderste Rørelser, Vellyst i
de lønlige Drifter og Tanker, Mennesken selv
aldrig ret kan begribe, alt Dette, som for Andre
tjener dem, naar de er ørkesløse, til stakket
Kortvil eller fult Slemmeri, det er for deres Sjæle
som Lægedom og kostelig Balsam. Det er Liv-
sens eneste honningdraabendes Blomster, hvoraf de
dier deres daglige Føde, og derfor søge de ogsaa
paa Livsens Træ Blomster op, hvor hine aldrig
vilde tro de fandtes, under mørke Blade og paa
tørre Grene, men de, de Andre, kjender de til
Vellyst i Sorg eller i Fortvivlelse?»

13*

Han smilte haanligt og tav.

«Men hvorfor», spurgte Marie og saae lige-gyldigt bort fra ham, «hvorfor kalder I dem Me-lankoliske, medens det jo kun er Verdens Glædskab og Lyst, de har i Tanker, og hverken hvad tungt er eller travrigt heller?»

Sti Høg trak paa Skuldrene og gjorde Mine til at rejse sig, som om han var træt af at dvæle længer ved dette Emne og vilde afbryde Samtalen.

«Men hvorfor da?» gjentog Marie.

«Hvorfor?» udbrød han utaalmodig og med en foragtelig Betoning, «fordi al Jorderigs Fryd er saa stakket og forkrænkelig, saa falsk og ufuld-kommen, fordi hver Vellyst den Stund den blusser op som rigen Rose, løves af som Træ i Høst, fordi hver Livsens prægtig Lyst straalendes i Dej-lighed og i sin Velmagts frugtbareste Flor, fluks som den favner dig med sunde Arme, eddres af Dødens Kræft, saa du just som den minder din Mund, mærker den rystes af Forkrænkelighedens Kramper. Er det vel frydefuldt? maa intet den Tanke æde sig ind som røden Rust paa hver en lykkeglimrendes Time, ja ligesom skadelig Rim fryse død hver frodig Sjælens Sentiment, ned til dens dybeste Rod?»

Han sprang op fra Brinken og talte med hæftige Gebærder ned imod hende.

«Saa I spørger, hvorfor de nævnes de Melan-koliske, naar al Vellyst, som den gribes, skyder

Ham og vorder Lede, naar al Jubel kun er Glæd-
skabens sidste vaandefulde Aandedrag, naar al
Dejlighed er Dejlighed, der svinder, og al Lykke
er Lykke, der brister!»

Han gav sig til at gaa frem og tilbage foran
hende.

«Det er da det, der bringer Eder paa
Klostertanker?» sagde Marie og saae smilende ned.

«Det er saa, Madame; mangen en Stund er
den, da jeg stiller mig fore, at jeg er stænget
inde paa et enligt Klosterkammer eller holdes
fangen i et højt Taarn, hvor jeg ensom sidder
ved min Rude og vogter, hvor Lyset rinder hen
og Mørket vælder ud, mens Ensomheden, tavs og
stilt, men stærk og frodigen, ranker sig op om min
Sjæl og gyder sine Dvaledruers Safter i mit Blod.
— Aa, men jeg veed hel vel, at det er Digt og
Bedrag; aldrig vilde Ensomheden faa Magt over
mig, jeg vilde længes som Brand og røden Lue,
længes ud af Vid og Samling efter Livet igjen og
hvad Livets er ... men I forstaar intet Alt det,
jeg her præker. Lad os gaa, ma chere! det
vil snarligen regne, nu Vinden saa helt har
lagt sig.»

«Men det letter jo! se, hvor lyst det er den
hele Himmelsrand rundt!»

«Ja vel, det letter og tætter.»

«Jeg mener: nej,» sagde Marie og rejste sig.

«Jeg bander: jo, med Eders gunstige Forlov.»
Marie løb nedad Bakken.

«Mands Villie er Mands Himmerig!» raabte hun tilbage, «kom I nu ned i Eders!»

Da de vare nede, drejede Marie af, bort fra Slottet, og Sti Høg fulgte med ved hendes Side.

Han lod tankefuld og gjorde ikke Mine til at optage den afbrudte Samtale.

«Hør nu!» sagde saa Marie, «I har saa egenlig gode Tanker om mig, Sti Høg, Vejr har jeg ingen Forstand paa, og hvad Folk taler til mig, forstaar jeg ikke heller.»

»Aa jo!»

«Men intet, hvad I talte til mig.»

«Nej.»

«Nu bander jeg: jo.»

«Bande bider intet Øje ud, veed I, uden Næve følger efter.»

«Nu da, tro det, om I vil, men jeg kjender grant nok, veed Vorherre, den svære, stille Be- drøvelse, der kommer over En, uden En veed hvorfor. Hr. Jens han sagde immer, det var Hjemsygen efter Himmerigs Rige, hvor hver Kri- stensjæls rette Hjemland er, men jeg tror det knap. En længes og trænges og veed ikke levendes Haab at trøste sig med; nej, nej, for den stride Graad, det har kostet mig tidt! Det kommer saa urand- sagelig tungt og tærendes paa, saa En sygner i sit Hjærte og kjender sig saa træt af sine Tanker og ønsker, En aldrig var fød. Men det har ingen- tid været Lykkens eller Verdens Forkrænkelighed,

der har ligget mig tungt i Tanker, at det var det,
jeg sørgede for, nej, aldrig! Det var helt en
anden Vej, det var . . . ja, det er nu saa plat
umuligen at give den Sorrig Navn, men det kom-
mer mig for, at det stundom var mest lig en
Sorg for en fordækket Brøst ved Ens Natur, en
indvendig Skade paa Ens Sjæl, som gjorde En
hel anderledes end andre Folk; ringere i alle
Maader . . . nej, det er nu saa overhaands svært,
at faa det fundet i Ord, just i den rette Mening!
Se, Livet, Verden, den syntes mig saa usigelig
prægtig og skjøn, det maatte være saa stolt og
lystelig over al Maade, at være med deri; om i
Sorg eller Lykke, det skjællede Intet, blot jeg
led eller glædtes ret rigtigen, ikke paa Skrømt
som i en Mummenskands eller Fastnachtsspil.
Jeg vilde, at Livet skulde tage mig saa stærkt
at jeg nedbøjedes eller opløftedes, saa der intet
var Tankerum i mit Sind for Andet end som det,
der løftede mig op, eller det, som der bøjed' mig
ned; jeg vilde smelte ud i min Kummer eller
brænde sammen med min Glæde. Ak, I fatter
det aldrig! — om jeg blev som en af det romerske
Landeriges Feltherrer, der førtes i Triumfvogn
gjennem Gaderne, da vilde jeg være det saadan,
at Sejren og Jubileringen det var mig, og Stolt-
heden og Folkets Frydeskrig og Basunernes Lyd,
Magten og Æren, Altsammen i een skingrendes
Klang, saadan vilde jeg være det, men intet som
den, der i usselig Æresyge og koldt Hovmod,

medens Vognen ruller frem, tænker i sit Hjærte
paa, hvor stolt han straaler i Hobens avindsyge
Øjne, og hvor afmægtigt Misundelsens Bølger
slikker efter hans Fødder, mens han med Velbehag
føler Purpuret blødt om sin Skulder og Krandsen
kjølig om sin Pande. — Forstaar I, Sti Høg,
det tror jeg er at leve til, det er det Liv, jeg
tørstede efter, men jeg vidste med mig selv, at
saadan kunde det aldrig blive for mig, og det
bares mig for, at jeg var selv Skyld deri paa en
eller anden ubegribelig Vis, at jeg havde forsyndet
mig mod mig selv eller ledet mig selv vild; jeg
veed intet, men det syntes mig, som vældede der-
udaf min bitre Kummer, at jeg havde rørt ved
en Stræng, der intet maatte tone, og ved dens
Klingen var der Noget revet sønder i mig, der
ingentid vilde læges, saa jeg aldrig vilde fange
den Førlighed igjen, at jeg kunde tvinge Livets
Dør aaben, men maatte staa derudenfor og lytte
til Festens Toner, ubuden og usøgt, som en vanfør
Terne.»

«I!» udbrød Sti Høg som forbavset, saa for-
andredes hans Miner pludseligt og han sagde med
et helt andet Stemmelag, «nej, nej, nu ser jeg,
hvad det er,» og han rystede paa Hovedet ad
hende, «Herre du Godeste, hvad et Menneske har
nemt ved at bedrage sig selv i de Materier. Det
er saa sjeldent, vore Tanker er den Vej vendte,
at vi kjender der hverken Stente eller Sti, men
vi løber saa bus til, gladelig hen, blot vi øjner

den Ting, der kan lignes ved et Spor, og er rede
til at sværge det er Adelkongevej. Eller har jeg
Uret, ma chere? Er vi intet begge to, en for sig
og hver for en, der vi søgte en Aarsage til vor
Melankolie, gaaet hen og har kejset den gjenneste
den bedste Tanke, vi traf at træffe paa, til den
eneste sandfærdige Forklaring. Skulde En intet
efter det, vi hver har sagt, tænke, at jeg gik
omkring, svarlig betynget af Tanken om Verdens
Forkrænkelighed og om de Ting, der er i Verden,
deres Ustadighed og Forgængelighed, og at I,
min hjærte Frænke, var helt igjennem overbeviset
om, at I var en Sølle-Sidse, for hvem Døren er
lukt og Lyset slukt, og som knap har Mod til
Haab? — Men det har Alt kuns lidet paa sig,
for naar vi komme paa det Kapitel at tale, saa
drikkes vi saa lettelig drukne af vore egne Ord
og vi rider saa haardelig til paa hver Tanke, vi
kuns kan faa Grime paa!»

Nede i Gangen kom det øvrige Selskab, og
de fulgtes med dem ad Slottet til.

*   *   *

Klokken var halvgaaen otte om Aftenen den
seksogtyvende September, da Knaldet af Kanoner
og en festlig Marsches skingrende Trompettoner
gav tilkjende, at begge Majestæterne, ledsagede af
hans kurfyrstelige Højhed Prinds Johan Georg af
Sachsen og hans fyrstelige Fru Moder, i Spidsen

for Landets fornemste Mænd og Kvinder, fra Slottet begav sig ned igjennem Haven for at overvære den Ballet, der nu der skulde tage sin Begyndelse.

En Række af Begblus kastede et brandrødt Skjær over Havefacadens røde Mure, lod Taks og Buksbom rødme med en Glands af Bronze og alle Kinder lue med kraftig Sundheds dunkelstærke Lød.

Se, skarlagenrøde Drabanter i dobbelt Række holde blomsteromvundne Kjærter op i den mørke Luft, Lyskroner og Ildpotter, Fyrboller og künstige Lampetter, lavt med Jorden og højt mellem Træernes gulnende Blade, tvinge Mørket tilside og holde en straalende Sti aaben for det prægtige Tog.

Og Lyset gnistrer i Guld og gyldne Traade, spejler sig blankt i Sølv og Staal og glider i glandsfulde Strimer nedad Silkeslag og Silkeslæb. Saa blødt som rødlig Dug er det aandet hen over det dunkle Fløjel, og sprudende hvidt sætter det sig som Stjerner paa Rubiner og Diamanter, og røde Farver bryste sig med Gule, det klare Himmelblaa lukker for det Brune, blandt Hvidt og Violblaat skjærer Søgrønt sig lysende frem, Koralrødt synker mellem Sort og Lilla, og Gulbrunt og Rosa, Staalgraat og Purpur hvirvles imellem hinanden, lyst og dunkelt, Lød paa Lød i broget Bølgen.

Forbi — nede i Gangen nikke endnu de buskede Fjer hvidt, hvidt i den dæmrende Luft . . .

Den Ballet eller Masqverada, der nu ageres, hedder «Die Waldlust».

Scenen er en Skov.

Kronprinds Christian som Jæger tolker sin Glæde over det frejdige Jægerliv under de løvrige Kroner, spadserende Damer nynne om Violernes Duft, Børn lege Skjul mellem Stammerne og plukke Bær i nydelige, smaa Kurve, og muntre Borgermænd jubilere over den rene Luft og den klare Drue, mens to naragtige, gamle Kjærlinger med forelskede Fagter forfølge en smuk Bondeknøs.

Saa svæver Skovgudinden frem, den jomfruelige Diana, hendes kongelige Højhed Prindsesse Anne Sofie.

Henrykt rejser Kurprindsen sig og tilkaster hende Fingerkys med begge Hænder, mens hele Hoffet jubler.

Og Skovgudinden deklamerer, og hendes fyrstelige Bejler fører i overstrømmende glad Taknemmelighed de høje Forældres Hænder til sine Læber.

Næppe er Gudinden forsvunden, før Bondemand og Bondekone træde frem og synge en Duet om Kjærligheds Lykke.

Nu følge lystige Scener Slag i Slag, tre unge Herrer pynte og glæde sig i det Grønne, fire Officerer er glade, to Bondekarle komme veltilmode fra Marked, en Gartnerdreng synger og en Poet synger og endelig seks Personer, der paa alle-

haande kaade Instrumenter opføre en meget over-
given Musik.

Nu Slutningsscenen.

Det er elleve Schæferinder, nemlig deres kon-
gelige Højheder Prindsesserne Anne Sofie, Fride-
rica Amalie og Vilhelmina Ernestina, Madame
Gyldenløve og syv skjønne, adelige Jomfruer.

De dandse nu med stor Kunstfærdighed en
landlig Dands, hvori det forestilles, at Madame
Gyldenløve af de Andre drilles og gjækkes, fordi
hun er hensunken i Elskovstanker og ikke vil del-
tage i deres lystige Menuette, og de spotte hende,
fordi hun har givet Afkald paa sin Frihed og
bøjet sin Nakke under Elskovens Aag; men da
triner hun frem og i en sirlig Pas de deux, som
hun dandser med Prindsesse Anne Sofie, udtrykker
hun for denne Kjærligheds rige Henrykkelse og
Salighed, og saa dandse de Alle glade frem, slyn-
gende sig imellem hverandre i vanskelige Toure,
medens et usynligt Chor bagved Scenen, ledsaget
af en skjønne Strygemusik, synger til deres Pris:

„Ihr Nümphen hochberühmt, ihr sterblichen Göttinnen,
Durch deren Treff'ligkeit sich lassen Heldensinnen
Ja auch die Götter selbst bezwingen für und für,
Last nun durch diesen Tantz erblicken eure Zier
Der Glieder Hurtigkeit, die euch darüm gegeben
So schön und prächtig sind, und zu den End erheben
Was an euch göttlich ist, auff dass je mehr und mehr
Man preisen mög an euch des Schöpfers Macht und Ehr.".

Dermed var saa Balletten forbi, og man spredte

sig i Haven og lystvandrede mellem de oplyste Bosquetter, eller hvilte sig i skjønt indrettede Grotter, medens Ædelknaberne, udstafferede som italieniske eller spaniolske Frugtsælgere, bøde Vin og Bagværk og Konfiturer omkring i flettede Kurve, som de bar paa deres Hoveder.

De Agerende blande sig nu ogsaa i Selskabet og modtage Komplimenteringer for deres store Kunstfærdighed og Adræthed, men Alle er enige om, at næst Kronprindsen og Prindsesse Anne Sofie havde Ingen ageret sin Part saa vel som Madame Gyldenløve, og baade Majestæterne saa vel som Kurfyrstinden gave hende stort Lov, og Kongen sagde, at selv Mademoiselle La Barre havde intet kunne føre den Rolle ud med større Gratie eller med livagtigere Gebærder.

Til langt ud paa Natten blev nu Festen ved i de oplyste Gange og i de mod Haven vendende Sale, hvor Fioler og Fløjter lokkede til Dands og bugnende Borde til Drik og Pokulats. Selv ud paa Søen strakte Festen sig, og munter Latter klang ind over Haven fra lampebehængte Gondoler derude.

Overalt var der Folk; flest hvor Lyset straalte og Tonerne legte, færre hvor Lyset var fjernt, men selv hvor Mørket herskede alene og Tonerne halvt gik under i Løvets Hvisken, vandrede der lystige Rækker og stumme Par. Ja, om det saa var den fjerne Grotte længst mod Øst, havde her en enlig Gjæst skikket sig til Sæde. Men han var travrig tilmode; den lille Lampet oppe i Grottens Løvhang kastede sit flimrende Lys paa bedrøvede Miner og mismodige Bryn.

Hvidgule Bryn.

Det var Sti Høg.

> „. . . . . . È di persona
> Anzi grande, che no; di vista allegra,
> Di bionda chioma, e colorita alquanto.“

hviskede han for sig selv.

Han havde ikke ustraffet i de sidste fire, fem Uger stadig været sammen med Marie Grubbe. Hun havde aldeles bedaaret ham. Han længtes kun hende, drømte kun hende, hun var hans Haab og hans Fortvivlelse. Han havde elsket før, men aldrig saaledes, aldrig saa vegt og blødt og modløst. Det var ikke det, at hun var Ulrik Frederiks Gemalinde, ikke heller det, at han var gift med hendes Søster, der betog ham Haabet. Men det var nu denne hans Kjærligheds Væsen at være modløs, hans Pogekjærlighed, som han bittert kaldte den. Den havde i sig saa liden Begjær, saa megen Frygt og Beundring, og dog paa en anden Vis saa megen Begjær. En feberbrændende, vemodig Længsel ind imod hende, en sygelig Smægten efter at leve med hende i hendes Minder, drømme med i hendes Drømme, lide hendes Sorger og dele hendes modige Tanker, ikke mere, ikke mindre. Hun havde været saa smuk i Dansene, men endnu mere fremmed, endnu mere fjern;

de runde, blændende Skuldre, den rige Barm og
de slanke Lemmer, det gjorde ham rentud bange;
al denne Legemspragt, som gjorde hende endnu
rigere og fuldkomnere, han frygtede for den, den
bragte ham til at skjælve og betyngede ham hans
Aandedræt, han vovede ikke at lade sig betage
deraf, han frygtede for sin Lidenskab, for den
svælgende, himmelbrændende Brand, der ulmed
derinde; thi denne Arm om hans Nakke, disse
Læber trykkede mod hans, det var Vanvid, taabe-
lige Vanvidsdrømme; denne Mund . . .

> „Paragon di dolcezza!
> . . . .
> . . . bocca beata,
> . . . bocca gentil, che può ben dirsi
> Conca d'Indo odorata
> Di perle orientali e pellegrine;
> E la porte, che chiude
> Ed apre il bel tesoro,
> Con dolcissimo mel porpora mista."

Han løftede sig et Øjeblik fra Bænken som
i Smerte; nej, nej! og han klyngede sig igjen til
sin ydmyge Kjærlighedslængsel, han slængte sig i
Tanken i Støvet for hendes Fødder, hagede sig
fast til sin Kjærligheds Haabløshed, holdt Bil-
ledet af hendes Ligegyldighed op for sine Øjne,
da — stod Marie Grubbe for ham i Grottens
hvælvede Aabning, lys imod Mørket derude.

Hun havde den hele Aften været i en sælsom
lyksalig Stemning; hun følte sig saa tryg og sund

og mægtig; Festens Pragt og Toner, Mændenes
Hyldest og Beundring, hun skred hen derover
som var det et Skarlagenstæppe, bredt ud for
hendes Fod at træde paa. Thi hun var saa helt
betaget, helt beruset af sin egen Skjønhed. Det
var, som skød sig Blodet i rige, funklende Straa-
ler ud fra hendes Hjærte og blev til Skjønheds-
smil paa hendes Læber, til Straaleglands i hendes
Øje og Vellydsklang i hendes Stemme. Der var
en jubelmættet Ro i hendes Sind, en skyløs Klar-
hed over hendes Tanker, en frodig Folden-ud i
hendes Sjæl, en salig Følelse af Magt og Har-
moni.

Aldrig havde hun været saa dejlig som nu,
med Lykkens overmodige Smil paa sine Læber, og
i Blik og Miner en Dronnings stolte Ro, og saa-
dan stod hun nu i Grottens hvælvede Aabning,
lys imod Mørket derude. Hun saae ned paa Sti
Høg og mødte hans haabløst beundrende Blik,
og hun bøjede sig ned imod ham, lagde medlidsfuldt
sin hvide Haand paa hans Haar og kyssede ham.
Ikke i Elskov, nej, nej! Som en Konge, der
skjænker en trofast Vasal en kostelig Ring til
Tegn paa sin kongelige Yndest og Naade, saaledes
gav hun ham sit Kys i rolig Gavmildhed.

Men saa! saa veg et Øjeblik Sikkerheden fra
hende, hun rødmede og slog Øjnene ned.

Havde nu Sti Høg grebet til, havde han
taget det Kys som mer end en fyrstelig Gave,

han havde mistet hende for bestandig. Men han knælede tavs ned for hende, trykkede taknemmelig hendes Haand til sine Læber, veg saa ærbødigt til Side og hilste hende dybt og ærefrygtsfuldt med blottet Hoved og bøjet Nakke. Og hun skred stolt forbi, bort fra Grotten, bort i Mørket.

XII.

I Januar seksten hundrede og fire og treds udnævntes Ulrik Frederik til Statholder i Norge, og i de første Dage af April samme Aar rejste han derop.

Marie Grubbe fulgte ham.

Forholdet mellem dem havde senere ikke forbedret sig synderligt, blot at deres Mangel paa indbyrdes Forstaaelse og indbyrdes Kjærlighed ligesom var bleven anerkjendt af begge Parter som en uforanderlig Kjendsgjerning og havde fundet sit Udtryk i den yderst ceremonielle Maade, paa hvilken de omgikkes med hinanden.

Det første Aarstid, eller halvandet, efter at de havde taget Bolig paa Aggershus, levede de saaledes, og Marie ønskede heri for sit Vedkommende ingen Forandring. Men med Ulrik Frederik forholdt det sig anderledes: han var nemlig igjen bleven forelsket i sin Gemalinde.

Og nu var det en Vintereftermiddag, henimod Skumringen, at Marie Grubbe sad alene i den lille Stue, der fra gammel Tid førte Navn af: Daasen.

Det var raat og blæsende Vejr, graat og
mørkt. De tunge Tøsneflokke klinede sig op i
Hjørnet af de smaa Ruder og dækkede fast det
halve af det grønlige Glas. Regnkolde Vindpust,
som hvirvledes ned mellem de høje Mure, ligesom
tabte Besindelsen og kastede sig blindt frem og
dundred paa Porte og Døre og foer saa pludselig
lige op i Luften med en hæs og hundeagtig Tuden.
Mægtige Vindpust kom hujende ned over Taget
derovre og kasted sig plat imod Ruder og Mur
med et Slag som en Bølges, og blev borte med
det Samme. Og der var andre Vindpust, der
brølede ned i Kaminen, saa Flammen dukkede sig
af Angst. og den hvidlige Brænderøg forskrækket
krummede sig som en Bølgekam henimod Kamin-
aabningen, parat til at kaste sig ud i Stuen, men
saa i næste Nu hvirvled den tynd og let og blaa
op igjennem Skorstenen, og Flammerne raabte efter
den, hopped og sprang og sendte den spragende
Gnister i Haandfuldyis lige i Hælene. Og saa
begyndte Ilden først rigtig at brænde, lagde sig
med brummende Velbehag bredt over Gløder og
Aske og Emmer, kogte og syed af Fryd i det
hvide Birkeveds inderste Marv, snurred og spandt
som en brandrød Kat og strøg saa med Luer og
Flammer polidsk og fornøjet om Næsen paa sort-
ladne Knuder og hedhovede Favnestykker.

Rød og lun og lysende strømmede den lystige
Ilds Aande ud i den lille Stue. I en flimrende
Lysvifte spilled den hen over det tavlede Gulv og

14*

jog det fredsommelige Skumringsmørke foran sig, saa det bange gjemte sig som zittrende Skygger tilhøjre og tilvenstre bag de snirklede Stoleben, eller trykked sig ind i Krogene, gjorde sig langt og tyndt i Skjul bag fremspringende Lister eller lagde sig plat ned under den store Dragkiste.

Saa med Eet ligesom sugede Kaminen Lyset og Varmen buldrende til sig igjen, og Mørket bredte sig frejdigt over hele Gulvet, paa hver en Tavle og hvert et Brædt, helt henimod Ilden, men saa kom Ildskjæret jagende henover Gulvet igjen, saa Skumringsmulmet fløj til alle Sider, og Skjæret efter det, opad Vægge og opad Døre, helt op over den blanke Messingklinke, — ingensteds var det sikkert; ja, der sad Mørket og klemte sig ind til Mur og Loft som en Kat i et Træ, og Skjæret sprang omkring dernede, hen og frem, hoppende og jagende som Hunden ved Træets Rod. Ikke engang mellem Glas og Pokaler højt oppe paa Dragkistens Tag kunde Mørket være i Fred, for de røde Rubinglas, de blaa Pokaler og grønne Rømere, alle saa tændte de brogede Fyr og hjalp Skjæret at finde det frem.

Og Blæsten blev ved derude og Mørket tog til, men derinde, der luede der Ild og der dandsed der Lys, og Marie Grubbe hun sang. Snart sang hun Ordene lige som hun kunde huske dem, snart nynnede hun blot Melodien; hun havde sin Luth i Haanden, men hun spillede ikke, hun blot nu og da greb i Strængene og fremlokkede et Par klare, længe klingende Toner.

Det var en af disse hyggelige, smaa, vemodige Sange, som gjør Ens Hynde blødere og Ens Stue lunere, en af disse sagteligt bølgende Melodier, der ligesom synger sig selv i deres magelige Sørgmodighed og med det Samme lader Ens Stemme lyde saa fornøjeligt fyldig, saa svulmende og saa rund. Marie sad lige i Skjæret fra Kaminen, omspillet af det rødlige Lys, og hun sang saa tankeløst velbehageligt, ligesom kjærtegnende sig selv med sin egen Røst.

Da aabnedes den lave Dør, og Ulrik Frederiks høje Skikkelse dukkede ind ad den.

Marie holdt straks op med at synge.

«Ah, Madame!» udbrød Ulrik Frederik i en mildt bebrejdende Tone, idet han med bønfaldende Gebærde traadte hen imod hende, «havde jeg vidst, I vilde lade Eder incommodere af min Nærværelse . . .!»

«Aa nej, jeg sang ikkun for at holde mine Drømme vaagne.»

«Aimable Drømme?» spurgte han og bøjede sig ned over Varmebukken foran Kaminen og varmede sine Hænder paa dens blanke, røde Kobberkugler.

«Ungdomsdrømme,» svarede Marie og løb med Haanden over Luthens Strenge.

«Ja, immer er Alderdommen sig selv lig!» og han saae smilende paa hende.

Marie tav lidt, saa sagde hun pludseligt:

«En kan være ret ung og have gamle Drømme endda.»

«Hvad her er for en skjønne Desmerlugt herinde! — men er ellers min Ringhed med i de gamle Drømme, Madame? — om En tør spørge.»

«Ak nej!»

«Der var dog en Tid . . .»

«Blandt alle andre Tider.»

«Ja, Madame, blandt alle andre Tider var der en Gang en underskjønne Tid, hvor jeg var Eder saare, saare kjær. Kan I kuns mindes en Mørkningstime, Ottesdagen efter vort Bilager eller ved det Lav? Det var en Blæst og Sne . . .»

«Ret som nu.»

«I sad foran Kaminen . . .»

«Ret som nu.»

«Ja, og jeg laa ved Eders Fødder, og Eders kjære Hænder legte I mit Haar.»

«Ja, den Gang elskede I mig!»

«O, ret som nu! — og I — I bøjede Eder ned over mig, I græd, saa Taarerne randt Jer ned ad Kinderne, og I kyssede mig og saae saa ømt og bevæget paa mig, som om I bad en Bøn for mig i Eders Hjærte, og saa paa een Gang, — kan I mindes? — saa bed i mig i Halsen.»

«Ja, Gud du Godeste, hvor jeg dog elskede Jer, min Hr. Gemal! Naar jeg hørte Eders Sporer klingre paa Trappen, saa ringede mit Blod for mine Øren, jeg zittrede fra Hoved og til Fod og mine Hænder blev saa kolde som en Is. Og naar I saa kom ind og trykkede mig i Eders Arme . . .»

«De grace, Madame!»

«Aa, det er jo kuns døde Minder om en Amour, som længst er slukket ud.»

«Ak, slukket ud, Madame! den ulmer dog hedere end før.»

«Nej, den er dækket til med altfor mange Dages kolde Aske.»

«Men den rejser sig af Asken som den Fugl Fønix, skjønnere og fyrigere end før — sig, gjør den intet?»

«Nej, Elskov er som en fine Blomst; om en frostig Nats Kulde forvisner dens Hjærte, saa gaar den ud fra Top til Rod.»

«Nej, Elskov er som den Urt, der kaldes for Jerichos Rose; om Tørken kommer, saa tørres den bort og krymper sig sammen, men bliver det saa en mild og liflig Nat med frodig Dug, saa slaar den alle sine Blade ud igjen og er saa grøn og frisk som ingen Tid før.»

«Kan hænde! der er vel mange Slags Elskov til.»

«Det er der, — ja, og vor var just saadan Elskov.»

«At Eders var det, det siger I mig nu, men min, aldrig var den det, aldrig.»

«Saa har I aldrig elsket.»

«Elsket ikke! nu skal jeg fortælle Jer, hvor jeg har elsket — Det var paa Frederiksborg . . . .»

‹O, Madame, I er uden Skaansel!»

«Nej, nej, det er slet intet det. — Det var paa Frederiksborg. Ak, I veed kuns lidet, hvad jeg der led. Jeg saae, at Eders Kjærlighed til mig var intet nær som før. Ak, som en Moder vaager over sit kranke Barn og giver Agt paa hvert et lille Tegn, saaledes fulgte jeg med Angst og Bævelse Eders Kjærlighed. Og da jeg saae i Eders kolde Blikke, hvor bleg den blev, og følte i Eders Kys, hvor svagt dens Pulse slog, da var det som skulde jeg forgaas i Kval og i Pine. Jeg græd for denne Kjærlighed i lange Nætter, jeg bad for den som for et Hjærtens dyrebart Barn, der dør og dør, Time for Time. Og jeg spejdede efter Hjælp og efter Raad i min Kvide, efter Lægedom for Eders kranke Kjærlighed og hvad gehejme Midler, som kom mig for Øre, af Elskovsdrikke at være, dem blandede jeg med tvivlendes Haab i Eders Morgendrikke og Aftenvin. Jeg lagde Eders Brystdug ud for trende voksende Maaner og læste Bryllupspsalmen derover, og paa Eders Sengefjæl, der malte jeg forinden med mit eget Blod tretten Hjærter i Kors, men uden Gavn, min Hr. Gemal, for Eders Kjærlighed var krank til Døden. — Se, saadan var I elsket!»

‹O nej, Marie, min Kjærlighed er ikke død, den er opstanden. Hør mig, Hjærte! hør mig, for jeg har været slagen med Blindhed, med daar-

lig Vanvittighedssot, men nu, Marie, knæler jeg
ned for Eders Fødder, og se, jeg bejler igjen,
med Tryglen og med Bøn. Ak, min Elskov har
været som et vægelsindet Barn, men nu er den
vokset op til Mand, o, giv Jer trygt hen i dens
Arme og jeg sværger Jer ved Korsens Træ og
Mands Honneur, at de skal ingensinde slippe Jer
igjen.»

«Ti, ti, hvad kan det hjælpe!»

«O, tro mig dog, Marie!»

«Ved Gud den Levendes! jeg tror Jer, der
er ikke Trevl eller Traad af Tvivl i mit Sind,
jeg tror Jer fuldt, jeg tror, at Eders Kjærlighed
er stor og stærk, men min! den har I kvalt med
egne Hænder, den er et Lig, og hvor højt saa
Eders Hjærte raaber, saa vil det aldrig vække
den op igjen.»

«O jo, Marie! I af Eders Kjøn . . . jeg
veed, at der er dem iblandt Jer, som naar de
elsker en Mand, saa om han støder dem bort med
sin Fod, de kommer dog igjen, evindelig igjen, for
deres Kjærlighed er fast mod alle Saar.»

«Ja, det er ret, min Hr. Gemal, og jeg —
jeg er et saadant Kvindfolk, skal I vide, men I
— er intet af de rette Mænd.»

       *   *   *

«Gud holde sin beskjærmendes Haand over
dig, min hjærtens allerkjæreste Søster, og være

dig en god og rund Givere af hvad som ønsk-
værdig er, baade til Liv og Sjæl, det ønsker
jeg dig af Hjærte.

Hjærtens allerkjæreste Søster, som er min
eneste velmenendes Ven fra Børnetid, vil jeg
nu beskrive, hvad skjønne Frugter jeg har af
min Ophøjelsesstand, som skal være forbandet
fra den Dag, den begyndte; thi den har, som
Gud veed, ikkuns ført mig Fortræd og Tribulats
i fulde Skaale.

Ja, var det mig intet en rette Ophøjelse
paa bagvendt Vis, som allerkjæreste Søster nu
skal høre, og som vel hende allerede i mange
Stykker er bevidst; thi det kan intet fejle, at
Søster jo af hendes kjære Mand har fornummet
at det, allerede mens vi var paa Sjælland at
bo, stod ganske koldsindigt til imellem mig og
min fine Hr. Gemal; og her til Aggershus var
det paa nogen Tid ikke anderledes, thi han har
ført sig saaledes op imod mig som mestendels
er utroligen at fortælle, men som nok stod til
ventendes af slig en smukke Junkere. Men jeg
bryder mig kuns fejl om hans skidne Galanterier,
thi de gaa mig i Ingenting an, saasom jeg bær'
til ham for længe siden saa ringe Kjærlighed,
at det jo intet skulde være nok til at holde en
kranker Ælling ved Live, og kan han for mig
løbe Runsk efter Rakkerens Kvind, om det
skulde være hans Ønske, kuns han i Ingenting
kommer mig for nær at fægte, som han just

netop gjør, og i saa Manering, at man skulde
undres paa, om han er optændt af Galenskab
heller Djævelen har besættet ham, og det har
deraf sin Begyndelse, at han kom til mig en
Dag med fine Ord og strunke Løfter og vilde,
Alting skulde være godt igjen os imellem, mens
han er af mig saa afskyet og foragt', hvad jeg
ham og fortalte i de Ord, at jeg holdt mig ham
altfor god at være; men da var det, det ret
gik an, thi wenn's de Düwel friert, plejer man
sige, macht er sein Hölle glühn, og tændte han
mig fluks en Helvedes Badstue op, i saa Maade,
at han kjørte herind paa Slottet i Hobevis af
løse Kvindfolk og Skarns Skjøger, og beværtede
paa dem med Mad og Drikke i store Stykker,
ja med dyrebar Snemos og bekostlige Schauessen,
som til nogen fyrstelig Banquete, og der skulde
mine kunstig vævede Damaskes Duge, som jeg
har i Arv efter vor sal. Moder, være lagt frem,
og mine Silkeshynder med Fryndserne om ligedan,
men blev der Intet af, som jeg slog det bag
Laas tilhobe, saa han maatte laane i Staden
baade til Borde og Bænke at brede.

Min hjærtens allerkjæreste Søster, jeg vil
nu intet trætte hende længer med saadan garstig
Kompagnie, men er det intet forsmædeligt, at
saadant Skjøgepak, som, om dem skete deres
Ret, skulde have deres Hud strøgen brav af
ved Stadens Kag, skal sidde paa Stadsebænk i
kongelig Majestæts Statholderes Stue; jeg mener,

det er saa uerhørt og bespotteligen, at om det
kom kongelig Majestæt til Gehør, som jeg øn-
sker af ganske Hjærte, Liv og Sjæl, da vilde
han tale min guten Ulrik Friederich saadan til,
som han kuns lidet skulde forlystes at høre paa.
Den artigste af hans Streger imod mig har jeg
endnu intet fortalt; den er og hel ny, som den
skete forgangen Dag. der jeg lod sende efter
en Kræmmere, at han skulde komme op med
nogle brabandtiske Silkes-Agramaner, som jeg
vilde have forneden en Trøje; men han lod
svare, om jeg vilde skikke Pengene ned, skulde
Varerne vel komme, men Statholderen havde
forbøden ham at sælge mig Noget paa Borg, og
ligedan Bud kom der fra Hattestaffereren, som
der var sendt efter, saa jeg formener, han har
gjort mig ubetroet over det ganske Sted, mens
jeg har ført i hans Bo for mange tusinde Rigs-
daler og tusinder til. Nu intet mere for denne
Gang. Gud være alting befalet, og han sende
mig altid gode Bud fra dig.

af Aggershus Slot, 12 Decembris 1665.

Din fuldtro Søster altid
M a r i e G r u b b e.

Velbyrdige Frue, Fru Ane Marie Grubbe, Styge
Høeghs, Landsdommere paa Laaland, min hjærte
kjære Søster huldeligen tilhaande.»

«GUD have hende i sin Forvaring, min allerkjæreste Søster, nu og altid, det vil jeg ønske hende af et oprigtig Hjærte, og vil jeg bede for hende den Bøn, at hun maa fatte et oprejset Sind og intet lade sig plat nedtrykke, thi hver har sin Jammerslod tildelet, og vi svømme og bade i idel Elendighed.

Hendes Skrivelse M. A. K. S. er kommen mig tilhaande, uskadt og ubrudt i alle Maader, og fornemmer jeg deraf med synkendes Hjærte den Spot og Beskæmmelse, hendes Gemal fører hende paa, som er en store Uret af kongelig Majestæts Statholdere at gjøre, som han gjør. Men vær dog ikke for hastig, min Høne, thi hun har Aarsage til Taalmod, som hende er saa høj en Plads anviset, som ikke var god at gaa Forlis af, og som vel er det værd med Uro at bevare, thi om hendes Gemal sværmer hen og spilder meget Gods, saa er det af hans eget, han forøder, mens min Slemmere til Mand har sat Veje for baade hans og mit, som er en Ynk, at en Mand, der skulde holde sammen paa, hvad af GUD os er fortroet, i den Sted splitter og øder det aldeles. Vilde kuns GUD skille mig vel ved ham, om det blev saa heller saa, da var der derudi stor Almisse mod mig arme Kvinde, og som ikke nok var at takke for, og kunde det ligesaavel ske, som vi det sidste Aar aldeles ikke have været tilsammens, som GUD have Lov og Tak for, om det maatte

vare ved, saa M. A. K. S. kan skjønne, at
ikke heller min Seng er aldeles med Silke bredt,
men M. A. K. S. maa tænke, at hendes Gemal
stiller sig nok og kommer til Fornuft igjen, at
han ikke sætter alting paa ublu Skjøger og
Skarns-Folk, .og som hans Embed giver ham
stor Indtægt, skal hun ikke lade sit kjære
Hjærte foruroes af hans bespottelige Ødselhed
eller af hans Uhuldhed heller. GUD vil .det
bedre, det tror jeg forvist. Gjør nu vel, min
Høne, og have hun mange tusind gode Nætter
fra mig,

hendes tro Søster, mens jeg lever,
Ane Marie Grubbe.

af Vang, 6 Februari 1666.

A Madame

Madame Gyldenleu, min gode Ven og Søster,
venligen tilskreven. »

«Gud holde sin beskjærmendes Haand over
dig, min hjærtens allerkjæreste Søster, og være
dig en god og rund Givere af hvad som ønsk-
værdigt er i alle Maader til Liv og Sjæl, det
ønsker jeg dig af ganske Hjærte.

Hjærtens allerkjæreste Søster, man siger
vel af Gammelt, at Ingen er saa rasendes galen,
den jo helmer et Blink mellem St. Hans og

Paulinus, men det vil her ingen Skik have, thi
min galne Hr. Gemal er intet kommen til sin
Vittighed endnu, ja, han er ti, ja tusindfold
galnere end tilforn, thi hvad som før jeg skrev
om, det er kuns for Børneværk at regne mod
det, som nu gaar an, som er over al Maade;
at vide, allerkjæreste Søster, han har været til
Kjøbenhavn og, o, utænkelig Spot og Beskæm-
melse, havde med sig hertil en hans gamle
Karnaillekvinder, navnlig Karen, som han fluks
lod tage bestandig Lossemente her paa Slottet
og som er over alle Ting og regjerer i alle
Maader, mens jeg er sat bag Døren at staa;
men, hjærte kjære Søster, hun maa nu gjøre
mig den Villighed, at hun forhører sig om vor
kjære Fader vilde tage sig min Sag an, om jeg
rømmede herfra, som han jo nok vil, thi Ingen
kan uden stor Medlidenhed min ulykkelige Stil-
ling anse, og det som byltes mig paa, er saa
ulideligen, at jeg tænker, jeg kan kuns gjøre
Ret, om jeg kaster det af. Det er intet længer
end som nu, dyre vor Frue-Dag, jeg var gangen
ned i vores Abildhave, og den Tid, jeg kom ind
igjen, da var Slaaen for mit Sengekammer skudt
for indvendig fra, og der jeg spurgte, hvad den
Streg skulde læses for, svartes mig, at den
Kammer og den næstved, dem vilde hun, Karen,

Mellem St. Hans og Paulinus = fra 24 til 28 Juni.
Frue Dag = 15 August.

have, og var min Seng flyttet op i den vestre
Stue, som er saa kold som en Kirke, naar
Blæsten staar paa, og fuld af Trækvinde, og
Gulvet aldeles frønnet og her og der med ganske
store Huller. Men skulde jeg tilfulde beskrive
al den Haanhed, mig her overgaar, da blev det
saa lang som nogen Fasteprædiken, og om det
paa den Vis farer fort, da tror jeg knap, mit
Hoved skal holde. Gud være alting befalet og
han sende mig altid gode Bud fra dig,

din fuldtro Søster altid
Marie Grubbe.

af Aggershus Slot, 2 Septembris 1666.

Velbyrdige Frue, Fru Ane Marie Grubbe, Sti
Høeghs, Landsdommere paa Laaland, min
hjærte kjære Søster huldeligen tilhaande.»

Ulrik Frederik var egenlig ligesaa kjed af
Tilstanden paa Slottet, som Marie Grubbe var det.

Han var bedre vant i Retning af Udsvævelser.
Det var kun tarvelige Svirebrødre, disse fattige,
simple Officerer der i Norge, og deres Soldater-
skjøger var heller ikke til at holde det ud med
ret længe. Karen Fiol var den eneste, der ikke
var idel Raahed og Plumphed, men selv hende
sagde han hellere Farvel idag end imorgen.

Det var i Ærgrelse over Marie Grubbes Af-
slag, at han havde gjort disse Folk til sit Selskab;

saa havde det en Stund moret ham, men ikke længe, og da det Hele nu begyndte at blive ham mat og næsten ubehageligt, og der ligesom var kommen en svag Fornemmelse af Anger over ham, saa trængte han til at bilde sig selv ind, at det havde været nødvendigt, og kom virkelig ogsaa til at tro, at det var det, og at han havde havt en Plan med det altsammen, den nemlig, at bringe Marie Grubbe til at fortryde sin Opførsel og føre hende angrende tilbage. Men da det nu ikke syntes, at Fortrydelsen vilde komme, saa tog han haardere fat, i det Haab, at han ved at gjøre hende Livet saa ubehageligt som muligt, nok skulde overvinde hendes Stædighed; for at hun ikke elskede ham mere, det troede han ikke paa, han følte sig overbevist om, at hun i sit Hjærte længtes efter at kaste sig i hans Arme, men at hun, da hun mærkede, at hans Kjærlighed var kaldt til Live igjen, saae, at hun kunde faa Hævn over ham for hans Frafald . . . og han undte hende denne Hævn, han kunde godt lide, hun vilde hævne sig, men hun trak det for længe ud, det blev ham altfor langvarigt her i dette barbariske Norge.

Alligevel, han var dog ikke rigtig sikker paa, om han ikke havde gjort bedst i at lade Karen Fiol blive i Kjøbenhavn, men paa den ene Side kunde han ikke holde det ud mere med de Andre, og paa den anden var Skinsyge en mægtig Allieret,

Fru Marie Grubbe.   15

og Marie Grubbe havde været skinsyg paa Karen, det vidste han.

Marie Grubbe kom nu imidlertid stadig ikke, og han begyndte at tvivle paa, at hun nogensinde vilde komme, og hans Kjærlighed voksede med hans Tvivl.

Der kom nu noget af et Spils eller en Jagts Spænding over Forholdet.

Det var med ængsteligt Sind, med beregnende Frygt, at han voldte Marie Grubbe den ene Tort efter den anden og han ventede spændt paa et Tegn, blot et lille Tegn paa, at han drev sit Vildt paa den rette Vej, men der skete intet.

Jo endelig:

Endelig skete der Noget, og han var vis paa, at det var Tegnet, just det Tegn, han ventede. Marie Grubbe tog nemlig en Dag, Karen havde tilføjet hende en usædvanlig nærgaaende Fornærmelse, en god, stærk Lædertømme i sin Haand, gik gjennem Huset hen til det Kammer, hvor Karen just sov sin Middagssøvn, lukkede Dørene til indenfra og gav den forfærdede Skjøge et godt Livfuld Hug af den tunge Tømme og gik saa roligt tilbage til det vestre Kammer, midt imellem alle de maalløse Tjenestefolk, som Karens Skrigen havde kaldt til.

Ulrik Frederik var nede i Byen, da det skete; Karen sendte ham straks Bud, men han forhastede sig ikke med at komme, først langt ud paa Eftermiddagen hørte den ventende Karen hans Hest i Gaarden.

Hun løb ned imod ham, men han skød hende lempeligt, men bestemt til Side og gik lige op til Marie Grubbe.

Døren stod paa Klem — saa var hun vel ikke derinde.

Han stak Hovedet ind, vis paa at finde Stuen tom, men hun var der, hun sad ved Vinduet og sov. Saa traadte han forsigtigt ind, saa forsigtigt, han kunde, for han var ikke aldeles ædru.

I en gul og gylden Strøm stod Lyset fra den synkende Septembersol ind i Kammeret og hæved de fattige Farver derinde til Glands og Herlighed; de kalkede Vægge fik Svaners Hvidhed, det brunede Træloft Malmens Glød, og det falmende Sengeomhæng blev vinrøde Folder og purpurne Læg. Der var blændende lyst; selv det, der var i Skygge, det lysned endda, det var som skimtet det frem af en Taage af løvgult Lys. Om Marie Grubbes Hoved spandt det en Glories Guld og kyssed hendes hvide Pande; men at Øjne og Mund var dybt i Skygge, det voldte et gulnende Æbletræ, der holdt sine abbildrødmende Grene fristende op for Ruden.

Men hun sov. sad paa en Stol og sov, med Hænderne foldede i Skjødet.

Paa Taaspidsen listede Ulrik Frederik sig hen

15*

til Marie, og Glorien svandt, da han stillede sig mellem Vinduet og hende.

Han betragtede hende nøje.

Hun var blegere end før. Hun saae saa god og blid ud som hun sad der, med Hovedet bøjet tilbage, med letadskilte Læber og med den hvide Strube bar og blottet; han kunde se, hvor Pulsen banked paa Siden af Halsen, lige under det brune, lille Modermærke. Han fulgte Skulderens faste Runding under den stramme Silke og den slanke Arm, til den hvide, hvilende Haand. — Og den var hans. — Han saae, hvordan den knyttede de trinde Fingre om den brune Tømme, og hvordan Armen i dens hvide, aareløbne Former blev fast og blank, blev slap med mattet Glands i Slaget, som den slog paa Karens arme Krop. Han saae, hvordan hendes skinsyge Blik det tindrede tilfreds, og hvordan hendes vrede Læber smilte grusomt ved Tanken om at hun slettede Kys paa Kys med Tømmesvøben. — Og hun var hans. — Han havde været ond og stræng og grusom, han havde ladet disse kjære Hænder vride sig i Kvide og disse røde Læber aabne sig i Klage.

Hans Øjne fik en fugtig Glands imens han tænkte saa, og han følte sig gjennemtrængt af hele en drukken Mands letvakte, bløde Medlidenhed, og han blev ved at staa og stirre i dorsk og drukken Følsomhed, til Solens rige Lysstrøm var tæret ind til en tynd, lille, blinkende Traad, højt mellem Loftets mørke Bjælker.

Da vaagnede Marie Grubbe.

«Jer!» næsten skreg hun, idet hun foer op og kasted sig tilbage, saa Stolen tumlede henad Gulvet.

«Marie!» sagde Ulrik Frederik saa ømt, som han formaaede, og strakte bønfaldende Hænderne ud imod hende.

«Hvad vil I? — I vil vel klage for de Hug, Eders Skjøge bekom?»

«Nej, nej, Marié, lad os være Venner, gode Venner!»

«I er drukken,» sagde hun koldt og vendte sig fra ham.

«Ja, Marie, af Kjærlighed til dig er jeg drukken, jeg er svimlendes drukken af din Dejlighed, min Hjærtens Dukke.»

«Ja, saa drukken, at Eders Syn har slaaet Jer fejl, og I har taget Andre for mig.»

«Marie, Marie, vær nu intet iversyg!»

Hun gjorde en haanlig afvisende Bevægelse.

«Jo, Marie! du varst iversyg; du har forraad dig selv, nu du tog den Ridetømme, du veed . . . men lad nu hele det skidne Slæng være glemt og dødt og Djævelen i Vare; kom, kom! leg nu intet mere den Uhulde med mig, som jeg har leget den troløse Gast med dig, med al denne Slemmen og Bolen paa Skrømt. Vi gjør jo kuns hinanden en Helvedes Kule deraf, for det kunde være en Himmerigs Sal. — Du skal faa din Villie i hvad du vil; vil du svæve i Silke, saa tykt som Camelot,

vil du have Perler i Strænge, saa lange som dit
Haar, du skal faa det, og Ringe og Gyldenstyks-
stoffer i hele Væve, og Fjer og Stene, hvad du
kuns vil, der er Ingenting for dyr'bart til at
slides af dig.»

Han vilde lægge sin Arm om hendes Liv,
men hun greb ham om Haandleddet og holdt ham
ud fra sig.

«Ulrik Frederik,» sagde hun, «skal jeg sige
dig en Ting? — Om du kunde svøbe din Kjær-
lighed i Sindal og Maar, om du kunde klæde den
i Zobel og krone den med Guld, ja give den Sko
af den skære Demant, jeg vilde kaste den fra mig
som Skarn og Dræk, for jeg agter den ringer'
end den Jord, som jeg træder med min Fod.
Der er intet en Dryp af mit Blod, der er dig god,
intet en Trævl af mit Kjød, den jo støder dig
væk, — hører du! der er intet en Vraa i min
Sjæl, du jo kaldes med Navne. — Forstaa mig
kuns ret! om jeg kunde løse din Krop af en Hel-
sots Pine eller din Sjæl af Helvedes Nød ved at
blive som Din, jeg gjorde det intet.»

«Jo, du gjorde det, Kvind, og saa sig ikke saa!»

«Nej og nej og mer' end nej!»

«Saa ud, ud! bort fra mit Øjesyn i Helvedes
forbandede Navn.»

Han var hvid som en Væg og rystede paa
alle Lemmer. Mælet var hæst og ukjendeligt og
han fægtede med Armene i Luften som en van-
vittig Mand.

«Tag din Fod af min Vej! tag din — tag din — tag din Fod af min Vej, eller jeg flækker din Stjærn, der er Dræbningsblod oppe og rødt for mit Syn. — Ud, ud af Norges Land og Rige og Helvedes Brand til Gefährt! Ud . . .»

Marie saae en Stund forfærdet paa ham, saa løb hun, hvad hun kunde, ud af Stuen, bort fra Slottet.

Som hun slog Døren til, greb Ulrik Frederik Stolen, hun havde siddet i, da han kom, og rendte den ud af Vinduet, flængede det møre Omhæng af Sengestedet og rev det i Pjalter og Taver, mens han flakkede frem og tilbage i Værelset; saa sank han ned paa Gulvet og krøb omkring paa sine Knæ, hvæsende som et vildt Dyr og hamrende sine Knoer tilblods. Omsider trættedes han, krøb hen til Sengen og kastede sig i den med Ansigtet ned i Puderne, og raabte paa Marie med ømme Navne og græd og hulkede og forbandede hende, og talte saa igjen, som kjælede han for hende, med blid og sagte Røst.

Samme Nat fik Marie Grubbe en Skipper til for gode Ord og stor Betaling at sejle sig til Danmark.

Næste Dag jog Ulrik Frederik Karen Fiol bort af Slottet, og faa Dage efter rejste han til Kjøbenhavn.

Gefährt = Kjøretøj.

XIII.

En skjønne Dag overraskedes Erik Grubbe
ved at se Madame Gyldenløve kjøre ind paa Tjele.

Han skjønnede straks, at der var noget Galt
paafærde, som hun saadan kom agende uden Tjener-
skab og nogen Ting, og da han fik at vide, hvor-
dan det egenlig forholdt sig, var det ikke noget
varmt Velkommen, han bød hende, for han blev
saa vred, at han gik sin Vej, smeldende Døren i
efter sig og viste sig ikke mere den Dag.

Men da han fik sovet paa det, blev han mere
omgængelig, ja han behandlede endog sin Datter
med en næsten respektfuld Kjærlighed, og der
kom noget af en gammel Hofmands stive Pyntelig-
hed i hans Tale. Han var nemlig kommen i Tan-
ker om, at endnu var der jo egenlig ingen Ulykke
skeet; der havde vel været en lille Uenighed mel-
lem de unge Ægtefolk, men Marie var endnu Ma-
dame Gyldenløve, og Sagen maatte uden stor Vanske-
lighed kunne bringes i den gamle Skure igjen.

Rigtignok raabte Marie paa Skilsmisse og
vilde ikke høre et Ord om Forsoning, men det
vilde næsten være urimeligt at vente andet, lige i

den første Hedes friske Forbittrelse, nu mens alle
Minder vare ømme Vunder og gabende Saar, saa
det lagde han ingen Vægt paa; der vilde Tiden
hjælpe, det var han overbevist om.

Der var desuden en Omstændighed af hvil-
ken han lovede sig en ikke ringe Bistand. Marie
var jo kommen næsten nøgen fra Aggershus uden
Klæder og Klenodier, og hun vilde snart savne
den Pragt, hun havde lært at anse for daglig-
dags, og selv den jævne Kost paa Tjele, den
ringe Betjening og hele det daglige Livs Tarvelig-
hed vilde faa hende til at længes efter det, hun
havde forladt. Paa den anden Side kunde Ulrik
Frederik, han være nu saa vred han vilde, vanske-
lig tænke paa Skilsmisse. Hans Pengesager var
ikke i den Orden, at han kunde skilles ved Ma-
ries Medgift, thi tolv tusind Daler var mange
rede Penge, og Guld og Jordegods og anden
Herlighed var ogsaa haardt at komme af med,
naar man nu endelig en Gang havde faaet det.

Et Halvaarstid gik Alting godt paa Tjele.
Marie befandt sig vel paa den stille Gaard. Den
dybe Fred, der herskede der, Dagenes Ensformig-
hed og deres fuldstændige Mangel paa Begiven-
heder var noget Nyt for hende, og hun nød det
med et drømmende, passivt Velbehag.

Naar hun tænkte paa Fortiden, kom den hende
for som en trættende Kæmpen og Bryden, en
rastløs Trængen sig frem uden Maal, lysnet af et
skærende, stikkende Lys og gjennemlarmet af en

utaalelig, bedøvende Tummel, og der kom en frydelig Fornemmelse over hende af Tryghed og Ro, af uforstyrret Hvile i velgjørende Skygge, i sød og venlig Tavshed; og .hun yndede at forhøje sit Tilflugtssteds Fred ved at tænke sig, at i Verden derude der larmede og stredes og trængtes de endnu, mens hun havde listet sig bort ligesom bagom Livet og truffet én tryg lille Plet, hvor Ingen kunde finde hende og bringe Uro i hendes yndigt dunkle Ensomhed.

Men alt som Tiden led, blev Stilheden tung og Freden død og Skyggen mørk, og hun begyndte nu ligesom at lytte efter en levende Lyd fra Livet derude. Det var hende derfor ikke uvelkomment, at Erik Grubbe foreslog en Forandring. Han vilde nemlig have, at hun skulde tage hen og bo paa sin Gemals Slot, Kalø, og han udviklede for hende, at da hendes Gemal havde hele hendes Medgift i Besiddelse og dog ,Intet sendte til hendes Underhold, saa var det rimeligt, hun lod sig underholde af Kalø Gods, og der kunde hun saa leve som Blommen i et Æg, holde stort Tjenerskab og føre sig op med Pragt og Bekostning, langt anderledes end her paa Tjele, som var altfor tarveligt til hende, der var saa meget bedre vant. Desuden var der i Kongens Morgengavebrev til hende, hvori der tilsikredes hende tusinde Tønder Hartkorn, ifald Ulrik Frederik skulde dø fra hende, aabenbarlig tænkt paa Kalø Gods, som netop var de tusinde Tønder og som tilskjødedes

Ulrik Frederik et Halvaarstid efter Bryllupet.
Dersom nu de ikke skulde blive forligte igjen,
saa var det ikke usandsynligt, at Ulrik Frederik
kom til at afstaa hende det hende som Enkesæde til-
tænkte Gods, og det var derfor tjenligt, baade at
hun lærte det at kjende og at Ulrik Frederik
vænnede sig til at vide det i hendes Besiddelse,
desto lettere vilde han maaske afstaa det.

Erik Grubbes Mening med denne Ordning
var den, at blive fri for de Bekostninger, han
sattes i ved Maries Ophold paa Tjele, og saa i
Folks Øjne at gjøre Bruddet mellem Ulrik Frede-
rik og hans Gemalinde mindre end det var; des-
uden var det jo altid en Tilnærmelse, og man
vidste aldrig, hvad den kunde føre til.

Marie rejste da til Kalø, men kom ikke til
at leve der som hun havde tænkt sig det, for
Ulrik Frederik havde givet sin Ridefoged Johan
Utrecht Ordre til, vel at modtage og underholde
Madame Gyldenløve, men ikke at lade hende faa
Hvid eller Skilling i rede Penge. Paa Kalø var
der nu desuden, om muligt, endnu kjedsommeligere
end paa Tjele, saa Marie var neppe blevet der
længe, hvis hun ikke havde faaet en Gjæst, der
snart skulde blive hende mere end en Gjæst.

Hans Navn var Sti Høg.

Siden Festen i Frederiksborg Slotshave havde
Marie Grubbe ofte tænkt paa denne sin Svoger og
altid med en Følelse af inderlig Taknemmelighed,
og mangen den Gang, naar hun paa Aggershus

var bleven krænket eller saaret særlig føleligt,
havde det været hende en Trøst at mindes Stis
ærbødige, tavs tilbedende Hyldest. Og hans Væsen
var det samme nu, hun var forglemt og forladt,
som i hine hendes Herligheds Dage; der var den
samme smigrende Haabløshed i hans Miner, den
samme ydmyge Beundring i hans Blik.

Mere end to—tre Dage ad Gangen blev han
aldrig paa Kalø, saa tog han en otte Dages Tid
paa Besøg i Omegnen, og Marie lærte at længes
efter, at han skulde komme, og at sukke, naar
han drog bort, thi han var saa godt som hendes
eneste Omgang, og de blev derfor meget fortrolige,
og det var kun lidet, de skjulte for hinanden.

«Madame!» spurgte Sti Høg en Dag, «er
det Eders Agt at vende tilbage til Hans Exel-
lence, om han gjør Eder fuld og rundelig Afbigt?»

«Om han saa kom krybendes hertil paa sine
Knæ,» svarede hun, «vilde jeg støde ham bort.
Jeg har for ham kuns Afsky og Foragt i Hjærte,
for der er intet een trofast Sentiment i hans Sind,
intet een ærlig, varm Blodsdraabe i hans Legem';
han er en Skjøge, ret en forfulet, forbandet Skjøge,
og intet en Mand; han har en Skjøges tomme,
troløse Øjne og en Skjøges sjælløse, klamme Be-
gjær. Aldrigen har en ærlig, blodsvarm Passion
reven ham hen, aldrigen har et hjærtebaaret Ord
raabet fra hans Læber. Jeg hader ham, Sti, for
jeg føler mig som besudlet af hans listende Hænder
og hans skjøgeagtige Ord.»

«I vil da andrage paa Separation, Madame?»

Marie svarede, hun vilde det, og om det ellers havde været hendes Fader med, vilde den Sag sikkert alt være vidt fremmet, men han forhastede sig ikke, saasom han havde den Tro, at Alt endnu vilde gaa i Lave, men det vilde det aldrig.

De talte saa om, hvad hun kunde vente at faa til sit Underhold efter Skilsmissen, og Marie mente, at Erik Grubbe paa hendes Vegne navnlig vilde gjøre Fordring paa Kalø.

Det syntes Sti Høg var ilde betænkt. Han havde i sine Tanker viist hende et andet Liv ud end det at sidde Enke i en afsides Krog af Jylland og saa maaske tilsidst blive gift med en menig Adelsmand, thi højere vilde hun ikke naa her; ved Hoffet var hendes Rolle udspillet, for der var Ulrik Frederik for vel anskreven til at han ikke skulde kunne holde hende borte fra det og det fra hende. Nej, han havde nu den Mening, at hun skulde faa sin Medgift udbetalt i rede Penge og saa forrejse Landet og aldrig sætte sine Fødder der mere; thi med hendes Skjønhed og Anstand kunde hun i Frankrig vinde en anderledes fager Skjæbne end her i dette usselige Land med dets bondeagtige Adel og fattige Kontrafej af et Hof.

Det sagde han, og det tarvelige Liv i Kaløs Ensomhed var saa god en Baggrund for de bedaarende Billeder, han udkastede af Ludvig den Fjortendes rige og prægtige Hof, at Marie fuld-

stændig fængsledes deraf og i den nærmest føl-
gende Tid gjorde Frankrig til Skuepladsen for
alle sine Drømme.

Sti Høg var endnu lige saa betagen af
Kjærlighed til Marie Grubbe som før, og han
talte ofte til hende om denne sin Lidenskab, ikke
bedende eller bønfaldende, nej, ikke engang i Haab
eller i Klage, tvertimod, fuldstændig haabløst, al-
tid forudsættende Umuligheden af, at hun kunde
gjengjælde den eller komme til at gjengjælde den.
I Begyndelsen hørte Marie disse Yttringer med en
ængstelig Forbavselse, men efterhaanden begyndte
det at interessere hende at lytte til disse haab-
løse Reflektioner over en Kjærlighed, hvis Kilde
hun selv var, og det var ikke uden en vis be-
rusende Magtfølelse, at hun hørte sig gjort til
Livs og Døds Herre over en saa forunderlig Na-
tur som Sti Høgs. Alligevel varede det ikke
længe, inden det Modløse i Stis Ord vakte en
Følelse af Irritation hos hende, og hans Opgivelse
af Kamp, fordi Kampens Maal syntes uopnaaeligt,
hans tamme Slaaen sig til Ro ved at for højt
var for højt, bragte hende til at tvivle, just ikke
om, at der virkelig var Lidenskab bag Stis for-
underlige Ord eller Sorg bag hans tungsindige Miner,
men om han ikke talte stærkere end han følte, thi
denne haabløse Lidenskab, som ikke trodsigt lukkede
Øjnene i for, at der intet Haab var, og blindt
stormede frem, den forstod hun ikke, den kunde
hun ikke tro paa, og hun dannede sig et Billede

af Sti Høg som en overspændt Natur, der, ved
ligesom evindeligen at gaa og overbeføle sig selv,
var kommen til at tro sig rigere og større og me-
get betydeligere, end han var, og som nu, da ingen
Virkelighed bekræftede denne Forestilling, gik og
løj sig ind i store Stemninger og stærke Liden-
skaber, der kun var fødte i fantastisk Svanger-
skab af hans sygeligt travle Hjærne. Og de sidste
Ord, hun nu for længere Tid hørte af hans Mund,
hun tog nemlig paa sin Faders Opfordring tilbage
til Tjele, hvor Sti ikke turde komme, tjente kun
til at befæste hende i den Tro, at Billedet var
ham i Alting ligt.

Det var nemlig, da han havde budet hende Farvel
og stod med Haanden paa Klinken, at han vendte
sig om mod hende og sagde: «det er en sort Side
af min Levnetsbog, der nu vendes op, Madame,
nu eders Kalødage er forbi, og jeg vil længes i
Kval og i Pine og sørge som En, der har tabt det,
der var al hans Jorderigs Lykke, al hans Haab
og Forlængsel, og dog, Madame, om det en Gang
skulde times, at der var skjællig Aarsag til at
tro, at I havde mig kjær og jeg troede derpaa,
da veed kuns Gud allene, hvad det vilde gjøre
mig til. Kan hænde det vækked op i mig de
Krafter, jeg aldrig endnu fik til at bruge deres
Vældigheds Vinger, saa den Part af mit Sind, der
er tørstig for Daad og brændendes af Haab, vilde
vinde Overhaand og gjøre mit Navn berømmeligt
og herligt. Men det er lige let at tænke, at slig

unævnelig Lykke vilde spænde af hver højspændt
Stræng, tage Mælet fra hvert raabendes Krav og
døve hvert lyttendes Haab, saa min Lykkes Land
blev mine Krafter og Evner et slapvorent Capua . . . .»

Det var rimeligt, Marie tænkte, som hun
tænkte, og hun indsaae, at det var bedst saaledes,
men dog sukkede hun derved.

Nu var det, hun tog til Tjele. Erik Grubbe
ønskede denne Venden tilbage, fordi han var bange
for, at Sti Høg skulde faa hende til at tage
Forholdsregler, der ikke stemmede med hans Pla-
ner, og desuden vilde han prøve, om det ikke nu
var muligt, ved Overtalelser at gjøre hende villig
til at gaa ind paa en Ordning af Sagen, hvorved
Ægteskabet blev staaende ved Magt.

Dette viste sig imidlertid at være frugtesløst,
men ikke desto mindre vedblev Erik Grubbe ved
Breve at opfordre Ulrik Frederik til at tage Ma-
rie til sig igjen. Ulrik Frederik svarede aldrig,
han ønskede at holde det hen i det Uvisse, saa-
længe det var muligt, thi enhver af Skilsmissen
nødvendig følgende Formuesafstaaelse var ham sær-
deles ubelejlig, og paa Svigerfaderens Forsikkringer
om Maries Forsonlighed troede han ikke. Hr. Erik
Grubbes Usandfærdighed var altfor vel bekjendt.

Tonen i Erik Grubbes Breve blev imidlertid
mere og mere truende, og der begyndte at blive
Tale om en personlig Henvendelse til Kongen. Ulrik
Frederik indsaae, at det ikke kunde blive saaledes
ved længe, og han skrev nu fra Kjøbenhavn til sin

Ridefoged paa Kalø, Johan Utrecht et Brev, hvori han paabød ham i al Hemmelighed at forvisse sig om, hvorvidt Madame Gyldenløve vilde mødes med ham paa Kalø Slot, uden at Erik Grubbe fik Noget at vide derom. Dette Brev blev skrevet i Marts, Niogtreds.

Ulrik Frederik haabede ved den heri foreslaaede Sammenkomst at erfare Marie Grubbes sande Sindelag, og ifald han fandt hende forsonlig, vilde han straks tage hende med sig til Aggershuus, men hvis ikke, da ventede han ved Løftet om at virke for en øjeblikkelig Separation, at skaffe sig saa blide Skilsmissekaar som muligt.

Men Marie Grubbe afviste Mødet, og Ulrik Frederik rejste med uforrettet Sag til Norge.

Erik Grubbe fortsatte endnu en Tid sit unyttige Skriveri, men saa var det, i Februar, Halvfjerds, at Budskabet kom om Frederik den Tredies Død, og nu mente Erik Grubbe, det var Tid til at handle; thi Kong Frederik havde altid sat sin Søn Ulrik Frederik saa højt og havt en saa blind Kjærlighed til ham, at han i en Sag som denne vilde fundet al Skyld hos Modparten, men med Kong Christian var det at vente, at det vilde være anderledes, thi vel var han og Ulrik Frederik Hjærtensvenner og meget sammenlevede Selskabsbrødre, men det var dog muligt der var en lille Skygge af Misundelse hos Kongen, thi han var i Faderens Tid saa ofte bleven sat i Skygge af den mere begavede og langt anseeligere Halv-

broder, desuden holdt unge Fyrster af at vise
deres Upartiskhed og var da ikke sjælden i deres
iltre Retfærdighedsfølelse uretfærdige imod dem,
Almenheden kunde tro, de netop vilde tage under
deres Beskjærmelse. Det blev da nu derfor be-
stemt, at de, saasnart Foraaret kom, begge to
skulde tage til Kjøbenhavn, og Marie skulde se
ad i Mellemtiden at faa tohundrede Rigsdaler af Jo-
han Utrecht til at kjøbe Sørgeklæder for, at hun
kunde vise sig med Anstand for den nye Konge;
men Ridefogeden turde ingen Penge levere fra sig
uden Ulrik Frederiks Ordre, og Marie kom til at
rejse uden Sørgeklæder, thi hendes Fader vilde
ingen betale og mente desuden, at denne Mangel
saameget bedre viste hendes Elendighed.

Sidst i Maj kom de til Kjøbenhavn, og da
et Møde mellem Fader og Svigersøn intet Resultat
bragte, skrev Erik Grubbe til Kongen, at han
ikke noksom i al Underdanighed kunde beskrive,
med hvad Spot, Beskæmmelse og Vanære hans
Exellence Gyldenleu for nogle Aar siden havde
udskikket sin Hustru, Marie Grubbe af Aggershus
og givet hende til Pris for Vejr og Vind og Ka-
pere, som den Gang heftig grasserede i Søen,
eftersom der da var en brændendes Fejde mel-
lem Holland og England. Gud havde imidlertid
naadig bevaret hende for ovenskrevne Livsfare,
og hun var kommen til hans Hus med Liv og
Helbred. Men det var en uhørt Beskæmmelse,
der var overgaaet hende, og han havde nu mange

Gange med Skrivelser, Bøn og grædendes Taarer
besøgt sin høje, højtærede Søn, velbaarne hans
Exellence, om, at han dog i den Sag vilde sig
betænke og enten bevise Marie hendes Sag paa
hende, hvorfor Ægteskabet maatte skilles ad, eller
ogsaa tage hende til sig igjen, hvilket imidlertid
Altsammen Intet havde frugtet. Marie havde ført
i hans Bo mange tusinde Rigsdaler, men ikke
desto mindre havde hun ikke kunnet faa saa me-
get som to hundrede Daler til at kjøbe Sørge-
klæder for; in summa: hendes Elendighed var alt-
for vidtløftig at beskrive, og derfor indflyede de
til hans kongelige Majestæt, deres allernaadigste
Arveherre og Konges medfødte Naade og Mildhed
med deres allerunderdanigste Bøn og Supplicering
om, at hans Majestæt for Guds Skyld vilde for-
barme sig over ham, Erik Grubbe, for hans høje
Alders Skyld, som var syvogtredsindstyve Aar, og
over hende for hendes store Elendigheds og Be-
skæmmelses Skyld og naadigst lade sig behage at
befale hans Exellence Gyldenleu, at han enten be-
viste Marie hendes Sag paa hende, hvorfor Kri-
stus siger, at Ægtefolk maa skilles ad, hvad han
aldrig skulde kunne gjøre, eller ogsaa tog hende
til sig igjen, hvorved fremmedes Guds Ære, idet
Ægteskab holdtes udi den Agt, som Gud det
selver udi har sat, stor Forargelse forhindredes,
store Synder bortjagedes, og en Sjæl befriedes fra
Fordømmelse.

Marie vilde først aldeles ikke sætte sit Navn

16*

under denne Supplike, da hun paa ingen Maade
vilde leve sammen med Ulrik Frederik, hvordan
det saa end skulde gaa, Men Faderen forsikkrede
hende, at det var kun Formaliteter med det For-
langende, at Ulrik Frederik skulde tage hende til
sig igjen, thi han vilde nu have Skilsmisse for
enhver Pris, og den Maade, Bønskriftet var af-
fattet paa, tvang ham til at begjære det, og det
vilde sætte hendes Sag i et bedre Lys og skaffe
hende bedre Vilkaar. Saa gav Marie da efter, ja
hun føjede endog paa Faderes Opfordring og efter
hans Udkast følgende Efterskrift til Suppliken:

»Jeg vilde gjerne talt med Eders konge-
lige Majestæt, mens jeg Elendige har ikke de
Klæder, jeg kan komme iblandt Folk med. For-
barm Eder over mig, allernaadigste Arveherre
og Konge, og hjælp mig Elendige til Rette.
Gud vil det belønne.»

Marie Grubbe.

Men da hun ikke stolede altfor vel paa Erik
Grubbes Ord, fik kun, ved en af sine gamle Hof-
venners Mellemkomst, Kongen en ganske privat
Skrivelse i Hænde, i hvilken hun uforblommet ud-
talte, hvor stærkt hun afskyede Ulrik Frederik,
hvor ivrigt hun længtes efter Skilsmisse og hvor
nødigt hun vilde, at hun ved Ordningen af For-
muespørgsmaalet skulde komme til at have selv
den fjerneste Forbindelse med ham.

Erik Grubbe havde nu imidlertid denne ene
Gang sagt Sandhed. Ulrik Frederik vilde skilles.

Hans Stilling ved Hoffet var en anden som Kongens Halvbroder end som Kongens Yndlingssøn. Det var nu ikke nok at stole paa faderlig Godhed, han maatte ligefrem kappes med andre Hoffets Mænd om Ære og Løn. At have en Sag som den foreliggende verserende bidrog kun lidet til at styrke hans Anseelse, det vilde være langt tjenligere at faa den endt saa hurtigt som muligt og i et nyt og bedre betænkt Ægteskab at søge Erstatning for det, Skilsmissen kunde koste baade af Ry og Gods. Han anvendte derfor den Indflydelse, han havde, til at naa dette Maal.

Kongen lod straks Sagen forelægge Konsistorium, at det derover kunde afgive sin Betænkning, og denne var saaledes, at Ægteskabet ved Højesteretsdom af fjortende Oktober seksten hundrede og halvfjerds erklæredes for ophævet, saaledes at begge Parter havde Lov til at gifte sig igjen. Marie Grubbe fik de tolv tusind Rigsdaler og al den øvrige Medgift af Klenodier og Jordegods tilbage, og saasnart hun havde faaet Pengene udbetalt, beredte hun sig trods Faderens Forestillinger til at rejse ud af Landet. Hvad Ulrik Frederik angaar, tilskrev han straks sin Halvsøster, Kurfyrste Johan Georg af Sachsens Gemalinde, om sit Ægteskabs Opløsning og spurgte hende, om hun vilde vise ham saamegen søsterlig Kjærlighed, at han turde hengive sig til det smigrende Haab at modtage en Gemalinde af hendes fyrstelige Hænder.

XIV.

Marie Grubbe havde aldrig før havt Penge at raade over, og derfor syntes det hende, nu hun havde faaet saa stor en Sum i Hænde, at hendes Magt og Evne var uden Grændser. Ja, det var hende, som om selve Vidunderlighedens Ønskekvist var lagt i hendes Haand, og hun længtes som et Barn efter at svinge den Sving i Sving og kalde alle Jordens Herligheder hen for sine Fødder.

Hendes nærmeste Ønske var at være langt borte fra Kjøbenhavns Taarne og Tjeles Enge, fra Erik Grubbe og Faster Rigitze, og saa svang hun da Kvisten første Gang, og paa Hjul og Kjøl over Vand og Vej førtes hun bort fra Sjælland, ned gjennem Jylland og Slesvig til Lübecks By. Hendes hele Følge var Kammerpigen Lucie, som hun havde faaet sin Faster til at overlade sig, og saa en Kjøbmandskusk fra Aarhus, thi først i Lübeck skulde de egenlige Rejseforberedelser træffes.

Det var Sti Høg, der havde bragt hende paa den Tanke at rejse, og den Gang havde han sagt, at han ogsaa vilde forlade Landet og søge sin Lykke ude og havde tilbudt sig at være hendes Rejsemarskalk. Han kom nu ogsaa, hidkaldt ved et Brev fra Kjøbenhavn, til Lübeck en fjorten Dages Tid efter Maries Ankomst dertil og begyndte straks paa at gjøre sig nyttig ved at træffe de Foranstaltninger, en saa lang Rejse gjorde nødvendig.

I sit stille Sind havde Marie egenlig tænkt at være en Velgjører for den stakkels Sti Høg, ved med sine rige Midler at lette ham Bekostningerne ved Rejsen og ved Opholdet i Frankrig, indtil det skulde vise sig, om en anden Kilde vilde vælde for ham. Hun blev derfor, da den stakkels Sti Høg kom, forbavset ved at finde ham klædt med megen Pragt, udmærket bereden og ledsaget af tvende statelige Ridesvende, i det Hele med alle mulige Tegn paa, at hans Pung ingenlunde trængte til at fylde sig rund med hendes Guld. Men endnu mere forbavsedes hun ved det Omslag, der syntes at være foregaaet i hans Sind, han var livlig og næsten munter, og mens han før saae ud, som om han med statelige Fjed fulgte sig selv til Jorden, saa traadte han nu i Gulvet som en Mand, der ejed den halve Verden og havde den anden Halvdel i Vente. Der havde været Noget af en plukket Fugl ved ham før, nu ligned han mest en Ørn med brusende Fjer og skarpe Øjne, der talte om endnu skarpere Klør.

Marie tænkte først, at det var Glæden over at kunne kaste alle Fortidens Bekymringer bagved

sig og Haabet om at vinde en Fremtid, der var
værd at vare, som havde bevirket denne Foran-
dring; men da han havde været der i nogle Dage
uden at aabne sin Mund for hine elskovssyge,
modløse Ord, hun kjendte saa godt, begyndte hun
at tro, han havde faaet Bugt med sin Lidenskab
og nu, i Følelsen af sejersstolt at kunne sætte sin
Hæl paa Elskovsdragens Hoved, kjendte sig fri og
stærk og sin Skjæbnes Herre, og hun blev ganske
nysgjærrig efter at faa at vide, om hun havde
gjættet ret, og hun tænkte ved sig selv, lidt for-
trydelig med det Samme, at jo mere hun saae til
Sti Høg, jo mindre kjendte hun ham.

En Samtale, hun havde med Lucie, kunde
ikke Andet end bestyrke hende i denne hendes
Formodning.

Det var en Formiddag, de begge to gik
frem og tilbage i det store Portrum, der fandtes
i alle Lübeckerhuse og som baade var Gang og
Dagligstue, Tumleplads for Børnene og Scenen for
de fleste Haandgjerningsarbejder, undertiden ogsaa
Spisestue og Grøntkammer. Det Rum, de gik i,
blev imidlertid nærmest kun brugt i de mildere
Aarstider, derfor var der nu blot et langt, hvidt-
skuret Bord, nogle tunge Træstole og et gammelt
Skab derinde, bagerst var der slaaet lange Fjæl-
hylder op, hvor Hvidkaal laa i grønne Rader over
røde Dynger af Gulerødder og strittende Peberrods-
bundter.

Porten stod paa vidt Gab ud til den væde-

blanke Gade, hvor Regnen plaskede ned i blin-
kende Strømme.

Baade Marie Grubbe og Lucie var klædte
paa til at gaa ud, den Ene i en skindbræmmet
Klædeskaabe, den Anden i et Slag af brungraat
Hvergarn; de gik og ventede paa, at Regnen
skulde holde op og skrede hurtigt frem og til-
bage over det røde Murstensgulv, med smaa tram-
pende Trin, som om de havde ondt ved at holde
Fødderne varme.

«Skulde det nu ogsaa være en rigtig sikker
Ledsagere, I tror?» spurgte Lucie.

«Sti Høg? — ja, ja er han da saa, skulde
jeg tænke. Hvad mener du med det?»

«Aa, kuns om han intet bliver siddendes i
det paa Veien.»

«Hvad!»

«Jo, de tydske Jomfruer eller da de hollandske
med . . . I veed, han har det Ord paa sig, at
hans Hjærte er gjort af saa glødendes Materie,
at det slaar i lysendes Brand, saasnart der kuns
er et Skjørt, der vifter til.»

«Hvem har holdt Tossemarked for dig med
de Parabler?»

«Men Herregud, har I da aldrig hørt det
før? Jeres egen Svoger! — Hvem kunde tvivle
paa, at det var Nyt; jeg kunde da ligesaa godt

Tvivle paa: i Betydningen: tro.

være falden paa at fortælle Jer, at der er syv Dage i en Uge.»

«Hvad mon der har seet dig idag, du primer som havde du faaet spansk Vin til Morgenkost?»

‹Ja, een af os, lader det til. — Sig mig: Ermegaard Lynow, har I aldrig hørt det Navn før?›

«Nej!»

›Saa spørg Sti Høg, om han skulde hændes at kjende det, og nævn saa med det Samme Jydte Krag og Christence Rud og Edele Hansdatter, og Lene Poppings om I vil, det var jo tænkeligen, han kunde træffe til at vide nogle Parabler, som I kalder det, om dem alle tilhobe.»

Marie standsede i sin Gang ved den aabne Port og saae længe vist ud paa Regnvejret. «Veed du kanhænde‹, sagde hun saa og begyndte at gaa igjen, «veed du kanhænde ogsaa om nogle af de Parabler at sige?»

‹Det skulde En næsten vente sig.›

«Om Ermegaard Lynow?›

«Jo besynderlig om hende.»

›Hvad da?›

«Aa det var med en af de Høger, Sti tror jeg han hed, en høj, rødhaaret, bleg . . . .

‹Tak, det veed jeg nu just saa lige.»

«Veed I ogsaa det med Forgiften?›

‹Nej, nej!»

‹Eller Brevet da?›

«Naa, fortæl!»

»Hu, det er saa en grimme Fortælling den.»

«Naa!»

«Jo, den Høg han var nok gode Venner,
det var da førend som han blev gift, ja han var
de allerbedste Venner med Ermegaard Lynow; hun
havde det længste Haar nogen Jomfru kunde have,
for hun kunde fast træde i det, og hun var saa
hvid og rød, ret en Dejligheds Dukkebarn var hun,
men han var saa haard og bøs mod hende, sagde
de, som var hun en opsætsig Myndehund og intet
den blide Skabning hun var, men jo slemmer' han
var, jo mer holdt hun af ham, han kunde have
slaaet hende blaa og grøn, om han intet gjorde
det, hun vilde have kysset ham for det, huha, det
er ligeud grim at tænke paa, som en Mennesk'
kan være, naar den ret har sat sit Sind til en
Anden. Men saa blev han kjed af hende og saae
aldrig den Vej hun var, for det han havde faaet
en Anden i Tanker, og Jomfru Ermegaard hun
græmmed' sig og sørged' og var ved at gaa til af
ene Jammer og Elendighed, men hun leved' endda,
det Liv det var. Saa kunde hun intet holde det
længer ud, Jomfruen; de siger, hun havde seet Sti
Høg ride Gaarden forbi og var rendt ud efter
ham og havde løbet en Mil Side om Side med
hans Hest, uden at han skulde saameget som standse
et Trin eller skulde ville høre paa hendes Bønner
og Begrædelser, men bare red haardt til og bort
fra hende. Det kunde hun intet bære og saa tog
hun dræbendes Forgift ind og skrev saa til Sti

Høg, at det havde hun gjort for hans Skyld, nu
skulde hun aldrig være ham til Hinder mere, blot
hun maatte se ham engang inden hun døde.»

«Og saa?»

«Ja Gud veed om det ogsaa er som Folk
siger, for saa er han da den ledeste Krop og Sjæl
som nogen Helvedes Pine kan vente paa; — saa
skrev han tilbages — ja, saadan var det, han
skrev tilbages, at den Modgift, som bedst kunde
gjøre hende frisk igjen, det var hans Kjærlighed,
men den stod det intet i hans Magt at give hende,
men han havde hørt at Melk og Hvidløg skulde
ogsaa være godt, og det vilde han raade hende
til at tage ind. Se, det svared' han; hvad tænker I?
kan der nu være Noget mer skammeligt til end
som det?»

«Og Jomfru Ermegaard?»

«Jomfru Ermegaard?»

»Ja vist.»

»Ja, det var intet hans Skyld, men hun havde
intet taget Forgift nok til at dø af, men hun blev
saa krank og ilde, at hun nær aldrig var kom-
men til Helsen igjen.»

«Det bitte Lam,» sagde Marie og lo.

Næsten hver Dag i den nu paafølgende Tid
hidførte en eller anden lille Forandring i Marie
Grubbes Opfattelse af Sti Høg og derved ogsaa i
den Maade paa hvilken de omgikkes med hin-
anden.

Det var saa let at se, at Sti ikke var nogen
Drømmer, af den Omsigt og Raadsnarhed hvormed
han fjernede alle de utallige Hindringer og Van-
skeligheder, Rejsen frembød, og det var ligeledes
let at blive klog paa, at han baade i Manerer og
Begavelse stod langt over selv de ypperste af de
Adelsmænd, de traf sammen med. Altid var hans
Tale ny og interessant og ulig alle Andres, det
var som havde han en egen, kun af ham kjendt
Vej, til Forstaaelse af Mennesker og Ting, og det
var med en frejdig Haan, syntes Marie, at han
bekjendte sin Tro paa, hvor stærkt Dyret i Men-
nesket var, eller hvor lidt Guld, der skjulte sig i
dets Naturs Slakker, og den kolde, lidenskabelige
Veltalenhed hvormed han beviste hende, hvor ringe
Sammenhæng der var i Menneskets Væsen, hvor
uforstaaet og uforstandig, hvor leddeløs og fam-
lende og ganske i Tilfældets Vold det, der var
ædelt og det, der var lavt, brødes i Ens Sjæl, den
Veltalenhed, hvormed han søgte at gjøre hende
dette klart, syntes hende stor og betagende, og hun
begyndte at tro at sjældnere Gaver og mægtigere
Kræfter vare blevne ham til Del end der ellers
faldt i Dødeliges Lod, og hun bøjede sig i Beun-
dring, ja næsten i Tilbedelse for den Vældigheds
Magt hun anede; men dog var der med alt dette
i hendes Sjæl en stille, lurende, stadigt hviskende
Tvivl, der aldrig fik Mæle i udtænkte Tanker, men
kun i dunkel, instinktmæssig Følelse rørtes af
Frygt for at Magten var en Magt, der trued og

rased, der ønsked og higed, men aldrig slog ned, aldrig greb til.

*   *
*

I Lohendorf en tre Mil fra Vechta laa der, lige ved Landevejen, et gammelt Krosted, og her var Marie og hendes Følge, et Par Timer efter at Solen var gaaet ned, taget ind.

Ud paa Aftenen, da Kusk og Ridesvende var gaaet til Hvile i Udhusene, sad Sti Høg, Marie og et Par bondeagtigt udseende, oldenborgske Adelsmænd i en ret fortrolig Samtale, ved et lille rødmalet Bord foran den store Bilæggerovn i Kroens Skjænkestue.

Ved det lange Bord henne under Vinduerne, med Ryggen støttet mod Bordpladens Kant, sad Lucie paa Enden af en Bænk og strikkede og saae til.

Paa Herskabsbordet stod der et Tællelys i en gul Leerstage og spredte sit søvnige Skjær over Ansigterne derhenne og spejlede sig fidtet i den Række Tintallerkener, som fandtes over Ovnen. Marie havde en lille Tinkande med varm Vin foran sig, Sti Høg en større, medens de to Oldenborgere vare fælles om en mægtig Træstob med Øl, der stadig tømtes og ligesaa stadig fyldtes af en pjudskhaaret Karl, som laa og drev paa en Gaasebænk inderst i Stuen.

Baade Marie og Sti Høg havde helst trukket

sig tilbage til deres Kamre, thi de to Landadels-
mænd var ikke noget muntert Selskab; og de
havde ogsaa gjort det, havde Kamrene ikke været
saa isnende kolde og Ulemperne ved at opvarme
dem endnu værre end Kulden, hvad de havde er-
faret da Verten bragte dem Kakkelovnspotter der-
ind; Tørvene var nemlig der paa Egnen saa svov-
lede, at kun Folk, der var vante til dem, kunde
faa deres Vejr, hvor de var i Glød.

Oldenborgerne var ikke muntre, for de skjøn-
nede nok de var i fint Selskab og gjorde sig der-
for Umag for at udtrykke sig saa belevent som
det stod i deres Magt, men efterhaanden som Øllet
fik mere og mere Magt over dem, blev ogsaa
det Baand, de havde lagt paa sig selv, slappere
og slappere, ja, ganske løst. Deres Sprog fik et
endnu mere lokalt Anstrøg end før, deres Skjæmt
blev massivere og deres Spørgsmaal nok saa nær-
gaaende.

Som nu Spøgen voksede i Plumphed og Uhø-
viskhed, begyndte Marie at blive urolig i Sædet,
og Sti Høgs Øjne spurgte over Bordet om de skulde
gaa bort. Da kom just den lyseste af de Frem-
mede med en vel grov Hentydning, som fik Sti
til at rynke Brynene og se truende paa ham, men
dette æggede ham kun, og han gjentog sin skidne
Skjæmt i endnu kraftigere Udtryk, hvad der fik
Sti til at love ham, han skulde finde Tinkruset i
sin Pande hvis han voved et Ord mer af samme
Slags.

Netop i det Øjeblik nærmede Lucie sig Bordet med sit Strikketøj for at se at finde en Maske, hun havde tabt, og heraf benyttede den anden Oldenborger sig; han tog hende om Livet, tvang hende ned paa sit Skjød og trykkede et forsvarligt Smækkys paa hendes Læber.

Denne Frejdighed opildnede den Lyse, og han slog sin Arm om Marie Grubbes Hals.

I samme Nu sad Stis Krus ham i Panden saa kraftigt og sikkert, at han sank over mod Bilæggeren med et dybt Grynt.

I næste Sekund var Sti og den Mørke ude midt paa Gulvet, og Marie og hendes Pige flygtet hen i et Hjørne.

Karlen paa Gaasebænken sprang op, gav et Brøl fra sig ud ad Stuens ene Dør, løb selv hen til den anden og gav sig til at stænge den med en alenlang Jernbom, samtidig hørtes en Slaa smække for Husets Bagdør. Det var nemlig Skik der i Kroen, saasnart der var Slagsmaal, at stænge saadan, at Ingen, der var udenfor, kunde komme til at tage Del i Striden og saaledes give den større Udstrækning end nødvendigt, men det var ogsaa deres eneste Indblanden, og naar Stængselen var besørget, listede de straks til deres Senge; for den, der Ingenting saae, kunde heller Ingenting forklare.

Der var ingen af de Kæmpende, der havde Vaaben hos sig, saa de havde kun Næverne at jævne Sagen med. Og der stod de, Sti og den

Mørke og bandte og brødes. De trak hinanden fra Plet til Plet, drejed sig i sejge, modstrldende Vendinger og tørned hinanden opad Døre og Vægge; de fanged hinandens Arme, fried sig af hinandens Tag, bøjed og vred sig, frem og tilbage med Hagerne trykket i hinandens Skuldre. Endelig tumled de om· paa Gulvet; Sti var øverst og havde lige et Par Gange hugget sin Modstanders Hoved tungt mod det kolde Lergulv, da han følte to kraftige Hænder i Greb om sin Hals. Det var den Lyse, der var kommen til sig selv igjen.

Sti var ved at kvæles, Luften ralled i hans Strube, det sortned for hans Øjne, og hans Lemmer lammedes. Den Mørke slog sine Ben om ham og trak ham i Skulderen nedefter, den Lyse havde Hænderne om hans Hals og Knæene i hans Sider.

Marie skreg og vilde ile til Hjælp, men Lucie havde slynget sine Arme om hende i et næsten krampagtigt Tag, saa hun ikke kunde flytte sig.

Da, just som Sti var ved at miste sin Samling, huggede han sig med en sidste Kraftanstrængelse forover, saa den Mørkes Baghoved hamrede ned mod Jorden og den Lyse glippede lidt i sit Greb og aabned Vej for en Kjende Luft. I et smidigt, kraftigt Kast rev Sti sig bort til Siden, kasted sig ind paa den Lyse, saa han vælted til Jorden, bøjed sig dernæst rasende frem over den Faldne, men ramtes af et Spark i Hjærtekulen, saa han næsten segned; men saa greb han med den ene Haand om Anklen den Fod, der

havde ramt ham, og med den anden Haand fik han
Hold i Støvleskaftet lige neden til Knæet, løftede
saaledes Benet i Vejret og hug det ned mod sit
fremspændte Laar, saa Knoglerne brødes i Støvlen
og den Lyse besvimet sank hen. Den Mørke, som
laa og stirred, fortumlet af Slaget i Hovedet, ud-
stødte, da han saae dette, et saa vaandefuldt Vræl,
som havde det været ham selv, det gik udover, og
kravled i Skjul under Bænken oppe ved Vinduet,
og dermed var det Slagsmaal da forbi.

Men den Vildskab, Sti Høg ved denne Lejlig-
hed havde viist at der boede i hans Sind, havde
en mægtig, forunderlig Indflydelse paa Marie; thi
da hun den Nat lagde sit Hoved paa sin Pude,
sagde hun til sig selv, at hun elskede ham, og
da Sti Høg i de paafølgende Dage havde lagt
Mærke til, at der var Noget i hendes Blik og
Adfærd, der tydede paa, at der var skeet en stor
Forandring til Gunst for ham i hendes Sind og
han opmuntret heraf, bad om hendes Kjærlighed,
fik han det Svar, han ønskede.

XV.

Nu i Paris.

Der er gaaet saa meget som et Halvtaarstid, og den Kjærlighedspagt, der saa brat blev sluttet, var løsnet og braadnet en Stund forindén, og Marie Grubbe og Sti Høg er langsomt gledne fra hinanden.

De veed det beggeto, men det er ikke blevet til Ord imellem dem; der er saamegen Bitterhed og Smerte, saa megen Nedværdigelse og Selvforagt gjemt i den Tilstaaelse, der truer, at der er Lindring i at tøve.

I det er deres Sind ens.

Men i deres Maade at bære deres Kummer paa er de yderst forskjellige. Thi mens Sti Høg i haabløs Kvide, sløvet af selve Smerten mod Smertens hvasseste Braad, sørger og sørger i magtløs Betagenhed, ligesom et fanget Rovdyr gaar frem og tilbage, frem og tilbage i sit snevre Bur, saa er Marie nærmere at ligne ved et Dyr, der har revet sig løs og flygter i ustandset Flugt, aldrig hvilemildnet Flugt, dreven fremad og fremad, i

17*

vanvittig Frygt, af Lænken, der klirrende slæber i dens Spor.

Hun vilde glemme.

Men Glemsel er som Lyngen, den gror kun af sig selv, og Alverdens Fredning og Omhu og Røgt lægger ikke en Tomme til dens Vækst.

Hun øste ud af sit Guld med fulde Hænder og kjøbte sig Pragt; hun greb hver Nydelses Bæger, som Guld kunde kjøbe, som Aand og Skjønhed og Rang kunde kjøbe, men det var Alt forgjæves.

Der var ingen Ende paa hendes Elendighed, og Intet, Intet kunde fri hende fra den. Havde det at skilles fra Sti Høg kunnet frembringe, ikke en Lettelse, men blot en Forandring i hendes Pine, det havde været gjort for længe siden, men det var ligegyldigt, ganske det Samme, om det skete eller ej, der var ikke en Gnist af Haab om Lindring i det, ligesaa godt følges ad som skilles, deri var der ingen Redning.

Men de skiltes alligevel, og det var Sti Høg, der foreslog det.

De havde ikke seet hinanden et Par Dage, da Sti traadte ind i det forreste af de pragtfulde Værelser, de havde lejet af Isabel Gilles, Værtinden i la croix de fer.

Marie var der, og hun sad og græd.

Sti rysted mismodigt paa Hovedet og tog Plads i den anden Ende af Stuen.

Det var saa tungt at se hende græde og vide, at hvert trøstende Ord fra Ens Læber, hvert medlidende Suk og deltagende Blik kun vilde gjøre Sorgen mere bitter og Graaden stærkere.

Han gik hen imod hende.

«Marie,» sagde han sagte og tonløst, «lad os endnu en Gang ret rigtigen tales ved og saa skilles.»

«Ja, hvad kan det nytte?»

«Sig intet det, Marie, der venter paa dig endnu glade Dage i tykke Skarer.»

«Ja Grædedage og Taarenætter i en hel og ubrydelig Kjæde.»

«Marie, Marie, tag Vare paa de Ord, du siger, for jeg forstaar dem, som du aldrig vilde tro, jeg kunde forstaa dem, og saa saarer de saa smerteligen haardt.»

«De Saar, der stinges med Ord til Od, dem agter jeg kuns ringe og har aldrig havt i Tanke at skaane dig for dem.»

«Saa stød da til, hav intet Medlidenhed saameget som et Blink mere; sig mig, du kjender dig fornedret ved din Kjærlighed til mig, laveligt fornedret! Sig mig, du vilde give Aar af dit Liv for at vriste hvert eneste Minde om mig ud af din Sjæl! Og gjør mig saa til Hund og giv mig Hundenavne, kald mig det Forsmædeligste, du veed af at sige, og jeg skal lyde alle dine Navne og sige du har Ret, fordi du har Ret, har Ret, saa pinendes, som det er at sige. For hør, Marie,

hør, og tro det om du kan: endog jeg veed, du
ræddes ved dig selv, for du har været min, og
sygner i din Sjæl hver Gang du tænker derpaa
og rynker din Pande i Afsky og Vaade, saa el-
sker jeg dig dog — jo, jo, af al min Magt og
Formue elsker jeg dig, Marie.»

«Nej, fy for Skam Sti Høg, aa, skam dig
dog, skam dig dog, du veed ej hvad du taler.
Og dog, aa Gud forlad mig, dog er det sandt,
saa ræddeligt det lyder. Aa, Sti, Sti! hvorfor
er du den Bondesjæl du er, den krybendes Maddike-
orm, som trædes og stinger dog intet? Om du
vidste, hvor jeg troed' dig stor! stolt og stor og
stærk, du som er saa svag. Men det voldte dine
klingrendes Ord, som løj om en Magt, du aldrig
ejed', som raabte om en Sjæl, der var Alt, hvad
din aldrig var eller vilde blive. Sti, Sti, var det
Ret, jeg fandt Klejnhed for Styrke, ussel Tvivl
for frejdigt Haab, og Stolthed, Sti! hvor blev
din Stolthed af?»

«Ret og Retfærdighed er kuns ringe Naade,
men jeg fortjener intet mere, thi jeg har været
lidet bedre end en Falsknere imod dig. — Marie,
jeg har aldrig troet paa din Kjærlighed til mig, nej,
aldrig, end ikke hin Stund, da du svor mig den til, var
der Tro i min Sjæl. Ak, som jeg gjerne vilde
tro, men kunde intet. Jeg kunde intet tvinge
Tvivlens mørke Hoved ned mod Jorden, den stir-
red' paa mig med de kolde Øjne og alle mine
Drømmes rige, ranke Haab, dem blæste den

bort med sin bedskelig smilendes Mund. Jeg
kunde ikke tro du elskede mig, Marie, og dog
greb jeg din Kjærligheds Skat med baade Hænder
og al min Sjæl, og jeg fryded' mig ved den i
Angst og bange Lykke, som en Røver kan fryde
sig ved sit gyldent blinkende Rov, naar han
veed den rette Ejersmand vil komme om en stakket
Stund og rive ham det ud af hans kjært belastede
Hænder. For den vil komme en Gang, Marie, som
er din Kjærlighed værd eller som du tror den værd,
og han vil intet tvivle, intet trygle eller skjælve,
han vil bøje dig som lødigt Guld i sin Haand og
sætte sin Fod paa din Villie, og du vil være ham
følgagtig i Ydmyghed og Glæde; men det er intet
fordi han elsker dig mere end som jeg, for det
kan intet være, men for han mer har Tro til sig
selv og mindre Øje for dit uskaterlige Værd,
Marie.»

«Ak det er jo ret en Spaamandslektie, I der
ramser op, Sti Høg, men det er som I plejer,
immer vil Jer Tanke paa Langvejsfart. I er just
som Børn, der faar et Spilleværk til Givendes;
istedenfor at lege med det og fornøjes ved det,
har de ingen Ro, før de faar seet hvad der er
inden til og revet det ud af Led og Lave. I fik
aldrig Tid til at holde og vare for at fange og
gribe; I hugger al Livsens Tømmer op i Tanke-
spaaner tilhobe.»

«Farvel, Marie.»

«Far vel, Sti Høg, det Bedste I kan.»

«Tak — Tak — det maa saa være — men jeg beder om en Ting.»

«Nu.»

«Naar I rejser herfra, lad saa Ingen vide den Vej I vil, at jeg intet skal faa det at høre, for ... for jeg svarer intet for, at jeg da fik Magt til at holde mig fra at følge Jer efter.»

Marie trak utaalmodigt paa Skuldrene.

«Vorherre velsigne Jer, Marie, nu og evindelig.» Saa gik han.

*   *   *

En lys Novemberskumring, hvor Solens bronzebrune Lys tøvende trækker sig bort fra høje Gavles ensomt blinkende Ruder, dvæler paa Kirkens Tvillingtaarnes slanke Spir, funkler paa Kors og gyldne Krandse deroppe, løses i lysende Luft og svinder, mens Maanen alt har løftet sin runde, blanke Skive op over de fjerne, brune Højes langeligt rundede Liniers Drag.

I gule, blaanende og violette Flager spejles Himlens svindende Farver i Flodens blanke, lydløst rindende Vande, og Blad fra Pil og Løn og Hyld og Rose løsner sig ud af det gule Løvhang, flagrer imod Vandet i dirrende Flugt, fanges af den blanke Flade og glider med langs ludende Mure og vaade Stentrapper, ind i Mørket under tunge, lave Broer, rundt om fugtsorte Træpæle, fanger et Glimt fra de glødende Kul i den rødt-

oplyste Smedie, hvirvles omkring af den rustrøde
Strøm fra Sliberens Gaard, og svinder saa imellem
Siv og lække Baade, imellem sænkede Kar og
dyndede Risgjærders druknende Fletværk.

En blaalig Dæmring breder sit gjennemsigtige
Mørke over Torve og aabne Pladser, hvor Vandet
sløret blinker, mens det strømmer fra vaade Slange-
snuder og drypskjæggede Dragemunde i Vand-
springenes fantastisk brudte Buer og mellem tak-
liniede, slanke Fialer; det mumler blidt og risler
koldt, det bobler dæmpet og drypper skarpt og
danner hurtigt voksende Ringe paa det rigeligt
overflydende Kummebassins mørke Spejl. Et sagte
Vindpust suser over Pladsen, og rundt omkring
fra dunkle Porte, fra sorte Ruder og fra skumle
Gyder, stirrer et andet Mørke ud i Mørket.

Saa kommer Maanen frem og kaster Sølv-
skjær over Tag og Tinder og deler Lys og Skygge
af i skarpe Felter. Hvert Bjælkehoved, hvert et
snørklet Skilt, hver kort Balustre i Svalernes lave
Gelænder, bliver tegnet af paa Mur og Væg. Alt
skjæres ud i skarpe, sorte Former, de kunstigt
brudte Stenmønstre over Kirkernes Dørgab, St.
Georg med hans Landse hist paa Husets Hjørne
og Blomsten med dens Blade her i Vinduet. Og
som den lyser i den brede Gade og som den spej-
ler sig i Flodens Vand! Og der er ingen Skyer
paa Himlen, en hvidlig Kreds, en Glorie om Maa-
nen, og ellers Intet uden tusind Stjerner.

En saadan Aften var det nu i Nürnberg, og

i den stejle Gade op til Borgen og i den Gaard
som kaldtes for v. Karndorfs, der var der Gilde
denne samme Aften.

De sad ved Bordet, og de var Alle mætte,
lystige og drukne. Paa En nær var de alle ældre
Folk, og denne Ene var kun atten Aar. Han
havde ingen Paryk, han bar sit eget Haar, og det
var stort nok til det, gyldent, langt og lokket.
Hans Ansigt var saa dejligt som en Piges, hvidt
og rødt, og Øjnene var store, blaa og stille.

Den gyldne Remigius kaldte de Andre ham,
og gylden ikke blot for hans Haars Skyld, men
for hans store Rigdom, thi trods hans unge Aar
var han den rigeste Adelsmand i hele bayrisch
Wald, — for bayrisch Wald der var han fra.

De talte om Kvindeskjønhed, de lystige Herrer
ved det gode Bord, og alle var de enige om, at
den Gang de var unge, da vrimled Verden af
Skjønheder med hvilke de, der nu bar Skjønheds
Navn, slet ingen Sammenligning kunde taale.

»Men hvem har seet Perlen for dem Alle til-
hobe?» sagde en rødmusset Tyksak med smaa,
bitte, funklende Øjne, «hvem har seet Dorothea
v. Falkenstein af de Falkensteiner fra Harzen,
hun var rød som en Rose og hvid som et Lam,
hun kunde spænde med sine Hænder om sit Liv
og en Tomme til, og hun kunde træde paa Lærkeæg
uden de gik istykker, saa let var hendes Gang
paa Jorden, men hun var ingen af Jeres Hejreben
for det, hun var fyldig som en Svanefugl, der

sejler paa en Dam og fast som nogen Raa, der springer i en Skov.»

Saa drak de paa det.

«Gud velsigne Jer allesammen saa graa som I er!» raabte en lang, gammel Knark for Enden af Bordet, «men Verden bliver grimmere Dag for Dag. Vi kan se det paa os selv,» og han saae rundt paa dem, «hvad for Karle vi dog var! men saa Fanden med det endda. Men hvor i al Verdens den drikkendes Navn, kan Nogen fortælle mig det? hvad? — kan der? — hvem kan? — kan Nogen fortælle mig det: hvor de trinde Værtinder med deres leendes Munde og spillendes Øjne og nette Fødder, og saa Krokonens Datter med det gule, gule Haar og med Øjne saa blaa, hvor er de bleven af? Hvad? Eller er det Løgn, kunde En komme i et Herberg, i en Landevejskro eller Gjæstgivergaard, hvad, kunde En komme der, uden de var der ogsaa? Aa, Jammerens Jammer og Elendighed, hvad er det for skrutryggede Døttre med Griseøjne og brede Hofter, de Værtshusfolk lægger sig til nu til Dags, hvad er det for tandløse, skalhovede Hekser, der nu faar Brev og Bevilling paa at skræmme Livet af sultne og tørstige Folk med deres rindendes Øjne og runkne Hænder? Uh, føj, jeg er saa bange for et Krosted som for klare Fanden, for jeg veed jo, det Ølskjænkerasen derinde er gift med Døden fra Lübeck i egen lede Gestalt, og naar som En først er bleven saa gammel

som jeg, saa er der Noget i memento mori, En
heller vil glemme end huskes paa.»

Der sad en Mand midt for Bordet, kraftig
bygget og ret fyldig i Ansigtet, der var gult som
Voks, han havde graa og buskede Bryn og klare
spejdende Øjne, han saae just ikke svagelig ud,
men som om han havde lidt meget, lidt store
legemlige Smerter, og der var et Træk ved hans
Mund naar han smilte, som om han sank noget
Bedskt med det Samme. Han sagde med en blød
og dæmpet Stemme, lidt hæs var den: «den brune
Euphemia af de Burtenbachers Stok, hun var state-
ligere end nogen Dronning, jeg har seet for mine
Øjne. Hun kunde bære den stiveste Gyldenstyks-
pragt, som var det den bekvemmeligste Husdragt,
der var til, og Kjæder og Klenodier om Hals og
Midie, paa Bryst og paa Haar, det hang og det
sad, som var det de Krandse af vilde Bær, som
Børn hænger paa sig, naar de leger i Skoven.
Der var ingen, der var som hun; naar de andre
unge Jomfruer de prunked i deres Stads som
prægtige Relikviehuse med Snørkler af Guld, og
med Lænker af Guld, med Roser af dyr'bare Stene,
saa var hun at se til, saa festlig og fager og
frisk og let som et Banner, der flyver for Vinden.
Der var Ingen hendes Lige, hverken var eller er.»

«Jo, jo, og hendes Overmand med!» raabte
den unge Remigius og sprang op. Han bøjede sig
ivrig frem over Bordet, støttet paa den ene Haand,
medens han i den anden svingede en blank Pokal

hvis gyldne Drue skvulpede over Randen og vædede
hans Finger og hans Haandled, og dryppede i
klare Draaber fra hans hvide, brusende Kniplings-
mansket. Hans Kinder blussede af Vin, hans
Øjne funkled, og han talte med usikker Stemme.

«Dejlighed!« sagde han, «er I blinde alle-
sammen, eller har der ingen af Jer seet den danske
Frue, ikke saameget som seet Fru Marie? Hendes
Haar er som naar Solen den skinner paa en Eng
og Græsset staar i Aks, hendes Øje er mere blaat
end som en Klinge, og hendes Læber er saa røde
som en blødendes Drue. Hun gaar som en Stjerne,
der gaar over Himlen, hun er rank som et Scepter
og statelig som en Trone, aa, alle, alle Legems-
dyder og Dejligheders Flok er i Blomster hos
hende, som Rose ved Rose i florerendes Pragt.
Men der er det ved hendes Dejlighed, som gjør,
at naar En seer hende, bliver En tilsinds, som
naar En om Højtidsmorgen hører dem blæse fra
Domkirkens Taarne; En bliver saa stille, for hun
er ligesom den hellige Smertens Moder paa den
skjønne Billedtavle, der er saadan en Højhedens
Sorg i hendes klare Øjne, og det samme haabløse
Taalmodssmil om hendes Mund.»

Han var helt bevæget og havde Taarer i
Øjnene, han vilde tale, men kunde ikke, og blev
staaende oprejst, kæmpende med sin Stemme, for
at faa Ordene frem. Men saa slog en af hans
Naboer ham venligt paa Skuldren, og fik ham til
at sidde ned, og drak saa med ham Bæger paa

Bæger, og saa blev Alting godt igjen, de Gamles Lystighed gik højt som før, og Alt blev Jubel, Sang og Latter.

Marie Grubbe var da i Nürnberg.

Siden hun skiltes fra Sti Høg havde hun flakket om i det meste af et Aar, og havde nu endelig slaaet sig til Ro her.

Hun havde forandret sig meget siden den Aften, hun tog Del i Balletten i Frederiksborg Slotshave. Ikke blot gik hun nu i sit tredivte Aar, men den ulykkelige Forbindelse med Sti havde gjort et mærkværdigt stærkt Indtryk paa hende. Hun havde skilt sig fra Ulrik Frederik, ledet og fremskyndet af tilfældige Omstændigheder, men fremfor Alt, i Kraft og Medfør af, at hun havde bevaret hine sin første Ungdoms Drømme om, at den, en Kvinde skulde følge, han skulde være hende som en Gud paa Jorden, at hun med Kjærlighed og ydmygt kunde tage af hans Hænder Godt og Ondt, alt som hans Villie var, og nu havde hun i et Øjebliks Forblindelse taget Sti for denne Gud, han, som ikke en Gang var en Mand. Det var hendes Tanker. Hver Svaghed, hver umandig Tvivl hos Sti, følte hun som en uafviskelig Skamplet paa sig selv. Hun væmmedes ved sig selv, for hin stakkede Kjærlighed, og gav den lave Skjændselsnavne. Disse Læber, som havde kysset ham, gid de maatte visne, disse Øjne, som havde smilt til ham, gid de maatte dummes, dette

Hjærte, som havde elsket ham, gid det maatte
briste. Hver Evne i hendes Sjæl, hun havde be-
sudlet den ved denne Kjærlighed, hver Følelse,
hun havde vanhelliget den. Hun havde mistet al
Tillid til sig selv, al Tro paa sit eget Værd, og
i Fremtiden — der lyste intet Haab for hende i
Fremtiden.

Hendes Liv var afsluttet, hendes Levnets Løb
fuldendt; en rolig Krog, hvor hun kunde lægge
sit trætte Hoved til Hvile, for aldrig at løfte det
mere, det var alle hendes Ønskers Maal.

Saadan var hendes Sind, da hun kom til Nürn-
berg. Et Tilfælde førte hende sammen med den
gyldne Remigius, og hans inderlige, men tilbage-
holdne Tilbedelse, den friske Ungdoms afgudiske
Tilbedelse, hans jublende Tro paa hende, og hans
Lykke ved hans Tro paa hende, har været som
kjølig Dug for den nedtraadte Blomst, den rejser
sig vel ikke, men den visner ikke heller, den folder
endnu de fine, farverige Blade ud for Lyset, og
dufter og straaler i tøvende Livskraft. Og saa-
dan hun. For der var Lise i at se sig ren og
skær og ubesmittet i en Andens Tanker, og der
var halvt som Frelse i at vide, at En var den,
der vakte i en Andens Sjæl en frejdig Tillid,
Skjønhedshaab og ædle Længsler, som gjorde den,
hos hvem de vaktes, rig. Og det var ogsaa blidt
og dulmende, i vage Billeder og dunkle Ord at
klage sine Sorgers Klage for en Sjæl, der selv
uprøvet og fri for Kummer, med stille Vellyst led

hver Lidelse af hendes, og var taknemmelig, fordi at den fik Lov at dele de Sorger, som den anede, men ikke forstod, og dog ligefuldt delte. Jo, det var blidt at klage, naar En saae Ens Sorger vakte Ærefrygt og ikke Medlidenhed, saa de blev som et mørkt og majestætisk Pragtgevandt om Ens Skuldre, et taarefunklende Diadem om Ens Pande.

Saaledes begyndte Marie lidt efter lidt at forsones med sig selv, men saa hændte det en Dag, Remigius var redet ud, at hans Hest blev sky, kastede ham af Sadlen, og slæbte ham tildøde i Stigbøjlerne.

Da Marie hørte dette, sank hun hen i en tung, sløv og taareløs Sorg. Hun sad i hele Timer og stirrede hen for sig med et træt, tankeløst Blik, tavs som En, hvem Mælet var røvet, og var ikke til at bevæge til at tage sig Nogetsomhelst for, ja hun vilde end ikke at der taltes til hende; gjorde Nogen det, afviste hun dem med en mat Bevægelse med Haanden og en stille Rysten paa Hovedet, ligesom om det voldte hende Smerte.

Dette varede nu længe, men imidlertid var næsten alle hendes Penge opbrugte, og der var næppe saa mange tilbage, at de kunde rejse hjem for dem. Lucie blev ikke træt af at foreholde Marie dette, men det var først langt om længe at det fandt Gehør.

Endelig rejste de da.

Undervejs blev Marie syg, saa Rejsen blev

meget forlænget, og Lucie maatte sælge den ene rige Dragt efter den anden, det ene kostbare Smykke efter det andet, for at de kunde komme Vejen frem.

Da de naaede Aarhus, ejede Marie næppe mere end de Klæder, hun havde paa sig.

Her skiltes de; Lucie tog tilbage til Fru Rigitze, Marie tog til Tjele.

Det var i Foraaret Treoghalvfjerds.

———

XVI.

Efter at Fru Marie Grubbe var kommen til
Tjele blev hun ved at bo der, sammen med sin
Fader, indtil hun seksten hundrede og ni og halv-
fjerds lod sig vie til kongelig Majestæts Justitsraad
Palle Dyre, og med ham levede hun saa i et, ind-
til seksten hundrede og ni og firs, aldeles begiven-
hedsløst Ægteskab.

Det er et Tidsrum, der begynder med hendes
tredivte Aar og ender med hendes seks og fyrge-
tyvende, fulde seksten lange Aar.

Fulde seksten lange Aar, levet i dagligdags
Bekymringer, i smaalige Pligter og i sløvende
Ensformighed, og intet Tillids- eller Fortrolig-
hedsforhold til at give det Varme, ingen for-
sonende Hygge til at gjøre det lyst. Evindelige
Trætter om Ingenting, larmende Skjænderi for ube-
tydelige Forglemmelser, knarvurne Udsættelser her
og plumpe Spotterier hist, det var Alt hvad hendes
Øren hørte. Og saa hver sollys Levnetsdag møn-
tet ud i Daler, Ort og Hvid, hvert Suk, der lød,
et Suk for Tab, hvert Ønske, der hørtes, et Ønske
om Vinding, hvert Haab et Haab om Mere. Og

luvslidt Karrighed paa alle Kanter, hyggefjendsk
Travlhed i hver en Vraa, og Gjerrigheds altid
spejdende Øje stirrende vaagent ud af hver en
Time. Det var det Liv, hvori Marie Grubbe
leved.

I den første Tid hændtes det ofte, at hun
midt i Travlheden og Larmen glemte Alt omkring
sig, betagen af vaagne Skjønhedsdrømme, skiftende
som Skyer, rige som Lyset.

Men der var een især.

Det var Drømmen om det slumrende Slot,
som Roserne skjulte.

Den stille Have, Slottets stille Have! Hvile
i Luft og i Løv, og som en Nat uden Mørke,
Tavsheden drømmende over det Hele. Der blunded
Duften i Blomstens Klokker og Duggen paa det
spæde Græsblads bøjelige Klinge. Der sov Violen
med halvvejsaaben Mund under Bregnens krummede
Spire, mens tusinde bristende Knopper var dysset
i Søvn midt i Foraarets frodigste Tid paa de mos-
grønne Træers Kviste. — Hun kom til Borgens
Gaard: Rosernes tornede Ranker væltede lydløst
den mægtige grønne Løvbølge ned over Mure og
Tag og skummed tyst og blomsterblegt i Rosen-
mylder og Rosenstænk. Fra Marmorløvens aabne
Gab stod den springende Vandstraale som et
spindelvævsgrenet Krystaltræ, og blanke Heste spej-
led deres aandeløse Muler og lukkede Øjne i Por-
fyrkummens slumrende Vand, mens Pagen sovende
gned Søvnen af sit Øje.

18*

Hun mættede sit Blik ved denne Skjønheds-
hvile i den tavse Gaard, hvor faldne Rosenblade
laa i høje Driver op mod Mur og Dør og skjulte
med deres rødmende Sne den brede Marmortrappes
brede Trin.

— At kunne hvile! — I salig Fred at lade
Dagene dale ned over sig, Time efter Time, mens
alle Minder, Haab og Tanker i vage, bløde Bølger
randt bort af Ens Sjæl . . . . . det var den skjøn-
neste Drøm, hun kjendte.

Det var den første Tid; men Fantasien træt-
tedes af evigt frugtesløst at flyve mod det samme
Maal, som en indelukket Bi, der summer imod
Ruden, og alle Evner trættedes med den.

Som en skjøn og ædel Bygning i Barbarers
Hænder forsømmes og fordærves, idet de dristige
Spir trykkes ned til plumpe Kuppelhatte, de knip-
lingsfine Ornamenter brydes Led efter Led, og den
rige Billedpragt dækkes Lag paa Lag med dødende
Kalk, saaledes forsømtes og fordærvedes Marie
Grubbe i disse seksten Aar.

Faderen, Erik Grubbe, var bleven gammel og
affældig, og det syntes at Alderen, ligesom den
havde gjort hans Ansigt skarpere og mere fra-
stødende, saaledes havde den ogsaa skærpet og
fremhævet alle hans slette Egenskaber. Han var
gnaven og umedgjørlig, paastaaelig indtil Barn-
agtighed, hidsig, i allerhøjeste Grad mistroisk,
listig, uærlig og gjerrig. Han førte nu paa sine
gamle Dage altid Gud i Munden, især naar der

var Kreaturer syge eller Høsten var vanskelig, og
han havde da en Hærskare af krybende, sledske
Tilnavne af egen Opfindelse til Vorherre. Det
var umuligt at Marie enten kunde elske eller ære
ham, og hun bar nu oven i Kjøbet Nag til ham,
fordi han ved aldrig opfyldte Løfter, ved Trudsler
om at gjøre hende arveløs og om at jage hende
fra Tjele og berøve hende al Understøttelse, havde
formaaet hende til at gifte sig med Palle Dyre;
skjøndt det, der mest havde tilskyndet hende til
dette Skridt, var Haabet om at blive uafhængig
af den faderlige Myndighed, hvilket Haab imidler-
tid ikke var blevet opfyldt, paa Grund af, at Palle
Dyre og Erik Grubbe vare komne overens om at
drive Tjele og Nørbækgaard, der betingelsesvis var
given Marie i Medgift, i Fællesskab, og da Tjele
var den største af Gaardene, og Erik Grubbe ikke
kunde aarke at føre Tilsynet, medførte dette at
de Nygifte tiere opholdt sig under Faderens Tag
end under deres eget.

Palle Dyre, Manden, en Søn af Oberst Clavs
Dyre til Sandvig og Krogsdal, senere til Vinge,
og hans Hustru Edele Pallesdatter Rodtsteen, var
en forladen, korthalset, lille Mand med ret livlige
Bevægelser og et determineret Ansigt, der imidler-
tid vansiredes noget af et Lungeslag, som bredte
sig over hele den højre Kind.

Marie foragtede ham.

Han var ligesaa gjerrig og nøjeregnende som
Erik Grubbe, men egenlig var han en dygtig

Mand, klog, rask og modig, kun manglede han
fuldstændigt Æresfølelse: han snød og bedrog, naar
han kunde komme afsted med det, og skammede
sig aldrig, naar det blev opdaget; han lod sig
skjælde ud som en Hund, hvis det kunde bringe
ham en Skillings Fortjeneste ikke at tage til Gjen-
mæle, og dersom en Bekjendt eller Slægtning over-
drog ham at besørge et Kjøb eller Salg eller et
andet Tillidshverv, tog han aldrig i Betænkning
at bruge denne Tillid saaledes, at den bragte ham
selv Fordel. Uagtet hans Ægteskab i Hovedsagen
havde været ham en Forretning, var han dog stolt
af at være gift med Statholderens fraskilte Kone,
hvad der imidlertid ikke forhindrede ham fra at
tiltale og behandle hende paa en Maade, der syn-
tes uforenelig med hin anden Følelse; ikke at han
paa nogen Vis var usædvanlig grov eller voldsom,
ingenlunde, men han hørte til det Slags Menne-
sker, der i en stolt og selvtilfreds Bevidsthed om
deres egen Ulastelighed, som i alle Maader kor-
rekte og normale Hverdagsmennesker, ikke kunne
afholde sig fra at lade Andre, i den Henseende mindre
heldigt stillede, føle deres Overlegenhed, og med
en ubehagelig Naivitet opstille sig selv som Mønstre
til Efterfølgelse — og Marie var jo nu ikke blandt
de heldigt Stillede; baade hendes Skilsmisse fra
Ulrik Frederik og Forødelsen af hendes Mødrenearv
var kun altfor iøjnefaldende Uregelmæssigheder.

Saadan var nu altsaa den Mand, der blev den
Tredie i Livet paa Tjele, og der var ingen af

hans Egenskaber, der kunde give Haab om, at han skulde evne at gjøre det lysere eller blidere, hvad han da heller ikke gjorde. Evindelig Strid og Uenighed, gjensidig Tværhed og indbyrdes Pukken paa hinanden, det var det, den ene Dag førte med sig efter den anden.

Marie sløvedes derved, og Alt det blomsterfine, duftende og fagre, der hidtil i frodige, vistnok ustyrlige og tidt barokke Arabesker havde slynget sig gjennem hendes Liv, det visned bort og døde Døden. Raahed i Tanker som i Tale, en plump og trællesindet Tvivl om det Ædle og Store, og en fræk Foragt for sig selv, det havde disse seksten Tjeleaar bragt hende.

Og Eet endnu.

Der var kommet en tykblodet Sandselighed over hende, en higende Attraa efter Livets gode Ting, et kraftigt Velbehag ved Mad og Drikke, ved bløde Sæder og ved bløde Lejer, en vellystig Fryd ved bedøvende, krydrede Dufte og et hverken smagbehersket eller skjønhedsadlet Hang til Pragt. Altsammen Lyster, som hun kun tarveligen fik stillet — men, det gjorde jo ikke hendes Attraa mindre stærk.

Hun var bleven fyldig og bleg og der var en dvælende Ladhed over alle hendes Bevægelser. Hendes Blik var for det Meste forunderlig tomt og udtryksløst, men stundom sælsomt skinnende og hun var kommen i Vane med at stille sine Læber til et uforanderligt og intetsigende Smil.

Saa skrives der seksten hundrede og ni og firs. — Det er Nat, og Tjele Hestelade brænder.

De flakkende Flammer flagrede frem gjennem den tykke, brandbrune Røg og lyste over hele den græssede Gaardsplads, hen paa de lave Udhuslænger, paa Hovedbygningens hvide Mure, lige til Havens sorte Trækroner, der løftede sig op over Taget. Karle og tilløbne Folk løb frem og tilbage mellem Brønden og Brandstedet med ildblankt blinkende Vand i Saaer og Spande. Palle Dyre foer et Steds fra og et andet Steds hen med Haaret flyvende om Ørerne og med en rødmalet Rive i Haanden, mens Erik Grubbe laa bedende over en gammel udbjerget Skjærekiste og fulgte med stigende Angst Ildens Fremskridt fra Spænde til Spænde og vaandede sig lydeligt hver Gang en Flamme fik Luft og triumferende svinged sin gnistomflagrede Hvirvel højt over Huset.

Marie var ogsaa dernede, men hendes Blik havde andet Maal end Branden.

Hun saae paa den nye Kudsk, som ledte de forskrækkede, ildsky Heste ud af den røgopfyldte Stald. Dørkarmen var stødt ud og Dørgabet udvidet over sin dobbelte Bredde, idet den svage Raastensmur var reven ned til begge Sider, og ud ad denne Aabning førte han Hestene, en ved hver Haand. De kraftige Dyr, som var helt forstyrrede af Røgen, stejlede og kastede sig voldsomt efter Siden, saasnart det skjærende, usikre

Lys fra Flammerne mødte deres Øjne, og det saae ud som Kudsken skulde rives i Stykker eller trampes ned imellem dem, men han hverken slap eller faldt, han tvang dem Mulerne ned mod Jorden og jog med dem, halvt løbende eller springende, halvt slæbende, tværs over Gaarden og slap dem saa løs indad Haveporten.

Der var mange Heste paa Tjele, og Marie Grubbe havde rig Lejlighed til at beundre den skjønne, kæmpemæssige Skikkelse, alt som den i vekslende Stillinger brødes med de vælige Dyr, nu næsten hængende i oprakt Arm, løftet i Vejret af en stejlende Hingst, nu kastende sig voldsomt tilbage paa jordstemte Fødder, nu atter hidsende dem frem i Spring og Sæt, og Alt med disse bløde, sejge, fjedrende Bevægelser, som er ejendommelige for alle overhaands stærke Folk.

De korte Lærredsbenklæder og den graalige Blaargarnsskjorte, som Branden gav et gulligt Skjær og tegnede med skyggestærke Folder, fremhævede ypperligt de prægtige Former og stemmede skjønt og simpelt med det kraftigt farvede Ansigt, de fine blonde Dun om Mund og Hage og det store, lyse, brusende Haar.

Søren Ladefoged kaldtes denne toogtyveaarige Kæmpe, egenlig hed han Søren Sørensen Møller, men havde faaet Tilnavnet efter sin Fader, der havde været Ladefoged paa en Hovedgaard i Hvornum.

Hestene blev da bjergede, Laden brændte ned,

Ilden i Grunden blev slukket, og Folkene gik hen at tage sig et lille Morgenblund ovenpaa den gjennemvaagede Nat.

Marie Grubbe søgte ogsaa sin Seng, men hun sov ikke, hun laa og tænkte, og imellem rødmede hun over sine Tanker, imellem kastede hun sig uroligt, ligesom om hun blev bange for dem.

Endelig stod hun op.

Hun smilte haanligt medlidende ad sig selv, mens hun klædte sig paa. I Almindelighed plejede hun om Hverdagen at gaa skjødesløst, urenligt, næsten lurvet klædt, for saa ved Lejlighed at pynte sig saa meget desto stærkere paa en mere iøjnefaldende end smagfuld Maade; men i Dag var det anderledes; hun tog en gammel, men ren, mørkeblaa Hvergarnskjole paa, bandt et lille, høj-rødt Silketørklæde om sin Hals og tog en net, lille, simpel Hue frem; men saa betænkte hun sig og valgte en anden, der med sin ombøjede, gult- og bruntblomstrede Kant og sit Nakkeskjæg af uægte Sølvbrokade slet ikke passede til det Øvrige. Palle Dyre tænkte, hun vilde i Byen og snakke om Branden, men sagde til sig selv, at der blev ingen Heste til hende at kjøre med. Hun blev imidlertid hjemme, men Arbejdet vilde ikke rigtig gaa, der var saadan en Uro over hende, hun slap det Ene for det Andet, for at slippe det igjen. Omsider gik hun ud i Haven; hun sagde, det var for at rette ved det, Hestene havde lagt øde om Natten; men hun gjorde ikke megen Gavn

derude, for hùn sad det Meste af Tiden i Lyst-
huset med Hænderne i Skjødet og stirrede tanke-
fuldt ud for sig.

Den Uro, som var kommen over hende, fortog
sig ikke, den blev snarere stærkere Dag for Dag,
og hun havde faaet en pludselig Lyst til ensomme
Vandringer over ad Fastruplund til eller i den
nederste Del af Yderhaven. Baade hendes Mand
og hendes Fader skjændte paa hende derfor; men
hun var ligesom hun var døv og ikke saa meget
som blot svarede dem, og saa tænkte de, det var
bedst at lade hende raade sig selv en stakket Tid,
saalænge Travlheden ikke var større. —

En Ugestid efter Branden gik hun en Efter-
middag sin vante Gang over ad Fastrup til, og
fulgte just Randen af et langstrakt, brysthøjt Krat
af Egepurre og vilde Hybenroser, da hun pludselig
saae Søren Ladefoged liggende, ligesaalang han
var, i Kratbrynet, med lukkede Øjne ligesom om
han sov. Der laa en Høle lidt fra ham, og Græs-
set var slaaet hvor hun stod og et langt Stykke
opefter.

Hun blev længe staaende, stirrende paa hans
store, regelmæssige Træk, paa hans brede, kraftigt
aandende Bryst og hans mørke, storaarede Hænder,
som han havde foldet over sit Hoved; men Søren mere
hvilte sig end sov, og slog pludseligt Øjnene op og
saae lysvaagent op paa hende. Det gav et Sæt i
ham af Forskrækkelse over at Herskabet havde
truffet ham sovende i Stedet for i Færd med at meje;

men han var bleven saa forbavset over Udtrykket
i Maries Blik, at det var først da hun rødmende
sagde Noget om Varmen og vendte sig for at gaa,
først da var det, at han kom til Besindelse og
sprang op, greb sin Le og sin Strygestikke og
gav sig til at stryge Staalet saa det klingrede
hen igjennem den varme, sitrende Luft.

Og saa begyndte han at slaa, som det var
Livet om at gjøre.

Endelig da han saae Marie gaa over Stenten
til Lunden, holdt han op og stod en Stund stir-
rende efter hende, med Armene støttede paa Leen.
Saa kylede han med Et Leen langt fra sig og
satte sig ned med skrævende Ben, med aaben
Mund og med Hænderne fladt stemmede ned i
Græsset ud til Siden, og saadan sad han i stille
Forundring over sig selv og sine egne forunderlige
Tanker.

Han lignede ganske en Mand, der lige var
faldet ned fra et Træ.

Han syntes hans Hoved var saa fuldt, lige-
som om han drømte. — Om der nu ikke var
Nogen, der havde gjort noget Troldom ved ham?
for saadan havde han aldrig været, det myldred
paa og myldred paa inden i hans Hoved, det var
just som om han kunde tænke paa syv Ting ad
Gangen, og han havde slet ingen Styr paa det,
det kom af sig selv og tog sig selv væk igjen,
ligesom om han slet ikke havde med det at gjøre.
— Det var da mærkeligt, som hun havde seet paa

ham, og hun havde Ingenting sagt om, at han laa
og sov der midt paa Dagen. — Lige ud af sine
klare Øjne havde hun seet saa mildt og saa ...
ligesom Jens Pedersens Trine, havde hun seet paa
ham. Den naadige Frue. Den naadige Frue. Der
var en Fortælling om en Frue paa Nørbækgaard,
som var løbet bort med sin Skytte; om han nu
ogsaa var bleven seet saadan paa, mens han laa
og sov? — Den naadige Frue! mon han kunde
blive gode Venner med den naadige Frue, ligesom
den Skytte blev det? Han forstod det ikke, mon
han var syg? det brændte i en Plet paa hver af
hans Kinder, hans Hjærte banked og var saa be-
klemt, og det var ilde nok han kunde faa sit
Vejr ... Han gav sig til at rykke i en Ege-
purre; men kunde ikke faa den op, som han sad;
saa rejste han sig og sled den løs, kastede den,
greb sin Le og gav sig til at slaa saa Græsset
røg af Skaaret.

I de nærmeste Dage derefter traf det sig
tidt, at Marie kom tæt om ved Søren Ladefoged,
fordi han i den Tid mest havde Gaardarbejde, og
han stirrede da altid paa hende med et ulykkeligt,
forvirret og spørgende Blik, som om han vilde
bede hende om Løsningen paa den forunderlige
Gaade, hun havde kastet paa hans Vej; men Marie
saae blot stjaalent hen paa ham og vendte Hove-
det bort.

Søren var ganske skamfuld over sig selv, og
gik i en stadig Angst for, at hans Medtjenere

skulde mærke, at det ikke var rigtig fat med ham. Han havde aldrig i sine Dage været betaget af nogen Følelse eller Længsel, der blot var det mindste fantastisk, før nu, og derfor gjorde det ham urolig og bange. Det kunde jo være, han var ved at blive sær eller forrykt. En vidste jo aldrigen, hvordan sligt kom Folk paa, og han lovede sig selv, han vilde aldrig tænke paa det mere; men et Øjeblik efter var hans Tanker der, hvor han vilde stænge dem fra at komme. Netop det, at han ikke kunde slippe for disse Tanker, hvad han saa gjorde, forknyttede ham mest, for han sammenlignede det med, hvad han havde hørt om Cyprianus, med at En kunde brænde den og drukne den, og den kom dog ligegodt igjen, og dog nærede han inderst inde et Ønske om, at Tankerne ikke maatte fortage sig, fordi det vilde blive saa tomt og trist derefter; men det vilde han ikke tilstaa for sig selv, thi han skammede sig, saa hans Kinder bleve røde, hvergang han roligt overvejede, hvad det var for Galskab, han gik og havde i Tanker. —

En Ugestid efter at hun havde fundet Søren sovende, sad Marie Grubbe under den store Bøg, paa Lyngbakken midt inde i Fastruplund. Hun sad med Ryggen lænet op mod Stammen og havde en opslaaet Bog paa Skjødet, men hun læste ikke, hun stirrede alvorligt ud for sig, op efter en stor, mørk Rovfugl, der i langsomt glidende, spejdende Flugt svævede hen over de løvtunge Kroners uendelige, bølgede Flade. Den lysopfyldte, solede Luft, gjennemsitredes af Myriader af usynlige Insekters enstonede, søvndyssende Summen, og søde, altfor søde Dufte af den gulblomstrede Gyvel, og den bitre Duft af det solvarmede Birkeløv ved Højens Fod blandede sig med den muldede Skovbundsduft og den mandelsøde Duft af den hvide Mjødurt borte i Lavningen.

Marie sukkede.
„Petits oiseaux des bois,
hviskede hun klagende,
  „que vous estes heureux,
De plaindre librement vos tourmens amoureux.
Les valons, les rochers, les forests et les plaines
Sçauent également vos plaisirs et vos peines;"

Hun sad et Øjeblik som om hun anstrængte sig for at huske Resten, saa tog hun Bogen, og læste med sagte og modfalden Røst:
  „Vostre innocente amour ne fuit point la clarté,
Tout le monde est pour vous un lieu de liberté,
Mais ce cruel honneur, ce fleau de nostre vie,
Sous de si dures loix la retient asservie,"

  - . . . .

Hun lukkede Bogen med et Slag, og næsten raabte:
  „Il est vray je ressens une secréte flame
Qui malgré ma raison s'allume dans mon ame
Depuis le jour fatal que je vis sous l'ormeau
Alcidor, qui dançoit au son du chalumeau."

Hendes Stemme var igjen falden af, og de sidste Linier blev kun hvisket ganske sagte og udtryksløst, næsten mekanisk, som om hendes Fantasi til Akkompagnementet af Rhytmen dannede sig et andet Billede, end det, Ordene tegned.

Hun lænede Hovedet tilbage og lukkede sine Øjne. Det var saa besynderligt, saa ængstende, nu hun var bleven halvgammel, at føle sig bevæget af de samme tungtaandende Længsler, de samme anelsesfulde Drømme og urolige Forhaabninger, som havde gjennembævet hendes Ungdom; ·men vilde de vare, vilde de være anderledes end det korte Flor, som en solrig Efteraarsuge kunde kalde tillive, et Efterflor, som bygged sine Blomster af Plantens allersidste Kraft, og gav den svag og udtømt i Vinterens Vold? De var jo engang døde, disse Længsler, og havde hvilet tyst i deres Grav. Hvad vilde de, hvad kom de for? Var ikke deres Livs- maal opfyldt, at de kunde hvile i Fred, og ikke rejse sig igjen i løjet Form af Liv, og lege Ung- domslegen om igjen?

Saadan tænkte Marie vel, men det var ingen- lunde alvorligt ment med disse Tanker, det var kun digtende tænkt, og ganske upersonligt, ligesom med en Andens Tankegang, thi hun havde ingen Tvivl om sin Lidenskabs Styrke eller Varighed, og den havde fyldt hende saa ganske og saa uimodstaaelig virkeligt, at der slet ingen Plads blev til eftertænksom Forundring. I Fortsættelse af disse uvirkelige Forestillinger, dvælede hun et Øjeblik ved Billedet af den gyldne Remigius og hans urokkelige Tro paa hende, men det aflokkede hende kun et bittert Smil, og et kunstigt Suk, og saa var hendes Tanker andetsteds bundne.

Hun undredes paa, om Søren vilde have Mod til at bejle til hende. Hun kunde knap tro det. Han var jo en Bonde . . . og hun udmalede sig hans slaviske Frygt for Herremandsfolkene — hans hundeagtige Lydighedsfølelse, hans krybende, selvnedsættende Ærbødighed; hun tænkte paa hans simple Vaner og hans Uvidenhed, hans bonde-agtige Sprog og grove Klæder, hans grove Ar-bejde, hans slidhærdede Legeme og hans plumpe Graadighed. Og hun skulde bøje sig ind under alt dette, elske alt dette, tage Godt og Ondt af denne sorte Haand . . . der var i denne Selvned-værdigelse en sælsom Nydelse, som halvt var i Slægt med grov Sandselighed, men ogsaa i Slægt med det, der regnes for det Ædleste og Bedste i Kvindens Natur.

Men saadan var jo ogsaa det Ler blandet, af hvilket hun var skabt —.

Nogle Dage senere færdedes Marie Grubbe i Bryggerset paa Tjele i Færd med at blande Mjød; thi der var ikke faa af Bistaderne, der havde taget Skade den Nat, Branden var.

Hun stod just inderst inde ved Gruen og stirrede ud gjennem Døren, i hvis Aabning Hun-drede af Bier, lokkede af den søde Honninglugt, summede omkring, gyldne og glindsende af det indfaldende Sollys.

I det Samme kom Søren Ladefoged svingende

ind ad Porten med en tom Rejsevogn, i hvilken han havde kjørt Palle Dyre til Viborg.

Han saae et Glimt af Marie, skyndte sig at spænde fra, fik Vognen trukket ind og Hestene paa Stald, og spankede saa en Stund omkring med Hænderne dybt i Lommen paa sin lange Kudske-frakke og med Blikket heftet paa sine store Støv-ler. Pludselig drejede han rundt og gik hen mod Bryggerset, svingende resolut med den ene Arm, rynkende Panden og bidende sig i Læben, som en Mand, der tvinger sig selv til en ubehagelig, men uundgaaelig Afgjørelse. Han havde ogsaa bandt paa, det skulde have Ende, ligefra Viborg og til Foulum, og han havde holdt sig ved Mod ved en lille Flaske, som Husbonden havde glemt i Vognen.

Han tog sin Hat i Haanden, da han kom ned i Bryggerset, men sagde Ingenting og stod og gned forlegent med Fingeren paa Kanten af Bryggekarret.

Marie spurgte, om Søren havde Bud til hende fra hendes Mand.

Nej.

Om Søren vilde smage paa hendes Bryg eller han vilde have et Stykke Stenhonning?

Jo tak, — nej, ellers Tak, det var ikke det, han var kommen om.

Marie blev rød og følte sig hel beklemt.

Om han maatte spørge om en Ting?

Jo, det maatte han saa godt.

Ja, han vilde da, med gunstig Forlov, bare

sige det, at han var ikke rigtig, for baade naar han sov og naar han var vaagen, havde han alletider den naadige Frue i Tanker, men han kunde ikke gjøre for det.'

Ja, men det var jo ogsaa rigtig nok af Søren.

Ja, det vidste han nu ikke, om det var, for det var ikke med at passe det, han skulde, at han tænkte paa den naadige Frue. Det var paa en anden Maner; han tænkte paa hende i hvad Folk kaldte for Kjærlighed.

Han saae ængsteligt spørgende paa hende og blev helt modfalden og rystede paa Hovedet, da Marie svarede, at det var ret nok, det var, hvad Præsten sagde, alle Mennesker skulde.

Nej, det var heller ikke paa den Vis, det var saadan elskendes. Men det var nok uden Aarsag, for, vedblev han i en tirrende Tone, ligesom han vilde yppe Klammeri, saadan en fine Frue, hun var vel bange for at røre ved en simpel Bondekarl som han, endda Bønder alligevel var halv som Mennesker ogsaa og hverken havde Vand eller sur Vælling til Blod mere end som andre havde; han vidste nok fornemme Folk, de holdt dem for at være en Slags for sig selv, men det var da nok det Ene som det Andet, skulde han da tro, for de baade aad og drak og sov og saadan Noget, ligesom det simpleste sølle Bondeskrog gjorde, og han kunde derfor aldrig tænke, at den naadige Frue kunde tage Skade af, at han kyste hende for hendes Mund, mere, end som hun

19*

tog af en Herremands Kys. — Ja, hun skulde nu ikke se saa vist paa ham, fordi han var saa fri i sin Snak, han brød sig ikke om hvad han sagde, hun var fri for at føre ham i Fortræd, for naar han gik herfra, gik han enten ud i Møllerens Dam eller slog et Stykke Reb om sin Hals.

Det maatte han ikke sige, hun havde slet ikke tænkt paa at nævne et Ord om ham til noget Menneske i Verden.

Naa, det havde hun endda ikke, ja det kunde En jo tro, om En vilde, men det gjorde nu heller ingen Forandring i de Dele alligevel. Hun havde ellers voldt ham Fortred nok, og det var ene hendes Skyld, at han vilde undlive sig, for han elsked hende da saa inderlig.

Han havde sat sig ned paa en Ølskammel og sad nu og stirrede paa Marie med et inderlig bedrøvet Udtryk i sine trofaste, milde Øjne; mens hans Læber dirrede, som om han kæmpede med Graaden.

Hun kunde ikke lade være at gaa hen til ham og trøstende at lægge sin Haand paa hans Skulder.

Men det maatte hun ikke, han vidste godt, at naar hnn lagde sin Haand paa ham og sagde nogle Ord stille for sig selv, saa kunde hun læse Modet fra ham, og det vilde han nu ikke have. Ellers kunde hun da godt sætte sig ved Siden af ham, alligevel han kun var en simpel Bondekarl, naar hun betænkte at han var død inden Aften.

Marie satte sig.

Søren skulede hen til hende og flyttede sig lidt bort paa Bænken, saa rejste han sig pludseligt op. Han vilde da sige Farvel og takke den naadige Frue for alt Godt, den Tid de havde kjendt hinanden, og om hun saa vilde hilse hans Sødskendebarn Ane, hende, der var Bryggerspige der paa Gaarden.

Marie holdt hans Haand fast.

Ja, nu vilde han da gjerne afsted.

Nej, han skulde blive, der var ingen i Verden, hun holdt saa meget af, som ham.

Aa, det sagde hun nu blot fordi at hun var bange for, at han skulde gaa og pusle om hende alle Steder, men det kunde hun være rolig for, for han var hende slet ikke hadsk, og han skulde aldrig komme hende nær, efter at han var død, det skulde han baade love og holde, om hun saa vilde slippe.

Nej, hun vilde aldrig slippe.

Ja, det kunde da ikke hjælpe, og Søren rev sin Haand til sig og løb ud af Bryggerset, og tværs over Gaarden.

Marie var lige bag efter ham, da han smuttede ind i Karlekammeret, slog Døren i efter sig og stemmede Ryggen imod.

«Luk op, Søren, luk op, ellers kalder jeg alle Folkene sammen.»

Søren svarede ikke, men tog ganske rolig noget beget Sejlgarn op af Lommen og gav sig

til at surre det om Klinken, mens han holdt Døren
i med Knæ og Skulder. Trudselen om Folkene
frygtede han ikke, da han vidste, de alle var i
Engene ved Høet.

Marie hamrede paa Døren, alt hvad hun
kunde.

«Herregud, Søren!» raabte hun, «saa kom
da ud, jeg elsker dig jo saa højt et Menneske
elske kan, jeg gjør, Søren, jeg elsker dig, elsker
dig, elsker dig, — aa, han tror mig intet, hvad
skal jeg arme, elendige Menneske da gribe til?»

Søren hørte hende ikke, han var gaaet igjen-
nem Karlekammeret, og ind i et lille Kammer
der bagved, hvor han og Skytten plejede at sove.
Her skulde det gaa for sig, og han saae sig om
derinde. Saa kom han i Tanker om, at det var
Synd for Skytten, det var bedre at gjøre det der-
ude, hvor de laa saa mange sammen. Han gik
ud i Karlekammeret igjen.

«Søren, Søren, aa lad mig komme ind, lad
mig, hvad, aa luk op. Nej, nej, aa, han hænger
sig, og her staar jeg. Aa, for Gud den Almæg-
tiges Skyld, Søren, saa luk da op, jeg har jo
elsket dig fra den første Gang jeg saae dig. Kan
du da intet høre? Der er Ingen, jeg har saa kjær,
som dig, Ingen, Ingen i Verden, Søren.»

Er ed sand?» spurgte Sørens Stemme, hæs
og ukjendelig, lige ved Døren.

«Aa Gud have Lov til evig Tid! ja, ja, ja,
Søren, det er sandt, det er sandt, jeg svær' dig

den højeste Ed, som paa Jorden er til, at jeg elsker dig udaf min inderste Sjæl. Aa, Gud have evig Lov og Tak . . .»

Søren havde taget Snoren af, og Døren gik op.

Marie foer ind i Kammeret, og kastede sig om hans Hals, hulkende og jublende.

Søren stod ganske forvirret og forlegen ved det Hele.

«Aa, Himlen ske Tak, at jeg har dig igjen!» raabte Marie, «men hvor var det, du vilde have gjort det? sig mig det nu,» og hun saae sig nysgjerrigt om i Kammeret, med dets uredte Senge, hvor afblegede Bolstre, sammenfiltret Halm og snavsede Læderlagner laa uordenligt over hinanden.

Men Søren svarede ikke, han stirrede truende paa Marie: »hvafor saa do ed et nøj far?» sagde han og slog hende over Armen.

«Om Forladelse, Søren! om Forladelse! græd Marie, og trykkede sig op til ham, medens hendes Øjne bedende søgte hans.

Søren bøjede sig undrende ned over hende, og kyssede hende. Han var ganske forbavset.

«De er da hverken Komeddi eller Obenbarels?» spurgte han stille hen for sig.

„Hvafor saa" osv. = „hvorfor sagde du det ikke noget før?"

Obenbarels = Aabenbarelse.

Marie rystede smilende paa Hovedet.

«Aa den Unde! hvem skuld' da ha' tint . . . . »

*　　　*　　　*

I Begyndelsen blev Forholdet mellem Marie
og Søren holdt godt skjult, men da Palle Dyres
hyppige Rejser til Randers og langvarige Ophold
der, i Egenskab af kongelig Commissarius gjorde
dem uforsigtige, blev det snart ikke nogen Hemme-
lighed for Tyendet paa Tjele, og da Parret saae
sig røbet, forsøgte det ikke i mindste Maade at
holde Sagen skjult, men levede som om Palle Dyre
befandt sig i den anden Ende af Verden, og ikke
i Randers. Erik Grubbe brød de sig slet ikke
om; naar han truede ad Søren med sin Krykke-
stok, truede denne igjen med sin Næve, og naar
han skjændte paa Marie og vilde forsøge paa at
bringe hende til Fornuft, drillede hun ham med at
ramse en hel Mængde op for ham, uden at hæve
sin Stemme højere end sædvanligt, hvad der var
nødvendigt, om han skulde høre Noget, da han
var bleven helt tunghør, og oven i Kjøbet paa
Grund af sin Skaldethed og sin Gigt gik med en
Hue, hvis lange Øreklapper var bundet tæt ind
til Hovedet, hvad der da heller ikke gjorde ham
mere lydhør.

At ikke ogsaa Palle Dyre blev Medvider,

Unde = Onde.
tint = tænkt.

var ikke Sørens Skyld, thi i sin uugdommelige
Kjærligheds Ustyrlighed tog han ikke i Betænk-
ning, selv naar Husbonden var hjemme, i Mørk-
ningen, eller naar han ellers havde Lejlighed, at
søge Marie op oppe i selve Herskabsstuerne, og
det var kun Loftstrappens heldige Beliggenhed,
der i mere end eet Tilfælde frelste ham fra at
blive røbet.

Hans Stemning overfor Marie var noget veks-
lende, idet han undertiden kunde komme i Tanker
om, at hun var stolt og foragtede ham, og han
blev da meget lunefuld, tyrannisk og urimelig, og
behandlede hende haardere og raaere, end han
egenlig mente af, for saa ved hendes Lydighed og
Blidhed at faa sin Tvivl modbevist og gjort til
Intet; som oftest var han imidlertid god og føjelig
og let at lede, kun skulde Marie være meget for-
sigtig med sine Klager over hendes Mand og hendes
Fader, at hun ikke skildrede sig som altfor føle-
ligt forurettet, thi saa blev han gal og rasende,
og svor, han vilde slaa Hjærnen ind paa Palle
Dyre og lægge sine Hænder om Erik Grubbes
tynde Hals, og var saa opsat paa at fuldbyrde
sin Trudsel, at der maatte Bønner og Taarer til,
for at faa ham gjort rolig igjen.

Men af Alt det, der kunde indvirke forstyr-
rende paa Forholdet mellem Søren og Marie, var
der dog Intet, der var mere vedholdende eller
mere virksomt, end Folkenes Drillerier, for de
var selvfølgelig yderst forbittrede over dette

Kjærresteri mellem Madmoder og Kudsk, der jo
stillede denne deres Medtjener ulige heldigere end
de selv var stillede, og gav ham, navnlig i Hus-
bondens Fraværelse, en Indflydelse, hvortil han
ikke havde mere Ret end de. Derfor pinte og
plagede de da ogsaa Søren paa alle optænkelige
Maader, saa han tidt var ude af sig selv, og
snart var bestemt paa at rømme, snart paa at
tage sig af Dage.

Pigerne var naturligvis de, der var værst
ved ham.

En Aften blev der støbt Lys i Tjele Borge-
stue. Marie stod ved den i et halmfyldt Kar ned-
sænkede Kobberform og dyppede Vægerne, som Bryg-
gerspigen Ane Trinderup, Sørens Sødskendebarn, lod
dryppe af i et gult Lerfad. Kokkepigen bragte
og hentede Brikkerne, hængte dem op under Lyse-
bordet, og tog Lysene af, naar de var bleven
tykke nok. Ved Borgestuebordet sad Søren Lade-
foged og saae til, han havde en rød Klædeshue
paa, der var udstafferet med Guldgalloner og sorte
Plumager, foran ham stod en Sølvkande med Mjød,
og han sad og spiste af et stort Stykke Steg,
som han med sin Foldekniv skar i Stykker paa
en liden Tintallerken. Han spiste med stor Sindig-
hed, drak imellem af Kruset, og besvarede nu og

Form = Kjedelen, hvori den smeltede Tælle er.

da Maries smilende Nik med en langsom, aner-
kjendende Hovedbevægelse.

Hun spurgte ham, om han sad godt.

Det var der Maade med.

Saa var det bedst, at Ane gik ind i Pige-
kammeret og hentede en Pude til ham.

Det gjorde hun saa, men ikke uden at
gjøre en hel Del Tegn til den anden Pige, bag
Maries Ryg.

Vilde Søren ikke have et Stykke Kage?

Jo, det kunde ikke være saa ilde.

Marie tog en Vægeten, og gik efter Kagen,
men blev temmelig længe borte.

Hun var næppe ude af Døren, før begge Pi-
gerne gav sig til at skoggerle af fuld Hals, lige-
som efter Aftale.

Søren skjævede arrigt hen til dem.

«Aa lille Søren,» sagde Ane, idet hun efter-
lignede Marie Grubbes Røst og Tale, «vil Søren
intet have en Salvet at tørre Sørens fine Fingre
paa, og en udpolstret Skammel til Sørens Fødder?
Og kan Søren nu ogsaa se at spise ved det ene
tykke Lys, eller skal jeg tænde bedre op for ham?
hvad lille Søren? Og saa hænger der en sid,
blommerantes Kjol' i Husbonds Kammers, skal jeg

Vægeten = en Rulle af løstvunden Blaarvæge, gjen-
nemtrukken med Tælle, anbragt i en Stage af Konstruk-
tion som en Voksstabelholder.

blommerantes = broget blomstret.

intet hente den, den vilde være saa stads til Sørens røde Kabuds?»

Søren værdigede hende ikke et Svar.

«Aa, vil Junkeren intet tale et bitte Ord?» fortsatte Ane, «saadan simple Folk som os og vores Lige vil saa gjerne høre lidt fin Snak, og jeg veed, at Junker kan, for du har da hørt, Trine, at hans Kjærrest' har givet ham en Komplimentbog med al Slags Finhed i, og det kan jo aldrigen fejle, at saadan en højbaaren Herre kan baade stave og læse, enten det saa skal være forlænds eller baglænds.»

Søren slog med den knyttede Næve i Bordet, og saae vredt til hende.

«Søren,» begyndte nu den Anden, «A vil gi' dæ en gal Skjelling for en Kys; A ved nok te do plejer at faa baade Stieg og Most a hinner den Gammel . . .»

I det Samme traadte Marie ind med Kagen og satte den for Søren, men han slængte den hen over Bordet.

«Jav di Kvinner ud!» raabte han.

Ja men Tællen blev jo kold.

Det brød han sig ikke om.

Saa blev Pigerne da sendt udenfor.

Søren smed den røde Hue langt fra sig og bandte og var vred; hun skulde ikke her gaa og bringe Æde for ham, som om han var en mager Gris, og han vilde ikke gjøres til Nar for Folk ved hendes Laven Komediantspillerhuer til ham, det skulde have en Ende dette her, det var ham,

der var en Mand, og det var Ingenting lig ad, at
han gik her og lod sig kjæle for, han havde ikke
ment det saaledes, han vilde raade og hun skulde
lyde, han vilde give og hun skulde tage; ja han
vidste nok, han Ingenting havde at give af, men
derfor skulde hun ikke gaa og gjøre ham til Num-
mer Nul ved at give til ham. Vilde hun ikke gaa
med ham gjennem Kamp og Flint, saa maatte de
skilles ad. Dette kunde han ikke holde ud, hun
skulde give sig rigtig i hans Magt og rømme med
ham, hun skulde ikke sidde der og være den naa-
dige Frue, saa han altid skulde se op til hende,
han trængte til hun skulde være Hund med ham,
hun skulde have det saadan at han kunde være
god imod hende og faa Tak af hende, og hun
skulde være bange for ham, og hun skulde Ingen-
ting have at stole paa uden paa ham.

En Vogn kom rullende ind ad Porten, og da
det skjønnedes at maatte være Palle Dyre, listede
Søren ned til Karlekammeret.

Her sad der tre Karle paa deres Senge, for-
uden Skytten Søren Jensen, som stod op.

«Der haar vi Baruenen!» sagde den ene Karl,
som Kudsken traadte ind.

«Tys, lad ham Ingenting høre!» udbrød den
Anden med forstilt Ængstelighed.

«Ja,» hviskede den Første halvhøjt, «A vild'
it vær' i hanses Sted for saamanne Rosenobler,
som der kan gaa i en Møl'sæk.»

Søren saae sig urolig omkring og satte sig
saa ned paa en Kiste, der stod opimod Væggen.

«Det maa vær' en pinagtig Død aa faa,» sagde den, der havde tiet og gøs.

Søren Skytte nikkede alvorligt ad ham og sukkede.

«Hva er et, der er po Snak?» spurgte Søren med forstilt Ligegyldighed.

Ingen svarede.

«Er et herover?» spurgte den første Karl og lod Fingeren glide tversover sin Nakke.

«Tys!» sagde Skytten og rynkede Pande ad Spørgeren.

«Er et mæ, I snakker om,» sagde Søren, «saa sej it der og kryk, men sæj hva' I vil sæj.»

«Ja!» svarede Skytten med megen Eftertryk paa Ordet, og saae med alvorsfuld Bestemthed paa ham. «Ja, Søren, det er om dig. Herregud! . . .» han foldede sine Hænder og syntes at fortabe sig i mørke Grublerier. «Søren,» begyndte han saa igjen og tørte sig om Næsen, «det er halsløs Gjerning, du bedriver, og jeg vil sige dig det,» han talte som om han læste det op af en Bog, «vend om, Søren! der staar Galgen og Blokken,» han pegte imod Hovedbygningen, «der er en kristelig Levnet og Begravelse,» og han førte i en Bue Haanden i Retning af Hestestalden. «For du skal straffes paa din Hals, det er Lovens hellige Ord, ja det er, det er det, betænk det.»

«Aa,» sagde Søren trodsigt, «hvem vil angi'e mæ?»

«Jo,» gjentog Skytten med en Betoning, som

om der var bleven fremført en Ting, der meget
forværrede Sagen, «hvem vil angive dig? Søren,
Søren, hvem vil angive dig? — Du er jo Fanden
partere mig ogsaa taabelig,» fortsatte han i en
ganske uhøjtidelig Tone, «og det ogsaa rigtig
taabeligen at rende efter saadan en halvgammel
Kvind, naar der er det at vove ved det, som der
er. Var hun endda ung! — Og saa en gal Satan
ogsaa, lad du den Blaakindede beholde hende i
Fred, der er da Gud ha' Lov andre Kvindfolk til
end som hende.»

Søren havde hverken Mod eller Lyst til at
forsøge paa at forklare dem, at han slet ikke
kunde leve uden Marie Grubbe, han var selv
ganske skamfuld over denne ufornuftige Lidenskab,
men det vilde være at hidse hele Koblet, Karle og
Piger paa sig at tilstaa Sandheden, og derfor løj
han saa og fornægtede sin Kjærlighed.

«Ja de' er en viis Vej,» sagde han, «men
sier I Folkens, A haar en Rigsdaler, naar som
Ajer di ingen haar, og jen Lap og jen Ralt, og
jen til og manne flier, det blyver en hiel Las,
bette Venner, og foer A føst mi Paang fuld, saa
kvitterer A lissaa stil', og saa ka jo jen a Jer
forsøg hans Lyk'.»

Ajer = andre.
jen Ralt = een Pjalt.
flier = flere.
hiel Las = helt Læs.

«Det er nu godt nok,» svarede Søren Skytte, «men det er at stjæle Penge med Rebet om sin Hals, kalder jeg det. Det kan jo være liflig nok at faa givendes til Gave baade Klæder og Sølv, og det kan jo ogsaa være skjønt nok at ligge og strække sig paa sin Seng, og give sig ud for syg, og saa faa baade Vin og Steg og hvad godt er sendendes ned, men det vil aldrig gaa her mellem saa mange Folk, det kommer lige godt op en Dag, og saa er det værste i Verden dig vist.»

«Aa, di lar et aldrig go saa vidt,» sagde Søren lidt modløs.

«Ja, de vil da gjerne af med hende begge to, og hendes Søstre og hendes Svogre, de er' ikke det Slags Folk, der skulde ville gaa imellem, naar de kan faa hende gjort arveløs.»

«Aa, Fajen i hvi't, saa hjælper hun mæ nok!»

«Tror du? hun kan have nok med at hytte sig selv, det har været galt med hende for tidt, til at der skulde være Nogen, der vilde hjælpe hende med saa meget som en Havresaa.»

«Naa ja da,» sagde Søren og gik ind i Bagkammeret, «truet Mand ka' læng' løv'.»

Fra den Dag af maatte Søren, hvor han stod og hvor han gik, høre paa skumle Hentydninger til Galgen og Blokken og de gloende Tænger og

hvi't = hvilket.
løv' = leve.

Følgen heraf var, at han for at holde Skrækken borte og Modet oppe, tog sin Tilflugt til Brændevinet, og da Marie jævnlig havde stukket Penge til ham, var han aldrig nødt til at holde sig ædru. Efterhaanden blev han imidlertid ligegyldig for Trudslerne, men var dog meget forsigtigere end før, holdt sig mere til Folkene og søgte sjeldnere Marie.

Da Julen nærmede sig og Palle Dyre kom hjem og blev hjemme, ophørte Møderne mellem Søren og Marie ganske, og for nu end yderligere at bringe sine Medtjenere til at tro, at Alt var forbi og saaledes afholde dem fra at sladre til Husbonden, gav Søren sig til at lege Kjæreste med Ane Trinderup, og han skuffede dem Alle, endogsaa Marie, hvem han dog havde indviet i Planen.

Tredie Helligdag, medens næsten Alle var i Kirke, stod Søren for Enden af Hovedbygningen og legede med en af Hundene, da han hørte Maries Stemme kalde, næsten under Jorden, syntes han.

Han vendte sig om, og saae da Maries Ansigt gjennem en Luge lige nede ved Grunden, Lugen til Saltkjælderen.

Hun var bleg og forgrædt, og hendes Øjne stirrede saa forvildet og ængsteligt under de smerligt sammendragne Bryn.

«Søren,» sagde hun, «hvad har jeg gjort dig, at du intet mere holder af mig?»

Fru Marie Grubbe.   20

«Jamen det gjør A jo! Ka' do it forstaa, te A mo si mæ fuer, for her laver de jo po ingenting Ant end aa leg mæ ö og fo mæ undlyvet. Snak it te mæ og la mæ go, om do it vil ha e Hjæl a mæ.»

«Lyv intet, Søren, jeg ser vel hvorhen du stiler, men jeg ønsker aldrig en ond Time over dig for det, for jeg er jo intet din Ungdomslige, og du har altid havt Sind til Ane, men du har Synd af at lade mig se paa det, det er intet vel betænkt. Du skal aldrig tro, jeg vil tigge mig dig paa, for jeg veed saa grangivelig hvor vovelig det vilde stæde dig og hvad Ryk og Slid og Haardhed der skulde til, om vi skulde blive et Par for os selv, og det var da ogsaa knap at ønske for Nogen af os, alligevel jeg intet kan lade det være.»

«Jamen A vil hverken ha' Ane for lidt eller møj, den Buentøs hun er, A holder a Ingen i Verden foruden som dæ, la' dem saa kald' dæ gammel og und og hvad Dævlen di vil.»

«Jeg tror dig intet, Søren, saa gjærne jeg vilde.»

»Trover do mæ it?»

«Nej, Søren, nej; jeg vilde kuns ønske at det var min Grav her, hvor jeg staar og jeg kunde lukke Lugen og sætte mig ned og sove hen i Mørket.»

«Du skal nok kom' te og trov mæ.»

---

tage Hjællet af En = slaa En ihjæl.
Buentøs = Bondetøs.

«Aldrigen, aldrigen, der er ikke den Ting i Verden du kunde gjøre, der kunde faa mig til det, for der er intet en Rimelighedstanke deri.»

»Do gjør' mæ tobele mæ di Snak, og det vil do fortryd', for om saa A skal brindes løvendes op eller pines ihjæl for den Tings Skyld, saa skal do kom' te aa trov mæ.»

Marie rystede paa Hovedet og saae bedrøvet paa ham.

»Ja saa mo et vær', i hunt et saa gor,» raabte Søren og løb bort.

Ved Kjøkkendøren standsede han og spurgte efter Ane Trinderup og fik til Svar at hun var i Haven. Han gik saa over i Karlekammeret, tog en ladt, gammel Bøsse af Skyttens, og løb ud i Haven.

Ane stod og skar Grønkaal da Søren fik Øje paa hende. Hun havde Forklædet fuldt af Blade og holdt den ene Haands Fingre op til Munden for at aande dem varme. Ganske langsomt listede Søren henimod hende, med Blikket fæstet paa det Nederste af hendes Skjørt, for han vilde ikke se Ansigtet.

Pludselig vendte Ane sig om og saae Søren, og hans mørke Miner, Bøssen og den listende Gang gjorde hende bange, og hun raabte henimod ham: «aa lad vær, Søren, lad vær!» Han løftede

saa mo et vær' = saa maa det ske.
i hunt = hvordan end.

20*

Bøssen, Ane styrtede med et vildt, skingrende Skrig afsted hen igjennem Sneen.

Skuddet faldt, Ane blev ved at løbe, tog sig saa til Kinden og sank om med et forfærdet Raab.

Søren kastede Bøssen og løb hen til Enden af Vaaningshuset.

Lugen var lukket.

Saa hen til Hoveddøren, ind gjennem alle Stuer, til han fandt Marie.

«Det er forbi!» hviskede han bleg som et Lig.

«Er de efter dig, Søren?»

«Nej, A haar skot hende.»

«Ane? aa hvordan skal det gaa os? — rend Søren, rend — tag en Hest og røm, skynd dig, skynd dig, tag den Graa.»

Søren løb.

Et Øjeblik efter sprængte han ud ad Porten.

Han var ikke kommen Halvvejs til Foulum, før Kirkefolkene kom hjem.

PalleDyre spurgte straks, hvor Søren skulde hen.

«Der ligger En ude i Haven og jamrer,» svarede Marie; hun skjælvede over hele Legemet og kunde neppe staa paa sine Ben.

Palle og en af Karlene bar Ane ind, der skreg, saa det kunde høres langt bort; men forøvrigt var Faren ikke stor, Bøssen havde været ladet med Rævehagl, og et Par Stykker var gaaet igjennem Kinden og nogle flere havde boret sig ind i Skulderen, men da det blødte stærkt og hun klagede sig saa ynkeligt, blev der sendt Vogn til Viborg efter Badskjæreren.

Palle Dyre udspurgte hende, da hun nogenlunde havde fattet sig, om hvorledes det Hele var gaaet til og fik da baade det at vide og hele Historien om Forholdet mellem Søren og Marie.

Da han kom ud fra Sygeværelset, trængte Tjenestefolkene sig om ham og vilde alle fortælle ham om det, han nys havde hørt; de var nemlig bange for at de ellers paa en eller anden Maade kunde komme til at blive straffede. Palle vilde imidlertid ikke høre paa dem, sagde, det var Snak og dumme Rygter og sendte dem bort. Det Hele var ham nemlig meget ubelejligt; Skilsmisse, Forhørsrejser, Proces og lignende Udgifter, det vilde han helst undgaa, Sagen maatte kunne neddysses og Alt gaa i Orden igjen og blive som det var. Selve Maries Utroskab var ham taalelig ligegyldig, og Sagen kunde maaske vendes til det Gode derved, at han kunde faa mere Magt over hende og muligvis ogsaa over Erik Grubbe, hvem det sagtens vilde være meget om at gjøre, at Ægteskabet holdt, tiltrods for at det var brudt.

Da han fik talt med Erik Grubbe, vidste han alligevel ikke rigtig, hvad han skulde tro; den Gamle var ikke til at blive klog paa, han var meget ophidset og havde straks sendt fire beredne Karle afsted med Ordre til at anholde Søren død eller levende, og det var ingen god Maade at sørge for Hemmeligholdelsen paa, thi der kunde komme saa meget Andet op under Forhørene angaaende Mordforsøget.

Den næste Dags Aften vendte de tre af Karlene hjem; de havde fanget Søren ved Dallerup, hvor den Graa var styrtet, og havde bragt ham til Skanderborg, hvor han nu sad i Arrest. Den fjerde Karl var redet vild og kom først Dagen efter.

Midt i Januar flyttede Palle Dyre og Marie til Nørbækgaard, thi Folkene havde lettere ved at glemme, naar Fruen kom dem ud af Syne, men sidst i Februar blev de da mindet om Alting igjen, thi da kom der en Skriver fra Skanderborg og skulde forhøre, om Søren ikke var seet der paa Egnen, da han var brudt ud af Arresten. Skriveren var imidlertid kommet for tidlig, først en Fjortendagstid efter vovede Søren sig en Nat til Nørbækgaard og bankede paa Maries Kammervindue. Det Første, han spurgte om, da hun lukkede op, var om Ane var død, og det lod til at lette hans Sind for en tung Byrde, da han hørte, hun var hel rask. Han havde sit Tilhold i et øde Hus i Gassum Hede og kom senere ofte igjen, og blev jevnlig hjulpen baade med Penge og Fødemidler. Saavel Folkene som Palle Dyre vidste at han havde sin Gang paa Gaarden, men Palle lod som Ingenting, og Folkene brød sig heller ikke meget derom, da de saae, at Husbonden var saa ligegyldig derved.

Ved Høbjergningstid flyttede Herskabet tilbage til Tjele, og der turde Søren ikke vise sig. Baade herover og over Faderens idelige Stiklerier og Fortrædigelser blev Marie saa utaalmodig og ophidset, at hun et Par Gange tog Faderen for sig i Enerum og skjældte ham ud som han kunde have været hendes Hundedreng. Følgen heraf var, at Erik Grubbe midt i Avgust sendte et Klagebrev til Kongen. Dette Brev endte, efter at det udførligt havde omtalt alle hendes Forseelser, hvorved Gud maatte fortørnes, stor Skandalum begaaes, og snart al Kvindkjøn forarges, saaledes:

«For saadan hendes Forholds, hendes Uskikkeligheds og Ulydigheds Skyld er jeg foraarsaget at gjøre hende arveløs, som jeg beder Eders kgl. Majt. allerunderdanigst, allernaadigst vil mig bifalde og konfirmere og at Eders kgl. Majt. ydermere vilde bevise mig den Naade at tillade mig ved Eders kgl. Majt.'s allernaadigste Befaling til Stiftamtmand Hr. Mogens Scheel at han efter Erforskning paa saadan. hendes Forhold baade mod mig og sin Mand og hendes egen Uskikkeligheds Skyld. at hun paa min egen Bekostning maatte vorde hensat paa Borringholm, for Guds Vrede og Fortørnelse at forekomme over hende, som er saadant et ulydigt Kreatur, Andre til Afsky, og derved hendes Salighed kunde erlanges. Hvis det Alleryderste mig ikke dertil havde drevet,

skulde jeg ikke understaaet mig om dette at
anholde; men lever i den allerunderdanigste
visse Forhaabning om Eders kgl. Majt. aller-
naadigste Bønhørelse, Svar og Hjælp, som Gud
skal visseligen belønne. Jeg lever og dør

  Tjele, 14 Avg. 1690.
     Eders kgl. Majestæts
   Allerunderdanigste og pligtskyldigste
     tro Arve-Undersaat
       Erik Grubbe.

 Kongen vilde herom have velb. Palle Dyres
Erklæring, og denne gik da ud paa, at Marie
Grubbe ikke skikkede sig imod ham som en ærlig
Ægtehustru, og han ansøgte nu om, at Kongen
vilde bevise ham den Naade at ophæve Ægte-
skabet uden Proces.

 Dette blev ikke bevilliget, Ægtefolkene bleve
skilte ad ved Dom af treogtyvende Marts seksten-
hundrede og enoghalvfems.

 Heller ikke Erik Grubbes Ansøgning om at
maatte gjøre hende arveløs og lade hende inde-
spærre, blev hørt; han maatte lade sig nøje med
at holde Marie fangen paa Tjele, under Bevogtning
af Bønder, saalænge Processen stod paa, og han
var da ogsaa en af de Sidste, det kunde tillades,
at kaste med Fordømmelsens straffende Sten.

 Straks efter Domsafsigelsen forlod Marie
Grubbe Tjele med en fattig Bylt Klæder i Haan-
den. Hun traf Søren der syd paa Heden og fik
i ham sin tredie Mand.

XVII.

En Maaned senere, en Aftenstund i April var der stimlet mange Mennesker sammen udenfor Døren til Ribe Domkirke. Det var nemlig i Landemod'stiden, og det var nu engang en gammel Skik, at saalænge den stod paa blev der tre Gange om Ugen tændt Lys i Kirken Klokken otte om Aftenen, og saa kom Byens fine og fornemme Standspersoner, saavel som dens agtbare Borgerfolk derhen for at spadsere op og ned i Skibet, medens en kunstfærdig Organist legte for dem paa Orgelet. Men de ringere Folk maatte nøjes med at høre til der udenfor.

Mellem dem var Marie Grubbe og Søren.

Deres Klæder vare simple og forrevne, og de saae just ikke ud til hver Dag at have faaet det de kunde spise, hvad der var rimeligt nok, for det var ikke nogen indbringende Haandtering, de drev. Søren havde nemlig i en Kro imellem Aarhus og Randers truffet paa en stakkels, syg Tydsker, som for seks Sletdaler havde solgt ham en lille, haardt medtaget Lire, et Sæt brogede Bajadsklæder og et tærnet, gammelt Tæppe, og nu levede han og Marie af at trække fra Marked til Marked, hvor saa hun drejede Liren, medens han, iført de brogede Klæder, stod paa det tærnede Tæppe og løftede og tumlede paa saa mange Maader, han kunde finde paa, store Jernlodder og lange Jernstænger, som de laante hos Kjøbmændene.

Det var da ogsaa et Marked, der gjorde, at deres Vej faldt igjennem Ribe.

De stod tæt ved Kirkedøren, og der løb et svagt, ligesom falmet Lysskjær derindefra ud over deres blege Ansigter og over den dunkle Klynge af Hoveder bagved dem. Folk blev ved at komme i Par og enkeltvis og i korte Rækker, talende og høvisk leende lige til Kirkedørens Tærskel, der tav de pludseligt, stirrede alvorligt ud for sig og forandrede deres Gang.

Søren fik Lyst til at se mere af Stadsen, og hviskede til Marie, at de vilde derind ogsaa, de kunde jo da forsøge paa det, da der ikke kunde hændes dem Noget værre, end at blive jaget ud igjen. Det gøs i Marie ved Tanken om, at hun skulde blive vist tilbage fra et Sted, hvor simple Haandværksfolk frit kunde sætte deres Fødder, og hun holdt tilbage paa Søren, der vilde trække hende med sig; men saa med Et kom hun paa andre Tanker, hun trængte sig ivrigt frem, drog Søren efter sig, og gik til, uden frygtagtig Varsomhed eller luskende Forsigtighed, tværtimod, ligesom om hun var opsat paa at blive bemærket og jaget bort. Foreløbig var der Ingen, der standsede dem, men da de lige skulde til at træde ind i det oplyste, folkefyldte Langskib, blev de bemærkede af den der posterede Kirkebetjent, der efter at have kastet et forfærdet Sideblik op i Kirken, med afvisende, udstrakte, ivrigt bortvinkende Hænder og indigneret raske Skridt, jog dem foran sig, helt ud over Dørtærskelen. Her blev han et Øjeblik staaende og saae bebrejdende paa Mængden, som om han lagde den det nyligt Forefaldne til Last, gik saa astadigt tilbage, og stillede sig gysende op paa sin Post.

Hoben modtog de Udjagne med en skraldende Haanlatter, og en Regn af drillende Spørgsmaal, som fik Søren til at brumme og se sig truende om; men Marie var tilfreds, hun havde udsat sig for det Slag, den respektable Del af Samfundet altid har paa rede Haand for Folk som ham og hans Lige, og hun havde faaet Slaget.

*　　*　　*

I et af de simpleste Herberger i Aarhus sad Aftenen før St. Olufs Marked fire Karle og spillede Styrvolt.

Den ene af de Spillende var Søren Ladefoged. Hans Makker, en smuk Mand med kulsort Haar og mørk Hudfarve, kaldtes almindeligt for Jens Nedenom, og var Taskenspiller, medens de to andre i Laget var fælles om en skabet Bjørn, og begge var meget stygge, den ene havde et vældigt Hareskaar, og hed Salmand Bjørnetrækker, den anden var enøjet, bredkjæbet og koparret, og kaldtes for Rasmus Kig, aabenbart fordi det syge Øjes Hudomgivelser var sammenkrympede saaledes, at han havde Udseende af at holde sig parat til at kigge igjennem et Nøglehul eller en lignende lille Aabning.

Kortspillerne sad ved Enden af det lange Bord under Vinduet. Et Lys og et øreløst Krus stod paa Bordet. Paa Væggen ligeover for dem, var der et opslaaet Klapbord, fæstet op til Muren med en Jernkrog. I den anden Ende af Værelset gik der en Skjænkedisk tværsover, og et tyndt, langtandet Lys, der var stukket ned gjennem Piben paa en gammel Tragt, kastede et døsigt Skjær paa Flaskehylden bagved, hvor nogle store firkantede Flasker med Brændevin og Bitter, nogle Potte og Pæglemaal og en halv Snees Snapseglas havde god Plads ved Siden af et Halmløb fuldt af Senopsfrø og en stor Lygte med Ruder af afbrudte Glasfødder. Det ene Hjørne udenfor Disken optoges af Marie Grubbe, der vekselvis sov og strikkede, og i det andet sad der en Mand med foroverbøjet Krop og Albuerne støttende paa Knæene. Han var meget opmærksomt beskjæftiget med at trække sin sorte Filthat saalangt ned paa Hovedet som muligt, og naar det var opnaaet, tog han fat i den brede Skygge, drejede med sammenknebne Øjne og optrukne Mundvige, rimeligvis fordi det rykkede i Haaret, langsomt Hatten af Hovedet, og saa begyndte han forfra.

«Det er saa Mesterspil vi spiller,» sagde Jens Nedenom og spillede ud.

Rasmus Kik bankede med Knoerne i Bordet, for at tilkjendegive Salmand, at han skulde stikke.

Salmand stak med en To.

«En Dus!» udbrød Rasmus, «har du da aldrig andet end Duser og Trester paa din Haand.»

«Ja, Herregud,» brummede Salmand, «der har altid været Fattigfolk til og nogle faa Stakler.»

Søren Ladefoged stak over med en Seks.

«Aa, aa,» vaandede Rasmus sig, «skal han have den for en Pavst? hvad den Djævelen sidder du ogsaa og kniber paa de gamle Stikkere for, Salmand!»

Han lagde til, og Søren tog Stikket hjem.

«Kirsten Myg,» sagde Søren og spillede Hjerter fire ud.

«Og hendes halvgale Søster,» fortsatte Rasmus og lagde Firen til i Ruder.

«En Styrvolt kan vel være stor nok,» sagde Jens, og stak med Trumf Es.

Mesterspil = sidste Spil. Naar man i Styrvolt banker i Bordet, betyder det, at Makkeren skal stikke.

Dus, Trest og Pavst = To, Tre og Seks i Trumf.

Kirsten Myg og hendes Søster = to ganske værdiløse Kort.

Styrvolt = Es.

«Stik, Mand, stik, om du saa aldrigen skal
stikke mere,» raabte Rasmus.

«Den er for dyr,» klynkede Salmand og
gav til.

«Saa fører jeg min Syv og een endda,» sagde
saa Jens.

Søren tog Stikkene hjem.

«Og saa Bukskin,» vedblev Jens og spillede ud.

«Nu maa jeg til med det gule Øg,» raabte
Salmand, og stak med Hjærter to.

«Den kommer aldrigen i Stald,» lo Søren og
stak over med Spader fire.

«Jan!» brølede Rasmus Kik, og smed sine
Kort. «Jan, paa Hjærter to, det var en god
Dags Arbejde. Nej, nej, nej, det var da godt vi
intet skulde blive ved længere, nu kan de kysse
paa Kortene, der har vundet.»

De gav sig nu til at tælle Stregerne op, og
imens kom der en førladen, velhavende paaklædt
Mand ind. Han slog straks Klapbordet ned, og
satte sig inderst ved Væggen. Da han gik forbi
Kortspillerne, rørte han med sin sølvknappede Stok
ved Hatten og bød dem: «Godaften i Stuen.»

---

fører min Syv = de to Syvere i de to Trumffarver
ere ustikkelige.

Bukskin = Ni og Otte i Trumf.

det gule Øg = Hjærter to, det næsthøjeste Kort i
Spillet.

Spader fire = det højeste Kort.

Jan = Beet.

«Tak,» svarede de og spyttede saa alle Fire.

Den Nysankomne tog et Papir med Tobak og en lang Kridtpibe frem, stoppede Piben og bankede saa med sin Stok i Bordet.

En barbenet Pige bragte ham et Fyrfad med Gløder og et stort Stenkrus med Tinlaag.

Han tog en lille Kobbertang op af sin Vestelomme og lagde med den Gløder paa Piben, stillede Kruset tilrette, lænede sig tilbage og gjorde sig det i det Hele taget saa bekvemt, som Pladsen tillod.

«Hvad koster saadan et Brev Tobak, som det, Mester der har?» spurgte Salmand, idet han gav sig til at stoppe en lille Pibe af en Sælskindspung med røde Snore.

«Tolv Skilling,» svarede Manden og tilføjede, ligesom for at undskylde denne Ødselhed, «den er saa angenem for Brystet, skal jeg sige Jer.»

«Hvor gaar det ellers med Handteringen,» vedblev Salmand og slog Ild til sin Pibe.

«Vel nok, med skyldig Tak for gunstig Efterspørgsel, vel nok; men En bliver jo gammel, skal jeg sige Jer.»

«Ja,» sagde Rasmus Kig, «men I har jo heller Intet behov at være om Jer for at skaffe Kunder til Huset, de bliver Jer jo bragt allesammen.»

«Jo», lo Manden, «det er saa en god Handtering med det, og En slider intet paa sit Mundlæder heller med at snakke Folk Varerne paa, de maa tage dem som de falder, og kan hverken vælge eller vrage.»

«Og de forlanger ingen Tilgift, de,» vedblev Rasmus, «og vil aldrig have mere, end der kommer dem til, med Ret og Skjæl.»

«Mester, skriger di møj?» spurgte Søren halvt hviskende.

«Ja, de griner da sjælden.»

«Hu, de er en grimme Handtiering.»

«Saa kan det intet hjælpe, jeg gjør Regning paa Jer til at hjælpe mig.»

«Gjør I kanske Regning paa os?» spurgte Rasmus og rejste sig truende.

«Jeg gjør slet ingen Regning, gjør jeg, men jeg er paa Søgen om en Svend, der kunde være mig til Hjælp, og som saa kunde faa Embedet efter mig igjen, det er det, jeg gjør, skal jeg sige Jer.»

«Hvad Løn kunde vel den Svend faa?» spurgte Jens Nedenom meget alvorligt.

«Femten Daler Courant om Aaret, Trediepart af Klæderne og en Mark af hver Daler, som tjenes efter Taksten.»

«Hvad er det for en Takst?»

«Det er saadan Takst, at jeg faar fem Daler for at stryge til Kagen, syv Daler for at pidske af Byen, fire Daler for at vise af Herredet, og ligesaa for at brændemærke.»

«Men nu for det bedre Arbejde?»

«Ja, desværre, det falder jo sjældnere ind,

men ellers er det otte Daler for at hugge En Hovedet fra, at sige, med Økse, med Sværd er det ti, men der kan være syv Aar imellem, at det bliver forlangt. Hængning er fjorten Rigsdaler, de ti for selve Arbejdet, de fire for at tage Kroppen ned ad Galgen igjen. Stejlning og Hjulning er syv Daler, for en hel Krop da, og saa lægger jeg selv Pæl til og sætter den ned ogsaa. Er der saa mere? jo, for at slaa En Arme og Ben istykker efter den tydske Mode og lægge til Stejls, det giver fjorten — det giver fjorten, og for at partere og stejle faar jeg tolv, og saa Knibning med røde Tænger, det er to Daler for hvert Nap, det er det Hele, saa er der intet mere, uden hvad særdeles kan være.»

«Det er vel intet vanskelig at lære?»

«Professionen! Enhver kan jo gjøre det, men hvordan, det er Tingen, der skal jo Haandelag og Øvelse til som til al anden Hænders Gjerning. Stryge til Kagen er jo intet saa lige at komme afsted med, der skal jo et vist Tag til med de tre Svup i eet Træk med hvert Ris, at det kan gaa flaadig og flydende som En vifter med en Klud og dog ligegodt bide saa samvittighedsfuldt i som Lovens Strænghed og Synderens Forbedrelse det fordrer.»

«Jeg vilde nok, tror jeg,» sagde Jens og sukkede ved det.

Hans Naboer trak sig lidt bort fra ham.

«Her er Fæstepenge!» fristede han ved

Slagbordet og spredte nogle blanke Sølvpenge ud for sig.

«Betink et val!» bad Søren.

«Betænke og sulte og vente og fryse, det er to Par Fugle, der er vel magede,» svarede Jens og rejste sig, «farvel som ærlig og lavgod Mand.» vedblev han og rakte Søren Haanden.

«Farvel af Lavet, og Gud vær' mæ dæ,» svarede Søren.

Saaledes gik det Bordet rundt med samme Tiltale og samme Svar. Ogsaa med Marie tog Jens Afsked og med Manden i Krogen, der maatte slippe sin Hat saalænge.

Jens gik saa hen til Slagbordet til Manden der, som satte et højtideligt Ansigt op, lagde sin Pibe fra sig og sagde «jeg Mester Herman Køppen, Skarprettere for Aarhus By, fæster dig i disse gode Mænds Paasyn for Svend at være og Svende-gjerning at udøve, Gud til Ære, dig til Forfrem-melse og mig og det retfærdige Skarprettere-Amt til Gavn,» og under denne unødvendig pompeuse Tale, som syntes at volde ham en inderlig Til-fredsstillelse, trykkede Mesteren Jens de blanke Fæstepenge i Haanden. Derefter rejste han sig op, blottede sit Hoved, bukkede og spurgte, om det maatte forundes ham den Ære at byde de gode Vidnere en Drik Polak.

Da han herpaa intet Svar fik, vedblev han, at det vilde være ham en stor, en meget stor

Ære at byde dem en Drik Polak, at de imellem dem selv kunde drikke paa deres forrige Stalbroders Velgaaende.

De tre ved det lange Bord saa spørgende paa hinanden og nikkede saa omtrent samtidig.

Den barbenede Pige bragte nu en simpel Lerskaal og tre grønne Glaskruse, der hist og her vare forsynede med røde og gule Stjernepletter. Da hun havde sat Lerskaalen for Jens og Krusene for Søren og Bjørnetrækkeren, hentede hun en stor Trækande og fyldte først de tre ærlige Mænds Kruse, dernæst Lerskaalen og heldte saa Resten i Mester Hermans private Pokal.

Rasmus trak sit Glas hen til sig og spytted, de to Andre fulgte hans Exempel og saa sad de en Stund og saae paa hinanden, som om Ingen af dem ret havde Lyst til at være den Første, der drak. Imidlertid kom Marie Grubbe hen til Søren og hviskede Noget til ham, som han besvarede med at ryste paa Hovedet. Hun vilde saa hviske igjen, men Søren vilde Ingenting høre. Et Øjeblik blev hun staaende uvis, saa greb hun hans Krus og slængte Indholdet paa Gulvet med de Ord, at han ikke skulde drikke hvad Rakkeren skjænked. Søren sprang op, greb hende haardt i Armen og satte hende ud af Døren, idet han barskt befalede hende at gaa op. Saa for-

---

Polak = Blanding af Mjød og Brændevin.

langte han en Pægel Brændevin og gik tilbage
til sin Plads.

«Det skulde min salig Abelone have dristet
sig til,» sagde Rasmus og drak.

«Ja,» istemmede Salmand, «hun kan intet
fuldt takke Vorherre for, at hun intet er min
Kjærling, jeg skulde minsæl givet hende noget
Andet at tage sig til, end at helde Guds Gaver i
Skarnet.»

«Men ser du Salmand,» indvendte Rasmus
med et fiffigt Blink over til Mester Herman,
«din Kjærling hun er heller ingen stor Kreatur
af de Velbaarnes deres Slæng, hun er en simpel
Stakkel ligesom vi her er og derfor faar hun sine
Hug naar hun har forseet sig, saadan som Skik
og Brug er iblandt simpelt Folk; men havde hun
i det Sted været en højadelig Ting, saa vilde du
skinbarligen aldrig have vovet dig til at ærgre
hendes højadelige Ryg, men ladet hende spie dig
mellem Øjnene om det skulde hende gefalle.»

«Nej, den Dæv'len vilde jeg!» bandte Sal-.
mand, «jeg skulde have smurt hende til hun
hverken kunde se eller gabe, skulde jeg, og pillet
hende Nykkerne ud, spørg kuns Min en Gang om
hun kjender den smækkre Lænke, som Nalle
staar i, og du skal se det værker i hendes Ryg
alene at høre det; men at hun skulde komme
her som jeg sidder og slaa min Drikke paa

Nalle = Bjørnen.

Gulvet, nej om hun saa var Kejserens kjødelige
Datter skulde hun blive striglet af, saalænge jeg
kunde røre en Haand og der kuns var Livsvejr i
mig. Hvad bilder slig en forbandede Dukke sig
vel ind! er hun mer end som andre Folks Koner
de er, at hun saadan tør skamme sin Mand ud i
gode Mænds Lag? Tror hun, hun vilde tage Skade,
naar du rørte ved hende desformedelst du havde
drukket denne brave Mands Traktemaade? Nej,
om du vil lyde mig, Søren, saa,» og han gjorde
en Bevægelse som om han slog, «ellers faar du
aldrig i Evigheden Gavn af hende.»

»Ja hvem der turde!» sagde Rasmus drillende
over til Søren.

«Var dæ bitte Kig, ellers skal A viis' dæ
hvor e Høns di pikker.»

Saa gik han.

Da han kom op til Marie, sparkede han
Døren i efter sig og gav sig til at løse det Reb,
som holdt deres lille Bylt Klæder sammen.

Marie sad paa Kanten af den Fjælleramme,
der var slaaet sammen for at tjene til Seng.
«Er du vred Søren?» spurgte hun.

«Det skal du faa at formærk'.»

«Tag dig i Agt, Søren! der har Ingen budt
mig Hug endnu siden jeg kom til Alder, og jeg
taaler det intet.»

Hun kunde gjøre hvad hun vilde, sagde han,
Hug skulde hun have.

«Søren, for Guds Skyld, for Guds Skyld,

slaa mig intet, læg intet voldelig Haand paa mig, det vil du fortryde.»

Men Søren tog hende i Haaret og slog hende med Strikken.

Hun skreg ikke, men blot stønnede under Slagene.

«Saa,» sagde Søren og kastede sig paa Sengen.

Marie blev liggende paa Gulvet.

Hun var ganske forbavset over sig selv, hun ligesom laa og ventede paa at der i hendes Sjæl skulde fødes en Følelse af rasende Had til Søren, uforsonligt, aldrig tilgivende Had; men den kom ikke, der var kun en inderlig dyb og mild Bedrøvelse, ligesom en stille Sorg over et Haab, der var bristet . . . . hvor kunde han nænne det?

XVIII.

I Maj sekstenhundrede og seks og halvfems
døde Erik Grubbe, syv og firsindstyveAar gammel.
Arven skiftedes straks mellem hans tre Døttre;
men Marie fik ikke meget, thi den Gamle havde
før sin Død, ved pro forma-Skyldbreve og paa
anden Maade, til Skade for Marie og til Gavn
for de to Andre, unddraget Skiftet den største
Part af Formuen.

Den Lod, Marie fik, var imidlertid stor nok
til at gjøre hende og hendes Mand fra Stoddere
til Folk, og ved en fornuftig Anvendelse af Arven
kunde de have sikret sig et jævnt Udkomme lige
til deres Dages Ende; men uheldigvis bestemte
Søren sig til at kaste sig over Hestehandelen, og
efter nogle faa Aars Forløb var de fleste af Pen-
gene tabte. Resten var dog saa meget at Søren
for den kunde komme i Besiddelse af Færgestedet
Burrehuset paa Falster, og dertil blev den saa
ogsaa brugt.

I Begyndelsen maatte de slide meget haardt,
og Marie kom tidt til Aaren; men senere var det
hendes meste Bestilling at passe det Øludsalg, der

var forbundet med Færgeprivilegiet. De levede i det Hele meget lykkeligt; thi Marie vedblev at elske sin Mand' over Alt i Verden, og om han end tidt drak sig fuld og slog hende, saa gjorde det ikke saa meget; Marie vidste jo, det var Hverdagsbrug i det Samfundslag, i hvilket hun havde ladet sig indskrive, og blev hun en enkelt Gang utaalmodig, saa stilledes hun dog snart tilfreds naar hun kom til at tænke paa, at den Søren, der var saa haard og barsk, var den Samme, der engang havde skudt et Menneske for hendes Skyld.

De Folk, de havde at færge over, var for det Meste Bønder og Prangere, men stundom kunde der jo ogsaa komme de, der var højere paa Straa. Saadan kom Sti Høg der en Dag. Marie og hendes Mand roede for ham, og han satte sig bagi Baaden, saa at han kunde tale med Marie, der havde den bagerste Aare. Han kjendte hende straks, da han saae hende, men viste ingen Tegn paa Forundring; maaske han havde vidst, han vilde træffe hende der. Marie maatte se to Gange til ham, før hun kunde kjende ham, thi han var meget forandret. Hans Ansigt var bleven rødfedt og oppustet, Øjnene svømmende, og Underkjæben hang som om han var lam i Mundvigene, saa var hans Ben tynde og hans Mave stor og hængende, kortsagt, der var alle tydelige Tegn paa et Liv fuldt af sløvende Udskejelser i hver en Retning,

og det havde ogsaa været hans Livs Hovedindhold
siden han skiltes fra Marie. I det Ydre havde
hans Historie været den, at han en Tidlang havde
været Gentilhomme og maître d'hôtel hos en fyr-
stelig Kardinal i Rom, var gaaet over til Katoli-
cismen, var rejst til sin Broder Just Høg, den
Gang denne opholdt sig som Gesandt i Nimwegen,
var gaaet over til Lutherdommen igjen, og rejst
hjem til Danmark, hvor han nu spiste Naadsens-
brødet hos Broderen.

«Er det,» spurgte han og nikkede med Ho-
vedet i Retning af Søren, «er det ham, jeg spaaede
der skulde komme efter mig?»

«Ja, det er ham,» svarede Marie lidt sen-
drægtigt; hun havde mest Lyst til at lade være
med at svare.

«Og han er større end jeg — var?» spurgte
han igjen og rettede sig i Sædet.

«Aa, der er ingen Sammenligning, Eders
Naade,» svarede hun med paatagen Bondeagtighed.

«Ja saamænd, saadan gaar det, — vi har da
givet Kjøb vi to, saa godt som alle Andre, og
givet os Livet i Vold for en billigere Penge end
vi nogen Tid havde tænkt, vi skulde — I paa
een Vis og jeg paa en anden.»

«Ja, Eders Naade har det vel godt nok?»
spurgte Marie paa den samme enfoldige Maade.

»Godt nok,» lo han, «godt nok er halv for-
dærvet; jeg har det saamænd just godt nok, og
I, Marie?»

«Jo tak, vi har Helsen, og naar vi slider
ret udaf den karske Bælg, har vi Brød og Brænde-
vin til.»

De var ved Land, og Sti steg ud og bød
Farvel.

«Herregud!» sagde Marie og saae medlidende
efter ham, «ham har det da skaaret baade Vinger
og Top.»

     *   *   *

Fredeligt og ensformigt gik Tiden for Burrehus-
folkene med dagligt Arbejde og daglig Vinding.
Lidt efter lidt sled de sig frem til bedre og bedre
Kaar, holdt Karle til at besørge Færgetjenesten,
drev en Del Smaahandel og bygged op paa deres
gamle Hus. De leved det gamle Aarhundrede ud
og en halv Snes Aar ind i det ny, og Marie blev
treds og hun blev fem og treds, og holdt sig rask
og rørig, arbejdsfør og arbejdsmunter, som var hun
paa den rette Side af de Halvtreds; men saa var
det paa hendes otteogtredsindstyvende Fødselsdag
i Foraaret syttenhundrede og elleve, at Søren,
under meget mistænkelige Omstændigheder, ved et
Vaadeskud kom til at dræbe en Skippermand fra
Dragør, og som Følge deraf blev taget i For-
varing.

Det var et haardt Stød for Marie, og den
lange Uvished om hvad Straffen vilde blive, thi
Dommen faldt først Aaret efter ved Midsommers-
tid, og hendes Frygt for, at den gamle Sag med

Mordforsøget paa Ane Trinderup skulde komme op, ældede hende meget.

En Dag i Begyndelsen af denne Ventetid gik Marie ud for at tage mod Færgen, som just lagde til Land. Der var to Rejsende ombord, og den ene af disse, en Haandværkssvend, optog ganske hendes Opmærksomhed ved at nægte at vise sin Vandrebog, som han paastod at have viist Færgefolkene, da de tog ham ombord, hvad disse imidlertid benægtede. Da hun imidlertid truede Svenden med at han skulde betale hel Takst, naar han ikke ved sin Vandrebog beviste at han var rejsende Svend og som saadan kun pligtig at betale det Halve, faldt han tilføje. Først da dette var afgjort, lagde Marie Mærke til den anden Passager, en lille, spinkel Skikkelse, der bleg og frysende af den nys overstandne Søsyge stod stramtindhyllet i sin sortgrønne, grovtraadede Kappe og støttede sig mod Rælingen af en optrukken Baad. Han spurgte i en gnaven Tone, om han kunde faa Logi i Burrehuset, og Marie svarede, han kunde se paa Lejligheden.

Hun viste ham saa et lille Kammer, der foruden Seng og Stol indeholdt en Tønde Brændevin med Tragt og Spildebakke, nogle store Dunke med Sirup og Eddike, og endelig et Bord med perlemalede Ben og Plade af firkantede Lertøjsfliser, hvor der i sortviolette Tegninger var fremstillet Scener af det gamle og det nye Testamente. Den Fremmede bemærkede straks, at der var tre af

Fliserne, der alle fremstillede Jonas, som kastes i
Land fra Hvalfiskens Gab, og da han lagde Haan-
den paa en af dem, gøs det i ham, og han sagde
han vilde faa Snue, dersom han var saa uforsigtig
at sidde og læse med Albuerne paa Bordet.

Paa Maries Forespørgsel forklarede han, at
han var taget bort fra Hovedstaden for Pestens
Skyld og vilde blive her paa Stedet til den var
holdt op igjen, han spiste kun tre Gange om Da-
gen og kunde ikke taale Saltmad eller friskbagt
Brød, forøvrigt var han Magister, for Tiden Alum-
nus paa Borchs Collegium og hed Holberg, Ludvig
Holberg.

Magister Holberg var en meget stille Mand
med et overordenlig ungdommeligt Udseende, han
saae ved første Øjekast kun ud til at være en
atten, nitten Aar gammel, men lagde man Mærke
til hans Mund og hans Hænder og Udtrykket i
hans Stemme, kunde man nok skjønne, han maatte
være ikke saa lidt ældre. Han holdt sig meget
for sig selv, talte lidt og som det syntes ikke
gjerne. Dog skyede han ingenlunde Selskab, naar
han blot kunde have det saaledes, at man lod
ham i Fred og ikke vilde drage ham ind i Sam-
talen, og det var ham aabenbart en Fornøjelse,
naar Færgen bragte Rejsende hen eller hjem, eller
naar Fiskerne kom i Land med deres Dræt, i
Afstand at betragte deres Travlhed og lytte til
deres Ordskifte. I det Hele taget holdt han
meget af at se Folk arbejde, enten det saa var

med at pløje eller stække eller sætte Baade ud,
og var der En, der tog et Tag, som oversteg det
almindelige Jevnmaal af menneskelige Kræfter,
kunde han smile helt tilfreds derved og løfte paa
Skuldrene i stille Velbehag. Da han havde været
i Burrehuset en Maanedstid, begyndte han at nærme
sig Marie Grubbe eller tillod hende at nærme sig
ham, og de sad tidt i de lune Sommeraftener og
talte med hinanden en Timestid eller to i Træk
inde i Krostuen, hvor saa Døren stod aaben og
gav Udsigt ud over det blanke Vand til det blaa-
ligt dæmrende Møen.

En Aftenstund, da deres Bekjendtskab var
blevet temmelig gammelt, havde Marie fortalt
ham sin Historie og endt den med et Klagesuk
over, at Søren var bleven taget fra hende.

«Jeg maa bekjende,» sagde Holberg, «at jeg
er aldeles uformuendes til at begribe, hvorlunde I
har kunnet præferere en gemen Staldkarl og
Stoddere for en saa perfekt Cavalliere som hans
Excellence Statholderen, der jo dog af alle be-
rømmes som en Mester i Belevenhed og fine Ma-
nerer, ja som et Mønster paa hvad som besynder-
ligen er gallant og aimabelt.»

«Endog han havde været deraf saa fuld
som den Bog, der kaldes for alamodische Sitten-
schule, det vilde intet have vejet saa meget som
en Fjer, eftersom jeg nu en Gang havde for ham
en saadan degout og Afsky, at jeg knap kunde
taale ham for mine Øjne, og I veed, hvor aldeles

uovervindelig en saadan degout kan være, saa om
En havde en Engels Dyd og Principier, saa vilde
den naturlige Afsky dog bære Sejren derfra.
Min arme nuværendes Mand derimod, til ham op-
tændtes jeg af en saa hastig og uformodenlig
Tilbøjelighed, at jeg kan intet andet end tilskrive
det en naturlig Attraktion, som heller intet var
at modstaa.»

«Saadant kalder jeg vel raisoneret! Vi har
da kuns at pakke ned al Verdens Morale i en
Kiste og skikke den til Hekkenfjeld og leve efter
vore Hjærtens Lyster, thi der er jo ikke den
Uterlighed til, En nævne vil, den jo kan klædes
op som en naturligen og uovervindeligen Attrak-
tion, og heller ikke den Dyd er til, iblandt alle
de Dyder, der opregnes kan, at En jo lettelig
siger sig den fra, thi der vil være den, som
haver degout for Maadehold, den for Sandfærdig-
hed og den for Ærbarhed, og saadan naturlig de-
gout er aldeles uovervindelig, vil de sige, og den,
som er beladt dermed, derfor ganske uskyldig.
Men I er for vel oplyset, Morlille, til at I ikke
skulde vide, at saadant er kuns skammeligt
Hjernespind og Daarekistesnak.»

Marie svarede ikke.

«Tror I da ikke paa en Gud, Morlille,»
vedblev Magisteren, «og paa det evige Liv?»

«Gud have Lov og Tak, jo, jeg gjør, jeg
tror paa Vorherre.»

«Men den evige Straf eller evige Løn, Morlille?»

«Jeg tror, hver Menneske lever sit eget Liv og dør sin egen Død, det tror jeg.»

«Det er jo ingen Tro, tror I paa Opstandelsen?»

«Hvordan skal jeg opstaa? som det unge, uskyldige Barn jeg var, jeg først kom ud mellem Folk og Ingenting vidste og Ingenting kjendte, eller som den Gang, jeg æret og misundt som Kongens Yndling var Hoffets Zirat, eller skal jeg opstaa som den gamle, fattige, haabløse Marie Færgemands, skal jeg? og skal jeg svare til, hvad de andre, Barnet og den livsranke Kvinde de synded', eller skal en af dem svare for mig? Kan I sige mig det, Hr. Magister?»

«Men I har jo dog kuns havt een Sjæl, Morlille!»

«Ja, har jeg?» spurgte Marie og sank hen i Tanker. «Lad mig tale med Jer ret oprigtigen,» fortsatte hun, «og svar mig som I tænker: tror I, at den, som sit ganske Liv igjennem har forsyndet sig haardeligen mod sin Gud og Skabere, men som i sin sidste Stund, naar han ligger og drages med Døden, bekjender sin Synd af et oprigtigt Hjærte og angrer og giver sig Gud i Vold uden Tvivl og uden Betænkning, tror I, den er Gud velbehageligere end En, som ogsaa har været ham haardt imod med Synd og Forargelse, men saa i mange Livsens Aar har stridt for at gjøre sin Pligt og baaret hver Byrde uden at knurre, men aldrig i Bøn eller aaben Anger har begrædt sit forrige Levnet, tror I, at hun, som har levet som hun har troet, var rettelig levet, men uden Haab om Belønning hisset og uden Bøn derom, tror I, Gud vil skyde hende fra sig og kaste hende bort, endog hun aldrig bad Gud et Bønnens Ord?»

«Derpaa tør intet Menneske svare,» sagde Magisteren og gik.

Kort efter rejste han.

Det næste Aar i Avgust faldt Dommen over Søren Færgemand, og lød paa tre Aars Arbejde i Jern paa Bremerholm.

Lang Tid var det at lide, længere Tid at vente, saa gik da ogsaa den.

Søren kom hjem, men Fangenskabet og den haarde Behandling havde nedbrudt hans Sundhed, og inden Marie havde plejet ham et Aar, bar de ham paa Kirkegaarden.

Endnu et langt, langt Aar maatte Marie drages med Livet. Saa blev hun pludseligt syg og døde. Hun var under sin hele Sygdom slet ikke ved sin Forstands Brug, og Præsten kunde derfor hverken bede med hende eller berette hende.

En sollys Sommerdag begrov de hende ved Sørens Side, og udover det blanke Sund og de

korngyldne Marker, sang det fattige Ligfølge, træt
af Varmen, uden Sorg og uden Tanke:

> Vreden din afvend, Herre Gud, af Naade,
> Riset det blodigt, som os over Maade,
> Plaget saa redelig af en Vredes Brynde,
> Fordi vi synde.

> Thi om du efter vore Synder onde,
> Straffed', som du med al Rette kunde,
> Da maatte Alting gaa i Grund, og falde,
> Ja, een og alle.

> . . . .
> . . . .

Gyldendalske Boghandels Forlag.

Victor Cherbuliez:

Et Kvindehjertes Historie. Oversat af **H. W.** 3 Kr. 50 Øre.

Charles Darwin:

Om Arternes Oprindelse. Oversat af J. P. Ja cobsen. 8 Kr.

Menneskets Afstamning og Parringsvalget. Paa Dansk ved J. P. Jacobsen. To Dele. Med 76 Træsnit. 10 Kr.

Holger Drachmann:

n̶ ⸻ **Melodier.** Nye Digte. Med Illustra- af Forfatteren. 2 Kr. 75 Øre; eleg. Kr. 50 Øre.

plet. Fortælling. 5 Kr.

Prosper Mérimée:

Fra Bartholomæusnattens Tid. En historisk Ro- man. Oversat af S. Schandorph. Med et For- ord af G. Brandes. 2 Kr. 50 Øre.

Gyldendalske Boghandels Forlag.

KNUD GYLDENSTJERNE.

Historisk Roman i 2 Dele

af

H. F. Ewald.

2den Udgave.

5 Kr.; eleg. indb. 6 Kr. 75 Øre.

SØREN KIERKEGAARD.

En kritisk Fremstilling i Grundrids.

Af

Georg Brandes.

(Under Pressen.)

TANNHÄUSER.

Fortælling

af

Holger Drachmann.

(Under Pressen.)

E.

CPSIA information can be obtained at www.ICGtesting.com
Printed in the USA
LVOW051913231211

260922LV00012B/70/P